DuMont Schnellkurs

KUNST DER GEGENWART

Stephan Trescher

DUMONT

Impressum

Umschlagvorderseite von links nach rechts und von oben nach unten:
Bill Viola, aus: *Forth by Day*, 2002 / Matthew Barney, *Orchidella*, Standfoto aus dem Film *Cremaster 1*, 1995 / Sarah Morris, *Federal Reserve (Capital)*, 2001, glänzende Dispersionsfarbe auf Leinwand, 214 x 214 cm / Richard Caldicott, *Combination No. 3*, 1994, Cibachrome, 130 x 105 cm / Peter Wüthrich, *Literarischer Himmel und Planeten*, 1999, Installation im Kunstverein Freiburg, Detail

Umschlagrückseite von links nach rechts:
Peter Doig, *100 Years Ago*, 2001, Öl auf Leinwand, 240 x 360 cm / Katharina Fritsch, *Händler*, 2001, Polyester, Farbe, 192 x 59 x 40,6 cm

Frontispiz:
Takashi Murakami, *PO + KO Surrealism (green)*, 1999, Acryl auf Leinwand auf Karton, 280 x 420 cm, Detail

Bibliographische Information der Deutschen Bibliothek
Die Deutsche Bibliothek verzeichnet diese Publikation
in der Deutschen Nationalbibliographie;
detaillierte bibliographische Daten sind im Internet über
http://dnb.db.de abrufbar.

Originalausgabe

Druck und buchbinderische Verarbeitung: Editoriale Lloyd

Printed in Italy ISBN 3-8321-7609-8

Inhalt

Inhalt

»Wenn es eine Kultur schafft, Kunst zu produzieren, ist das der Anfang vom Ende.«

Wim Delvoye

Jede Kunstbetrachtung ist abhängig vom Standpunkt des Betrachters, der zeitlich, geographisch und kulturell geprägt ist. Das bedürfte keiner besonderen Erwähnung, wenn Überblicksdarstellungen wie der vorliegenden nicht stets in der Erwartung begegnet würde, sie könnten nicht nur eine objektive Anschauung der Werke vermitteln, sondern auch eine endgültige und fest umrissene Definition dessen liefern, was Kunst sei. Da es sich bei der Gegenwartskunst um etwas Lebendiges, im Fluß Befindliches, noch nicht zur Historie Erstarrtes handelt, ist diese Erwartung umso entschiedener zurückzuweisen. So wie unsere westlichen Zivilisationen des beginnenden 21. Jahrhunderts sich allenfalls unter der Rubrik der »Neuen Unübersichtlichkeit« zusammenfassen lassen, so ist auch die Kunst der Gegenwart ein auf den ersten Blick undurchdringlicher Dschungel. Dieses Buch soll als Machete dienen, um den Dschungel so weit zu lichten, daß man ihn wenigstens durchqueren kann. Selbstverständlich ist der dabei zurückgelegte Weg nur einer von vielen theoretisch möglichen, und diese Handreichung hätte ihre Bestimmung vollends erfüllt, wenn sie dazu anregen würde, sich einen eigenen Weg zu bahnen. Das bitte ich in Erinnerung zu behalten, insbesondere für jene Momente, in denen Sie, lieber Leser, werte Leserin, sich zum Ausruf gedrängt fühlen: »Wie kann man nur … auslassen?!«

Angela de la Cruz, *Ready to Wear (Red)*, 1999, Öl auf Leinwand, 200 x 180 cm.

Sigmar Polke, *Furcht (Schwarzer Mann)*, 1997, Kunststoffsiegel auf Polyestergewebe, 300 x 500 cm, Privatsammlung

Um das Tohuwabohu der Gegenwartskunst in eine überschaubare Form zu bringen, habe ich mich ordnender Prinzipien bedient, die etwas aus der Mode gekommen sind und im Ruf stehen, keine Gültigkeit mehr zu besitzen: einer Ordnung nach Gattungen bzw. Medien. Sie mag dann ausgedient haben, wenn man das Schaffen einzelner Künstler betrachtet, da sich die meisten nicht mehr auf ein bestimmtes Medium beschränken, und selbstverständlich gibt es künstlerische Ausdrucksformen, die den Rahmen einer solchen Kategorisierung sprengen. Dennoch scheint mir ein solch enges Korsett sinnvoll, um dem Halt und Form zu geben, was sonst uferlos nach allen Seiten streben würde. Ganz so steif und fest, wie es hier klingt, habe ich es auch nicht geschnürt, und zu den klassischen Kategorien wie Malerei und Skulptur auch gattungsübergreifende wie »Kunst im öffentlichen Raum« hinzugenommen, die für das Verständnis des heutigen Kunstgeschehens wesentlich sind.

Dieses heutige Kunstgeschehen wird paradoxerweise nur zu einem geringen Teil von der Kunst der Gegenwart geprägt. Hätte ich mich beispielsweise von Verkaufszahlen auf Auktionen oder an Museumskassen leiten lassen, hätte ich wahrscheinlich ein Buch über van Gogh, Macke oder Picasso schreiben müssen. Auch die Vertreter jener Künstlergeneration, die man heute als die Lehrmeister und Vorbilder bezeichnen kann, werden nur in Ausnahmefällen vorkommen, obwohl sie nicht nur die heute jungen Künstler wesentlich beeinflußt haben, sondern auch noch weithin den Tourneezirkus der Wanderausstellungen, den Markt und die Museen dominieren. Ihre künstlerische Selbst- und Formfindung fand jedoch in aller Regel in den sechziger Jahren des vergangenen Jahrhunderts statt und soll uns deshalb hier nur am Rande interessieren. In diesem Buch geht es im wesentlichen um die Kunst der neunziger Jahre, mit möglichst vielen Ausblicken ins neue Jahrtausend. Trotzdem sei hier noch einmal ein beinahe schon zu Tode gerittenes Argument aus dem Stall gezerrt: Noch nie ist die Betrachtung, erst recht nicht das Genießen von Kunst voraussetzungslos möglich gewesen. Also wird man nicht nur die Kunst der Gegenwart, sondern auch dieses Buch besser verstehen, wenn man sich zumindest in der Kunst des zwanzigsten Jahrhunderts ein wenig auskennt.

Durch das gesamte Buch zieht sich eine Reihe von Randbemerkungen in Form von Künstler-Zitaten, eine Perlenschnur von O-Tönen, die als Kommentare aus dem Off einen Kontrapunkt zu meinem eigenen fortlaufenden Text bilden. Hier bin ich mit meiner zeitlichen Begrenzung großzügiger verfahren und lasse auch solche Künstler zu Wort kommen, die nicht unbedingt zu den ganz jungen gerechnet werden können. Weniger um der vermuteten Altersweisheit als um einer Vielstimmigkeit willen, die schon mal die eine oder andere Dissonanz hervorbringen kann, was den Gesamtklang aber umso farbiger macht. Oder, visueller gesprochen: Aus all diesen Mosaiksteinchen ergibt sich ein bunt schillerndes Bild dessen, was Kunst und Künstler heute sein können, eines, das Sie hoffentlich mit Gewinn betrachten und mit Genuß studieren werden.

Stephan Trescher

Mit herzlichem Dank an Gudrun Brinkmann, Petra Wanning und Martin Zangl

»Ich bin froh, daß ich nicht nur schwarz und weiß sehe, sondern beides zugleich.«

Sigmar Polke

Die Zeichnung, einst Grundvoraussetzung aller bildkünstlerischen Tätigkeit, fristet heute ein Schattendasein. Nicht daß sie an Akademien als Lehrstoff und -Methode verschwunden wäre, auch als Notiz und Skizze, zu Entwurf und Vorbereitung findet sie noch vielfach Verwendung – als eigenständige Gattung wird sie jedoch nur von wenigen Künstlern der Gegenwart betrieben. Dennoch gibt es hier spannende Entdeckungen zu machen – nicht zuletzt jene, daß diese alte, ehrwürdige Kunstform kaum noch zwischen die Seiten eines Skizzenblockes zu bannen ist, sondern in alle Richtungen wächst und wuchert, um neue Welten zu erforschen, neues Leben und neue Zivilisationen. Denn warum sollte ausgerechnet die Zeichnung gegen das »Ausfransen der Gattungen« (Adorno) gefeit sein? Auch sie ist heutzutage definitorisch schwer festzulegen, weder Bleistift noch Papier sind sichere oder gar exklusive Erkennungsmerkmale, auch nicht das kleine Format oder das Fehlen von Farbe. Vorsichtig könnte man versuchen, unter dem Begriff all das zu fassen, was von der Vorherrschaft des Linearen geprägt ist. Abgesehen von diesem kleinsten gemeinsamen Nenner erweist sich das Medium der Zeichnung als so facettenreich, daß es einen idealen Ausgangspunkt für unsere kleine Tour de force durch die Kunst der Gegenwart abgibt.

Handwerklich geradezu klassisch muten die Zeichnungen von **Bea Emsbach** in ihrem naturalistischen Duktus an. Die Materialien sind allerdings eher unklassisch: Einfache Blätter, meistens im DIN A4-Format, manchmal sogar liniert oder kariert, und rote Tinte. Obwohl diese Malmittel ganz und gar alltäglich sind, wirken die Zeichnungen doch überhaupt nicht beiläufig oder skizzenhaft, sondern ausgesprochen elaboriert: Sie zeigen seltsame Misch- und Zwitterwesen aus nackten Menschen und Pflanzen, Körpern und Apparaten. Spaghettiknäuel von Innereien oder Arterien mutieren zu Transfusionsschläuchen und Elektrokabeln, Bandagen zu Fesseln, Blut- zu Staubgefäßen, Köpfe und Körperteile sprossen in zigfacher Vervielfäl-

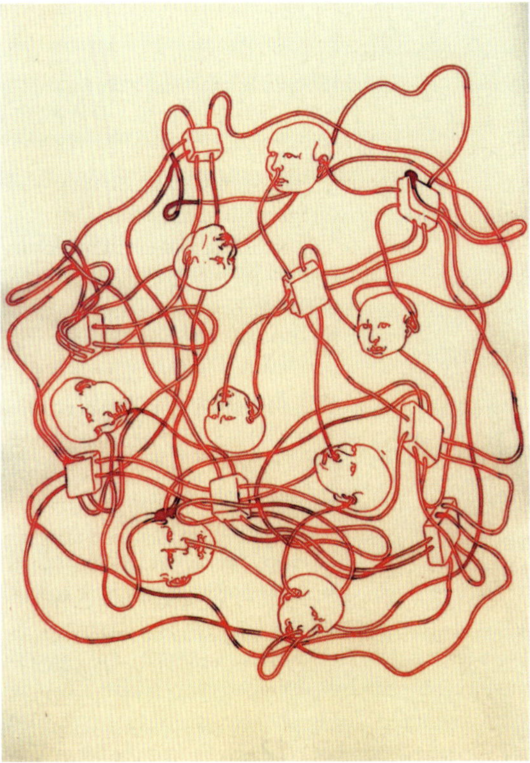

Bea Emsbach, *ohne Titel*, aus der Werkreihe *Beutezüge im Bodensatz der Wissenschaften*, 1997–2002, rote Tinte auf Papier, 29,7 x 21,1 cm. Die sich ewig fortschreibende, unendliche Linie, die sich in Emsbachs Zeichnungen in kommunizierende Röhren oder in Wurzelgeflechte aus Adern verwandelt, erweist sich als ideales Medium, um zeitgenössische Modelle von vernetzten Kommunikationsstrukturen, aber auch einer maschinell gesteuerten Welt zu verbildlichen: Eine Wissenschaftsfiktion, die Utopisches mit kollektiven Angstvorstellungen paart.

tigung oder schweben isoliert im Raum. Diese phantastischen Durchdringungen wirken so naturnah, so »echt«, daß sie eine zutiefst verstörende Qualität gewinnen. Indem Emsbach in Serien arbeitet, Figuren und Haltungen stereotyp verdoppelt, werden die haarlosen, oft geschlechtsneutralen Menschenfiguren weiter entindividualisiert. Doch die Zeichnungen gehen uns direkt an: Durch die Verwendung der roten Tinte zielen sie über den Sehsinn direkt auf unsere Eingeweide: als wären die Bilder mit Blut gemalt.

Die manipulativen Eingriffe des Menschen in die Natur sind inzwischen so alltäglich geworden, daß das Züchten von Menschen kaum seltsamer erscheint als das Züchten von Pflanzen. In der exakten, nüchternen Verbildlichung des Wahnhaften wird uns plötzlich das

Rosemarie Trockel, *ohne Titel (Storch)*, 1996, Kopierzeichnung, 29,7 x 21,1 cm. Die durch den Kopiervorgang erzeugte minimale Größenverschiebung verdoppelt die Linien ein kleines bißchen »neben der Spur«, erzeugt auf rein fotomechanischem Wege ein Zittern, das lebendig scheint, denn automatisch belegen wir die Erscheinung des Striches mit Assoziationen wie »fahrig«, »ängstlich« oder »der Kontrolle entgleitend«.

Ungeheuerliche dieses Vorgangs bewußt. Was zunächst wie ein beinahe privates Alptraumgespinst vom Krankenhaus als Strafkolonie daherkommt, erweist sich als eine Annäherung an tatsächlich menschheits- und weltbewegende Themen, die unsere Gegenwart prägen: Genmanipulation und Organverpflanzung, Züchtung von Embryonen und Klonen.

Seltsame Mischwesen zeichnet auch **Rosemarie Trockel**: Die in ihrem Œuvre häufig auftauchenden Tiermotive durchleben oder durchleiden die unterschiedlichsten Metamorphosen, in unserem Beispiel scheint ein Tierkopf einem Menschenleib aufgepfropft. Jedoch kommt der Betrachter kaum auf die Idee, hier einem Monster aus dem Genlabor zu begegnen, und Assoziationen an ägyptische Gottheiten bleiben allenfalls vage. Eher vermitteln die Figuren, von denen es verschiedenste Vertreter gibt – Dackel, Hirsche und vor allem Pudel – einen sanft karikierenden Eindruck. Weniger also, als habe man die armen Viecher in unpassend menschliche Kostüme gekleidet, wie den Mops ins Paletot oder den armen rasierten Pudel in ein lächerliches Strickjäckchen, sondern als wären ganz bestimmte menschliche Typen durch die Vertierung zur Kenntlichkeit entstellt. Das Erstaunlichste an diesem Storch hier ist allerdings, daß Kopf und Leib tatsächlich aus ganz unterschiedlichen Sphären stammen, denn bei dem Vogel handelt es sich um die freie Variation einer Federzeichnung von Albrecht Dürer.

Interessant dabei ist nicht so sehr, wie Trockel die detailverliebte Naturstudie Dürers in eine schlichte Umrißzeichnung mit nur angedeuteter Binnenstruktur überführt, sondern wie sie mit der Komplexität des Begriffes »Kopie« umgeht. Das eigentümliche Vibrieren der Linie, ihr etwas augenquälerisches Flimmern, verdankt sich nämlich einem besonderen Kunstgriff Trockels: Sie hat ihre ursprüngliche Zeichnung fotokopiert und diese Fotokopie dann in ihr »Original« – das sie zuvor in das Papierfach des Kopierers eingelegt hatte – einkopiert. Das Resultat wurde nochmals kopiert, alle Vorstufen anschließend vernichtet: Das Endergebnis ist also eine vielfache Kopie seiner selbst und irritiert auf der optischen ebenso wie auf der begrifflichen Ebene. Aus dem Zweifel an der Gültigkeit einer eigenen zeichnerischen Handschrift entsteht so paradoxerweise eine ganz individuelle Idee von Zeichnung.

Geschickt eingefädelt

Nicht von ungefähr formieren sich die Schnörkellinien des Storchenoberbekleidungsstückes zu einem grobmaschigen Strickpullover; das Stricken ist ebenfalls ein häufig wiederkehrendes Element in Trockels Werk und wird dort, ironisch verfremdet oder nicht, als typisch weibliche Form von Kreativität ins künstlerische Spiel gebracht. Diese Assoziation »weiblich« trifft eigentlich auf alle Formen häuslicher Handarbeit und textiler Gestaltung zu – und in dieser geschlechtlich eindeutigen Zuordnung liegt ein zusätzlicher Reiz für **Jochen Flinzer**, seine Zeichnungen in einer einzigen Technik auszuführen: Er stickt.

Als schwuler Künstler ist ihm daran gelegen, gesellschaftliche Rollenmodelle gegen den Strich zu bürsten. Außergewöhnlicher als seine sexuelle Orientierung ist jedoch Flinzers virtuoser Umgang mit Nadel und Faden. Denn die handhabt er in reichlich unkonventioneller Weise, so daß Bilder entstehen, die stets von zwei Seiten betrachtet werden können. Dabei steht eine vorab definierte, meist gegenständliche A-Seite einer abstrakten B-Seite gleichwertig gegenüber. Flinzer führt die Fäden auf der B-Seite jeweils nach von ihm selbst aufgestellten Regeln, weiß also im Vorhinein, ob die Zeichnung sternförmig, spiralig, nur in senkrechten oder waagerechten Bahnen verlaufen wird – die endgültige Form bleibt jedoch abhängig vom zuvor ge-

»Nadeln haben mich immer schon fasziniert, die magische Kraft der Nadel. Man greift zur Nadel, um einen Schaden zu beheben. Sie ist die Bitte um Vergebung.«

Louise Bourgeois

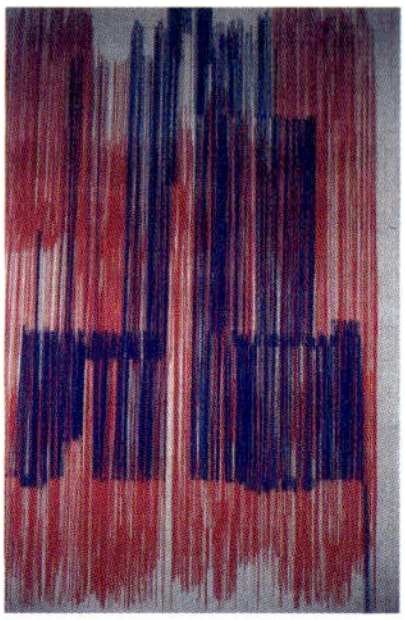

Jochen Flinzer,
Alle Wunder dieser Welt, 1994–1996, roter und blauer Polyesterfaden auf Leinwand, einseitig weiß grundiert, neun Paneele à 258 x 103 cm, Museum für Moderne Kunst, Frankfurt am Main, Details, A- und B-Seite.
Jochen Flinzer konfrontiert babylonische Sprachverwirrung und globalisierende Gleichmacherei von Kultur durch den Exportartikel Comic auf der einen Seite mit der vermeintlichen Weltsprache Kunst auf der anderen. Die Wandelbarkeit der Linie in Bild- und Schriftzeichen, die je nach Sprachkenntnissen fließende Übergänge zwischen sinnhaften Bedeutungsträgern und abstraktem Ornament bildet, gibt neben dem Augenfutter auch noch reichlich Stoff zum Nachdenken über Codes und Zeichen, Bild und Sprache: In der Tat ein Wunder.

wählten Motiv auf der A-Seite, das es genau nachzusticken gilt. Die Motive entstammen immer dem unmittelbaren Umfeld des Künstlers, seien es vergeblich ausgefüllte Lottoscheine *(53 Wochen Pech)* oder die Namen seiner Liebhaber *(53 Wochen Glück)*, so daß die strenge Konzeptualität stets einen sehr persönlichen Bezug behält.

Eine häufig wiederkehrende Ausstellungsform seiner Werke ist der Paravent, wie in *Alle Wunder dieser Welt*. Für diese raumfüllende Arbeit in neun Teilen hat der bekennende Donaldist Flinzer *Donald Duck*-Comics aus aller Herren Länder gesammelt und die jeweils erste Seite einer Geschichte auf eine großformatige Leinwand übertragen. Anschließend hat er die Umrißlinien in rot, sämtliche Schriftzeichen jedoch in blau nachgestickt. Daß die ansonsten stets ausgemalten Gestalten des Comics durch die Reduktion auf die reine Linie bereits ein ganz neues Aussehen gewinnen, fällt auf den ersten Blick weniger auf, auch wenn sich hier schon Flinzers Geschick in der Verwandlung der banalen Bildergeschichte in ein graphisches Gebilde abzeichnet. Auf der anderen, ungrundierten Seite der Leinwand wird die Eigenständigkeit von Flinzers zeichnerischem Duktus vollends offenbar: In dichter vertikaler Reihung fließen hier fadendünne Farbströme in rot und blau über die braune Fläche des Bildgrundes, formieren sich zu einzelnen Rechtecken, die sich gegenseitig überlagern und durchdringen. Damit erfindet Jochen Flinzer nicht nur en passant das Genre der

Farbfeld-Zeichnung, sondern ermöglicht es dem Betrachter durch die begehbare, offene und zugleich monumentale Form der kojenartig gruppierten Leinwandschirme, sich in seine Welt wirklich hineinzubegeben.

Auf ähnliche und doch wieder ganz andere Weise behandelt die gebürtige Ägypterin **Ghada Amer** die Durchdringung von als weiblich definierter Handarbeit, sexuellen Rollenklischees und abstrakter, männlich dominierter Kunst. Wie Flinzer zeichnet auch Amer in erster Linie mit Nadel und Faden, auch wenn sie nicht immer auf den Einsatz von Acrylfarbe verzichtet. Überhaupt kann man ihre Vorgehensweise als »malerischer« bezeichnen, verwendet sie doch stets viele verschiedenfarbige Garne zum Besticken ihrer Leinwände, oft auch auf farbigem Grund. Immer nimmt sie dazu ein gefundenes figürliches Motiv, das sie endlos wiederholt wie im Rapport einer Tapete, so daß schon durch die Repetition der Bildgegenstand verschwindet zugunsten eines ornamentalen Allover. Dazu trägt bei, daß die Künstlerin die Farbe unabhängig von der Geschlossenheit des Umrisses der Figuren wechselt und daß die Linien häufig nicht durchgezogen sind, sondern wie auf herkömmlichen Schnittmusterbögen auch mal gestrichelt verlaufen können. Ist hier die Herkunft aus häuslicher Heimarbeit beson-

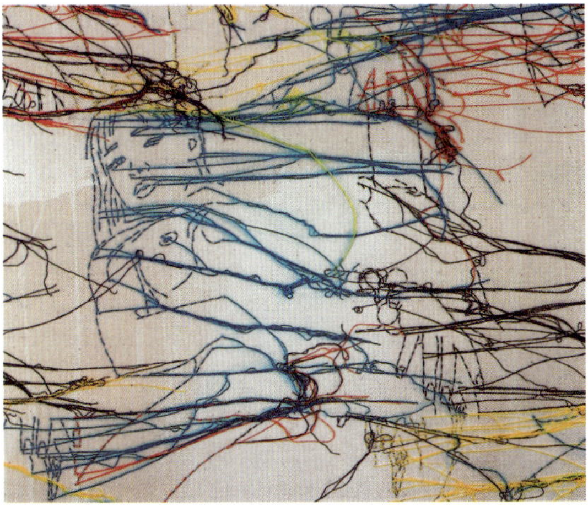

Ghada Amer, *Johanna's Grid*, 1999, Acryl, Stickerei und Gel auf Leinwand, 153 x 182 cm, Detail.
Hängende Fäden, die mit Gel auf der Leinwand fixiert werden, verlaufen quer zur Bildrichtung, so daß das Motiv partiell wie durchgestrichen erscheint.

ders deutlich hervorgekehrt, wird dieser Bezug auf motivischer Ebene bewußt konterkariert, indem Amer meist die Konturen nackter Frauen aus Pornomagazinen nachstickt. Ob es nun bloße Wiederholung des voyeuristisch männlichen Blicks ist oder eine Geste der Selbstbehauptung, wenn Frauen sexuell anregend gemeinte Darstellungen von Frauen verbildlichen, sei dahin gestellt – wesentlich für Amers Kunst ist, daß sie die ohnehin erschwerte Erkennbarkeit des Motivs zusätzlich unterminiert, indem sie die Umrisse zwar sorgfältig nachstickt, die Fäden aber frei überhängen läßt, so daß sie Teile der benachbarten Linien überdecken. Mit dieser Verschleierung des Bildgegenstandes durch das so ungegenständliche wie konkrete Fadengewirr entsteht letztendlich ein spannendes Wechselspiel zwischen Zeigen und Verbergen, das in die platt sexuell stimulierenden Vorlagen wieder etwas von erotischem Geheimnis trägt und Amers Bilder zwischen darstellender und völlig freier, abstrakter Zeichnung in der Schwebe hält.

Narrative Weiterungen

Weitaus spröder kommen die Zeichnungen von **Alexander Roob** daher, stets in Pittkreide oder Bleistift ausgeführt auf Papier im immergleichen DIN-A5-Format. Flüchtig gezeichnet, ausschnitthaft, skizzenähnlich, fast ein wenig ungelenk wirken diese Blätter auf den ersten Blick. Der ist selten ausreichend und in diesem Falle besonders, denn der Künstler denkt und zeichnet in auf einen Blick gar nicht zu erfassenden Serien, die er zu einer unabschließbar gedachten »Erzählung« zusammenfaßt, dem von ihm so genannten *Bildroman CS*. Den darf man sich keineswegs als eine fortlaufende Narration vorstellen, allenfalls als einen fließenden Bewußtseinsstrom im Joyceschen Sinne, denn paradoxerweise möchte Roob im linearen Medium der Zeichnung alles Lineare im Sinne einer zielgerichteten narrativen Entwicklung überwinden. Das betrifft den Zusammenhang der Einzelblätter, die er in Ausstellungen stets neu gruppiert, manchmal blockar-

»Die doppelte Frage, die sich der Zeichner beim Zeichnen jeder einzelnen Zeichnung stellt, lautet: ›Wie sehe ich und was sehe ich?‹. Beide Fragen gleichzeitig in Einem gestellt lenken die Linie aus der Fläche ab in die Tiefe.«

Alexander Roob

tig zusammengefaßt, dann wieder als Geflecht von rechtwinklig verlaufenden »Leitungen«, das sich über die gesamte Wandfläche ausdehnt, immer neue Verzweigungen bildet und so keine eindeutige Leserichtung vorgibt, eine Bild gewordene Hypertextstruktur. Das zeigt sich aber auch in den Zeichnungen selbst, in denen nicht nur von Blatt zu Blatt die Perspektive sprunghaft wechseln kann, sondern manchmal auch innerhalb eines Bildes die starre lineare Perspektive aufgegeben wird, so daß sich Umrißlinien in Bewegungslinien verwandeln und man glaubt, die Krümmung des Raumes wahrnehmen zu können.

Roobs Arbeitsweise entspricht dabei am ehesten der eines Dokumentarfilmers: Er geht an schwer zugängliche Orte, oft auch für den Künstler neue und befremdliche – wie Schlachthöfe, Forschungslabore, Hotelküchen oder Kohlebergwerke – und zeichnet im Gehen, aus der Bewegung heraus, möglichst rasch, was ihm vor die Augen kommt. Auch wenn es Sequenzen gibt, die sich zu einer fortlaufenden Bewegung – entweder des Zeichners oder von beobachteten Menschen und Maschinen – zusammenschließen, strebt der Künstler doch keine Imitation des Films an. Vielmehr möchte er durch sein Zeichnen in der Zeit dem starren Standort der herkömmlichen Filmkamera und der passiven Sesselwahrnehmung des Kinozuschauers ein allumfassendes, aktives Sehen entgegensetzen, das weder literarisch noch filmisch ist, sondern ein Drittes, das nur in der Zeichnung verwirklicht werden kann.

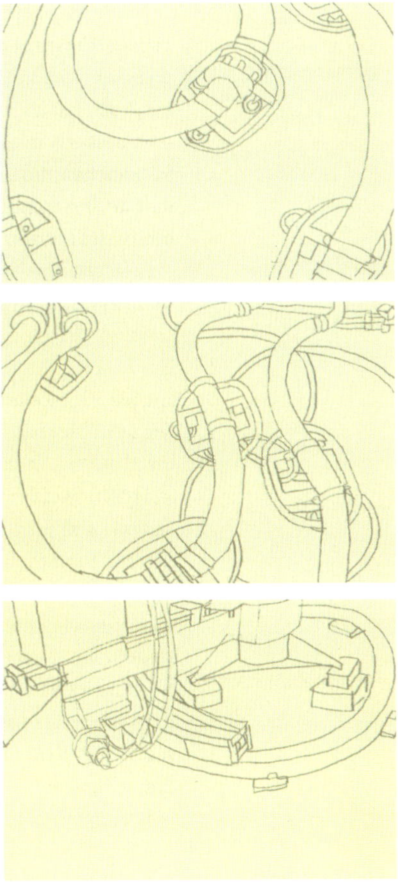

Alexander Roob, aus *Bildroman CS VI*, 1996–1997, Pittkreide auf Papier, jeweils 14,8 x 21 cm. Roobs Bildroman umfaßt weit über zehntausend Einzelblätter. So vieldeutig wie die Auslegungen des Titels sind, so facettenreich ist auch der Bildroman selbst.

»Das Zeichnen ist ein Versuch, der Frage nachzugehen, wer wir sind und wie wir in der Welt agieren.«
William Kentridge

Ein weniger gebrochenes Verhältnis zum Film unterhält **William Kentridge**. Das mag auch daran liegen, daß sein künstlerisches Schaffen stark vom Theater geprägt ist, hat aber sicher vor allem damit zu tun, daß er davon überzeugt ist, noch Geschichten erzählen zu können. Als weißer Südafrikaner jüdisch-litauischer Abstammung hat er das politische Geschehen seiner Heimat nicht nur kritisch verfolgt, sondern sich für die schwarzen Gewerkschaften und die daraus entstehende Bürgerrechtsbewegung engagiert. Entsprechend reflektieren seine gezeichneten Geschichten immer auch die Geschichte seines geschundenen Heimatlandes, nie jedoch direkt agitatorisch, sondern auf vielfältige Weise gebrochen und gespiegelt in den von Kentridge erfundenen Alter ego *Felix* oder *Soho Eckstein*.

Erzählt werden diese Geschichten in Form von großformatigen Kohlezeichnungen mit gelegentlichen farbigen Akzenten in Pastellkreide. Diese Zeichnungen werden nun im wahrsten Sinne des Wortes animiert, also zum Leben erweckt, indem der Künstler in die fertiggestellte Zeichnung radierend, korrigierend und neuzeichnend eingreift. Jedes dieser Entwicklungsstadien wird mit einer Filmkamera fotografisch festgehalten, wobei Kentridge ein Blatt bis zu 500 mal verwendet. Aus diesen allmählichen Metamorphosen entstehen Trickfilme, die sich in betont langsamem Duktus aus Einzelbildern entfalten; häufig bleiben die Spuren der vorherigen Zustände auf den Blättern zu erkennen,

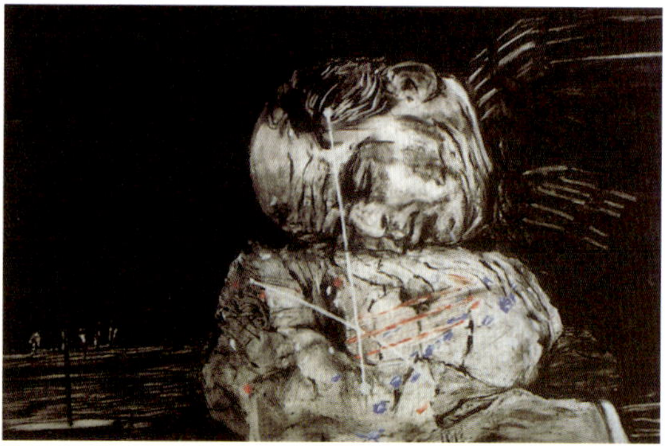

William Kentridge, aus *Weighing ... and Wanting: Soho & Rock*, 1997, Kohle und Pastell auf Papier (Zeichnung für 35-mm-Film). Das Gesicht versteinert, und der Fels erhält allmählich ein menschliches Antlitz. Alles fließt in einem Zauberstrom des Werdens und Vergehens, des Zeichnens und Radierens.

so daß trotz der berückenden, fast hypnotischen Qualitäten der Filme ihr Entstehungsprozeß beständig sichtbar bleibt. Dieses fließende Werden, Verwandeln und Vergehen ähnelt den bruchstückhaften Rekonstruktionsversuchen unseres Gedächtnisses in Vorgängen des Erinnerns und Träumens. Unterstützt von der stets eingesetzten Musik, die gleichermaßen von Straßenmusikern wie von etablierten Komponisten stammen kann, entwickeln die nur wenige Minuten langen Filme eine enorm suggestive Wirkung und großen poetischen Zauber.

Hinein in den Raum

Auf andere Weise vom Film geprägt ist **Raymond Pettibon**. Die harten Kontraste seiner in der Mehrzahl schwarzweißen Tuschzeichnungen wecken Assoziationen an die tief verschatteten Szenen des *film noir*, und tatsächlich hat der Künstler zu Beginn seiner Karriere Standbilder von angehaltenen Videobändern abgezeichnet. Mindestens genauso viel verdankt Pettibons Bildsprache jedoch dem Formenrepertoire der Comics und Cartoons, aus dem er sich ebenso bedient wie bei William Blake und, vor allem, aus dem großen Fundus der erzählenden Literatur. Denn das wesentliche Charakteristikum seiner Bilder ist die Verbindung von Bild und Schrift. Jedes einzelne Bild ist mit Titeln, Untertiteln, Sprechblasen oder frei auf der Bildfläche vagabundierenden Texten versehen. Sie entstammen Pettibons eigener Phantasie oder sind direkte und indirekte Zitate aus Werken der Belletristik. Der Zusammenhang zwischen den fragmentarischen Texten untereinander, aber auch zum Bild bleibt oft rätselhaft. Die narrative Gesamtstruktur löst sich bei näherer Betrachtung also wieder in ihre Einzelteile auf.

Raymond Pettibon, *ohne Titel (Elvis has never left the Bildung)*, 2002, Tusche auf Papier und Mischtechnik auf Wand, Installation im Museum Fridericianum, Kassel, Documenta 11, Detail. Zur unverkennbaren Handschrift von Raymond Pettibon gehört der schnelle Pinselstrich mit dünnflüssiger Tusche, der zu den typischen groben Kreuzschraffuren und den tropfenden Verlaufsspuren führt. Seine Nähe zur Pop- und Untergrundkultur zeigt sich in der bildlichen Verwendung von Ikonen wie Elvis Presley ebenso wie in Coverentwürfen für Bands wie die *Foo Fighters*.

»Zugegeben, mein Hauptinteresse galt schon immer mehr dem Geschriebenen als der bildnerischen Seite meines Werkes, aber ich glaube nicht, daß das Geschriebene für sich steht: Es ist keine Literatur, es ist Kunst.«

Raymond Pettibon

Ebenso amerikanisch wie Pettibons kolportierte Lebensstationen – vom Punk, Holzfäller, Barmixer und Reporter zum Künstler – sind viele seiner Lieblingsmotive: altmodische Gangster, Surfer auf riesigen Meereswellen, Explosionen, Atompilze, Superhelden und Pop-Idole. Bedeutsamer als die inzwischen allgegenwärtige kulturelle Verklammerung von High und Low ist jedoch die Art, in der Pettibon der Zeichnung neues Terrain erobert. Ähnlich wie Alexander Roob greift er in Form von wandfüllenden Installationen in den Raum aus, führt diesen Expansionsdrang aber noch einen Schritt weiter: Wo Roob eine zwar verwirrende, variable und komplexe, aber doch eine Ordnung vieler Einzelbilder präsentiert, herrscht bei Pettibon die reine Anarchie. Eine schier unüberschaubare Fülle von Bildern und Buchstaben bedrängt den Betrachter. Manche Zeichnungen sind gerahmt, die meisten aber direkt an die Wand gepinnt, manche Motive aus dem Papier herausgeschnitten; oft zeichnet Pettibon auch direkt auf die Wände und macht sich so den gesamten Ausstellungsraum zu eigen, den er in ein narratives Labyrinth seiner persönlichen Obsessionen verwandelt.

Die Wände hochzugehen mit dem Stift in der Hand ist auch das Markenzeichen von **Peter Pommerer**. Zwar gibt es ähnlich wie bei Pettibon auch bei Pommerer autarke Zeichnungen, die gerahmt an der Wand hängen, aber im Unterschied zum Zettelchaos des Kaliforniers werden Pommerers Einzelarbeiten stets von einem großen zeichnerischen All-Over hinterfangen, das tapetenartig ganze Wände, ja komplette Räume bedecken kann. Auch die zeichnerischen Mittel sind andere: Pommerer benutzt für seine direkt auf den Putz oder die Rauhfasertapete aufgetragenen Monumentalbilder beinahe ausschließlich Buntstifte. Mit diesen zeichnet er von Fabelwesen und Tieren bevölkerte Ornamentdschungel, deren überbordende, wuchernde Fülle immer wieder durch schablonierte Aussparungen abrupt unterbrochen oder durch völlig heterogene Musterungen überschnitten werden. Diese Sollbruchstellen im ornamentalen All-Over machen deutlich, wie

»Zeichnen ist Denken mit dem Bleistift in der Hand.«

Roman Signer

bewußt der Künstler mit seinem Formenrepertoire spielt; wie sehr er es versteht, den Raum zu dynamisieren, sowohl in der Fläche als auch in der durch die vielfältigen Überlagerungen suggerierten Tiefe. Denn man könnte ja durchaus den Verdacht hegen, Pommerer würde geradezu wahnhaft gegen seinen Horror vacui ankritzeln. Schließlich ähnelt sein zeichnerischer Duktus sowohl Kinderzeichnungen als auch den Bildern von geisteskranken Künstlern wie Adolf Wölfli – Assoziationen, deren Eindeutigkeit Pommerer dadurch unterläuft, daß er gleichermaßen auf die *papiers découpés* eines Henri Matisse oder die Mosaik- und Buchstabenbilder von Paul Klee anspielt. Gut erkennen läßt sich das an einer von mehreren Wänden aus der Arbeit *Pest der Phantasmen,* wo das ordnende Element besonders deutlich in Erscheinung tritt. Mit seiner ebenso zarten wie monumentalen Form von Graffiti und seinen halluzinogenen Figur-Grund-Umkehrungen eröffnet Pommerer der Zeichenkunst neue Räume.

Peter Pommerer, *Die Pest der Phantasmen*, 2000, Buntstift auf Wand, gerahmte Zeichnungen in Mischtechnik auf Papier, Installation in der Galerie Gebauer, Berlin, Detail.
Die im gesamten Werk Pommerers virulente Frage nach Originalität, künstlerischer Handschrift und Autorschaft wird hier eher kalauernd beantwortet, in Form eines verfälschten Klassikerzitats, womit die ganze formale Strenge wieder im Eimer ist – eben bei Nino de Angelo.

> »Der Fehler fängt schon an, wenn einer sich anschickt, Keilrahmen und Leinwand zu kaufen.«
>
> Joseph Beuys

Mit schöner Regelmäßigkeit ist die Malerei in den vergangenen Jahrzehnten immer wieder für tot erklärt worden, und selten war diese Behauptung so falsch wie heute, ja, es hat den Anschein, als erlebe der Umgang mit Pinsel und Farbe einen neuen Boom. Sicher hat die Malerei seit den 60er Jahren den Alleinanspruch auf die Herrschaft im Reich der zeitgenössischen Kunst aufgeben müssen – und damals war der Einschnitt tatsächlich ein gravierender. Mittlerweile existieren die meisten künstlerischen Disziplinen in friedlicher Koexistenz, und das Malen ist nur eine von vielen möglichen Methoden der Bildproduktion.

Immer an der Wand lang – Malerei im großen Stil

Ein erstaunliches Phänomen ist der Popularitätsschub, den derzeit die Wandmalerei erfährt. Man kann ihn zum Teil wohl damit erklären, daß eine orientierungslose Kunst damit einen Anlaß gewinnt, einen festen Bezugsrahmen – und sei er auch nur architektonischer Natur. Dabei scheint die Künstler ein verblüffendes Paradox nicht zu stören: Waren Wandmalereien früher als Fresko eine der dauerhaftesten bildlichen Darstellungsformen überhaupt, sind sie heutzutage besonders flüchtige Vertreter ihrer Spezies und in aller Regel nur für die Dauer einer Ausstellung existent – anschließend werden sie wieder übertüncht. Das hat natürlich vor allem damit zu tun, daß der ganz überwiegende Teil der zeitgenössischen Kunst immer noch für das Museum geschaffen und im Museum präsentiert wird. Dort müssen aber auch noch andere Werke gezeigt werden können. Also geben sich die Wandmaler unter den Künstlern weise und bescheiden und streben von vornherein nicht nach Ewigkeit. Dennoch zeigen diese neuen Formen einer monumentalen Malerei die Sehnsucht der Künstler nach Zweckhaftigkeit ihrer Kunst, oder nach der Loslösung vom Bild als beweglicher Handelsware – auch wenn die Wandmalerei auf der anderen Seite die Gefahr des bloß dekorativen Anstrichs, einer Art Luxustapete, in sich birgt.

Darin unterscheidet sich die Wandmalerei nicht von ihrer »kleinen Schwester«, der Wandzeichnung, und so nimmt es nicht wunder, wenn einmal mehr die Grenze zwischen beiden kaum zu ziehen ist. **Paul Morrison** beispielsweise arbeitet ausschließlich in Schwarz und Weiß, auch wenn er behauptet, seine Malerei sei bunt. Diese zunächst irritierende Behauptung macht durchaus Sinn: denn Morrison bedient sich für seine Wandgemälde ausschließlich Formen pflanzlicher Natur – die der Betrachter unweigerlich grün nachkolorieren wird, oder auch mehrfarbig, je nach Motiv. Dieses Sehen ist schließlich durch die massenhafte Verbreitung schwarzweißer Fotografien und Filme, das Schwarzweißfernsehen und, für Morrison wohl besonders relevant, durch Comics verbreitet und eingeübt worden. In diesem Medium wird es besonders augenfällig, daß auch mit den schwarzweißen Darstellungen farbige gemeint sind, denn dort passiert es häufig, daß schlicht aus Gründen der Sparsamkeit bunte Seiten sich mit unfarbigen abwechseln, dem Betrachter also buchstäblich vorgeführt wird, wie er sich die gezeichnete Welt auszumalen hat.

Durch das Hintereinanderstaffeln mehrerer solcher schattenrissartiger Szenerien entsteht, ihrer Flachheit zum Trotz, eine Art von kulissenhafter Räumlichkeit. Morrison läßt uns durch rustikale Gatterzäune blicken oder auch durch ein Dickicht ornamentaler Farnblätter wie durch eine schwarze Spitzengardine: Obwohl wir wissen, daß wir nur eine zweidimensionale Welt erblicken, die deutlich sichtbar aus disparaten Versatzstücken besteht, synthetisieren wir als Betrachter daraus einen farbigen Raum.

Paul Morrison, *Silver Forest*, 2000, Acryl auf Wand, Installation bei Philomene Magers Projekte, München. Morrison mischt stets Fundstücke verschiedenster Provenienz und schichtet sie hintereinander. Dabei reduziert er Pflanzenformen häufig auf die bloßen Silhouetten, so daß eine Art Scherenschnittbild entsteht, in dem realistische Naturstudien, floraler Dekor kunstgewerblicher Herkunft und stilisierte Blümchen à la Disney sich zu einer phantastischen Landschaft fügen.

»Ich habe riesige Bilder auf der Wand gemacht, um die Erfahrung von Präsenz mit einem Minimum an Materialität zu betonen. Ich betrachte sie als immaterielle Skulpturen.«

Michael Craig-Martin

Einen denkbar großen Kontrast hierzu bilden die Arbeiten von **Michael Craig-Martin**. Sie sind nicht nur farbig, sondern bunt, so schreiend bunt, daß es wehtut. Und dabei von einer berechnenden Kühle, die dieser Emotionalität diametral entgegengesetzt ist. Auch Craig-Martin, wie Morrison, verwendet vorgefundene Motive; allerdings bedient er sich direkt bei den Dingen des Alltags. Er hat eine Reihe von möglichst banalen, nichtssagenden Alltagsgegenständen mit hohem Wiedererkennungseffekt gesammelt und daraus ein gleichbleibendes Zeichenalphabet geschaffen, mit dem er immer neue Wandgemälde buchstabiert. Ausgehend von einer originalen Bleistiftzeichnung fertigt Craig-Martin immer neue Schablonen an, so daß er seine einmal gefundenen Formen unverändert auf die verschiedensten Raumverhältnisse übertragen kann. Farbigkeit und Anordnung werden dabei stets variiert. Der Künstler selbst bezeichnet die Bleistiftspitzer, Brillen und Feuerlöscher als bildliche Ready-mades, die so neutral geworden seien, daß sie jeglicher Bedeutung entbehren. So versucht er die Balance zu halten zwischen einer zur bloßen Hülle degradierten Gegenständlichkeit und einer abstrakten Form von Malerei. Diese Gratwanderung betrifft auch die Räumlichkeit der Gegendstände: Nur mit Umrißlinien in Dreiviertelansicht wiedergegeben, besitzen sie eine sehr reduzierte Dreidimensionalität. Durch ihre Farbe und enorme

Michael Craig-Martin, *ohne Titel*, 2000, Installation im IVAM Centre del Carme, Valencia. In den Arbeiten von Michael Craig-Martin beschränkt sich der Ortsbezug nicht nur auf maßstäbliche und farbliche Anpassung an die Architektur, der Künstler dehnt ihn auch auf die Kunstgeschichte des Ausstellungsortes aus. Für seine Ausstellung in Valencia gelang es ihm, in einem Raum die Erinnerung an ein Stilleben des spanischen Barockmalers Zurbarán wachzurufen und auf einer anderen Wand, mit ein und denselben Bildbestandteilen, eine Variation über das Gruppenportrait *Las Meninas* von Velázquez zu konstruieren.

Michel Majerus, *If we are dead, so it is*, 2000, Installation im Kölnischen Kunstverein, Detail.
Die Installation bestand aus einer 42 Meter langen, zehn Meter breiten »Halfpipe«, einem halbrunden Bildträger, der von Fußgängern nur unter Verrenkungen betrachtet werden konnte und offenbar mehr für Menschen mit Rollbrettern unter den Füßen gedacht war: Kunstbefahrung statt Kunsterfahrung. Sofern man die Kunst von Majerus als Äquivalent zu popmusikalischen Sampling-Verfahren begreift, mag die Anbiederung an die jugendliche Skater-Szene passend erscheinen. Unklar bleibt aber, ob es sich dabei um einen als restlose Affirmation getarnten Akt der Verzweiflung handelt, oder ob sich der Künstler damit selbstironisch als den perfekten Illustrator unserer Sport- und Spaßgesellschaft empfiehlt.

Größe gewinnen sie jedoch eine räumliche Wucht, die sie aus der Fläche der Wand hervortreten läßt.

Für die *trendiness* der Wandmalerei ließen sich noch zahlreiche Beispiele anführen, aber häufig steuern sie auch auf die eingangs erwähnten gefährlichen Klippen des bloß Dekorativen zu und landen in hübsch designten Sackgassen. Der Haltung eines bloßen Wandgestalters scheint auch **Michel Majerus** in vielen seiner Arbeiten nachzueifern. Alles kann zum Bildträger werden, nur groß muß es sein. Wenn er nicht die Wände direkt bemalt, dann sind die Formate seiner Gemälde riesig oder setzen sich aus lauter gleichgroßen Quadraten zu wandfüllenden Ensembles zusammen. Diese Bausteinbilder sind für die Vorgehensweise Majerus' sehr erhellend, zeigt doch jedes eine andere Handschrift, einen anderen Stil und erweckt oft den Eindruck einer Ausschnittvergrößerung aus einem fremden Gemälde.

Majerus erhebt das Zappen zum Programm, alles was Bild ist, steht gleichberechtigt nebeneinander, Fundsachen aus dem Wühltisch der Kunstgeschichte ebenso wie typographische Spielereien, Comics, Trickfilme und Werbesprüche. Das Stelldichein von Barnett Newman, Walt Disney und Super-Mario sieht aus, als wollte sich Majerus zum Aushängeschild der vielbeschworenen »neuen Beliebigkeit« stilisieren, eines postmodernen Lebensgefühls aus zweiter Hand. Wie der Künstler es selbst formulierte: »Meine Arbeit funktioniert gerade dadurch, daß jeglicher Anspruch auf

»Angesichts der Größe, die Wände haben, muß man anfangen, sich auf ihre physischen Eigenschaften einzulassen. Das Theatralische und das Dekorative sind unvermeidlich und sollten eingesetzt werden, um dem Werk Nachdruck zu verleihen.«

Sol LeWitt

»Die Absichten der Künstlers werden überbewertet.«

Michel Majerus

›authentische‹ Kultur und Lebensweise als illusionär vorausgesetzt wird«.

Auch **Franz Ackermann** liebt das große Format und malt auf herkömmlichen, transportablen Bildträgern ebenso wie direkt auf die Wand. Ähnlich wie Majerus arbeitet er dabei assemblageartig und gestaltet seine Ausstellungen häufig in einer Verbindung von gefundenen Fotos und Plakaten, verzerrenden Spiegeln, Zeichnungen und Malerei, wobei die Gemälde auch als ungerahmte Leinwand auf Trägerkonstruktionen vor der Wand schweben können oder als Raumteiler um die Ecke biegen. Im Unterschied zu Majerus verfolgt Ackermann jedoch bei aller Vielstimmigkeit ein Thema: das Reisen. Genauer gesagt, den ganzen Themenkomplex von Tourismus, Fremdheit, Exotismus und Globalisierung. Auch einzelnen Gemälden eignet daher der Charakter des Collagierten; die wuchernde Ornamentik in knallig bunten Farben gibt immer wieder den Blick frei auf architektonische Einsprengsel. Die alles dominierenden farbigen Formen entwickeln sich dabei in einer oder mehreren konzentrischen Bewegungen von innen nach außen, nehmen manchmal die Form üppiger Blüten an, werden zu Strudeln oder Wirbeln, am häufigsten erinnern sie jedoch an die Höhenlinien auf Landkarten oder – eine der bildlichen Initialzündungen für Ackermann – aus der Vogelperspektive gesehene südostasiatische Reisterassen. So verschränken sich in des Künstlers »geistigen Landkarten« nicht nur Bilder der persönlichen Erinnerung mit Formen exakter Kartographie, sondern auch Sedimente aus dem kollektiven kunsthistorischen Gedächtnis mit kritischen Reflexionen zur

Franz Ackermann, *ohne Titel (Mental Map: Evasion III)*, 1996, Öl auf Leinwand, 280 x 285 cm. Nicht immer lassen sich die Elemente in den Gemälden von Franz Ackermann topographisch so genau zuordnen wie in *Mental Map: Evasion III*, wo sich Hungerkralle, Siegessäule, Bundeskanzleramt und Wachturm zum Berliner Allerlei formieren. Stets sind sie jedoch nur isolierte, realitätsnahe Details, die in den poppigen Farbexplosionen wie einzelne Splitter in einem Kaleidoskop auftauchen.

Zerstörung des Fremden durch Annäherung an das Fremde, zu »Tourismus als Terrorismus« (Ackermann) in Zeiten einer gleichmacherischen Globalisierung.

Katharina Grosse, *Cheese Gone Bad*, 1999, Gesprühte Acrylfarbe auf Wand, Installation in der Chinati Foundation, Marfa, Texas. Die Arbeiten von Katharina Grosse wecken Erinnerungen an schleichende Zerfalls- und Verwesungsvorgänge, an Schimmel- und Schwammpilze; Titel wie *Cheese Gone Bad* verstärken diese Assoziationen. Doch erschöpft sich die suggestive Wirkung ihrer Malerei keineswegs in solch organisch-biologischen Analogien. Durch das sichtbar gemachte Überlagern vieler Farbschichten wird auch das Prozessuale des Malaktes für den Beschauer anschaulich nachvollziehbar.

Völlig losgelöst von Gegenstandsbezügen ist dagegen die Malerei von **Katharina Grosse**, schon in ihren extrem reduzierten, häufig nur zweifarbigen Farbfeldmalereien auf Leinwand, erst recht aber in ihren seit 1998 entstehenden Wandarbeiten, die sie direkt aus der Sprühdose auf die Wände des jeweiligen Ausstellungsraumes malt. Diese grellen Farbnebel, oft von Neon-Tönen durchzogen, wuchern unterschiedslos über Wände, Decken, Türen und andere architektonische Details hinweg und verwandeln so das Räumliche der Architektur in eine große, vereinheitlichte Bildebene. Wie in einer Art organischem Auflösungsprozeß treten an die Stelle von Ecken und Kanten Flecken und Wolken, was zusammen mit der oft giftigen Farbigkeit den Malereien etwas Bedrohliches, Zerstörerisches verleiht. In ihrer Transparenz entwickelt diese scheinbar so flächige Malerei zudem eine diffuse Räumlichkeit, die Erinnerungen an malerische Vorläufer wie Rothko oder Graubner heraufbeschwört. In ihrem schwebenden, luftig-wässrigen Duktus läßt sie ebenso romantisch verklärte Abendhimmel assoziieren wie die im Titel benannten vergammelten Speisen.

Daß Grosse trotz der vor Ort und spontan entstehenden Bilder auf deren Autonomie insistiert und die Raumbezogenheit ihrer Arbeiten dadurch leugnet, daß sie manchmal auf maßgeschneiderten Kartons arbeitet, die nachträglich von der Wand wieder abgenommen und an anderen Orten ausgestellt werden, bietet einen willkommen Anlaß, sich nunmehr von der Wand zu lösen und die Malerei in traditionelleren Formen und Formaten weiter zu verfolgen.

Alle Wege führen zur Abstraktion

Wie wir schon im Rahmen der Wandmalerei beobachten konnten, gibt es für Maler heutzutage keinen festgeschriebenen Ausdrucks- oder Formenkanon, und selbst die grundlegende Frage »Gegenständlich oder abstrakt?« muß von jedem einzelnen Künstler neu beantwortet werden. Kein Zeitstil, keine Mode und kein Markt kann ihm diese Entscheidung abnehmen. Entsprechend fällt aber auch die Selbstverständlichkeit weg, mit der noch eine Generation früher sich die Künstler des einen oder anderen Darstellungsmodus bedienen konnten, und so ist allein diese Entscheidungsfindung bereits ein spannender Prozeß. Jede Position, sei sie nun ungegenständlich, naturalistisch oder irgendwo dazwischen, muß sich der Künstler erst erobern, und oft ist dieser Vorgang an den fertigen Werken auch noch abzulesen.

Verhältnismäßig direkt ist dabei der Zugriff von **Markus Weggenmann**. Seine starkfarbigen, hochglänzenden Lackgemälde lassen in ihrem perfekten Oberflächenfinish jegliche Handschrift, jede Spur eines Pinsels vermissen. Weggenmann wirft spontan Kompositionen mit Leimfarbe und Pinsel auf DIN-A-3 große Papierbögen und wertet diese Originale anschließend zu bloßen Vorlagen um und ab. Sie werden auf großformatige Aluminiumplatten projiziert und die Umrisse der Einzelformen mit dem Messer aus einer selbstklebenden Abdeckfolie nach und nach herausgeschnitten. Jede Farbe wird in einem eigenen Arbeitsgang von professionellen Lackierern auf die Metalloberfläche aufgebracht. Weggenmann verwendet dazu industriell gefertigte Autolacke, die er aber zu sonst nicht gebräuchlichen Farbtönen mischen läßt. Dieses Verfahren einer perfekten Balance zwischen spontanem Entwurf und akribischer, mechanischer Ausführung, zwischen

Markus Weggenmann, *ohne Titel*, 1999/2000, Autolack auf Aluminium, 210 x 143 cm. Wenige Formen in heftigen Kontrasten erscheinen auf der Oberfläche verkeilt. Ihr handschriftlicher Ursprung wird durch extreme Vergrößerung und maschinellen Farbauftrag verschleiert.

Mensch und Maschine erzeugt jenen schwebenden Eindruck, welcher der Isolierung der Einzelformen auf den Gemälden entspricht. Diese wiederum wird nur durch die Maßstabsveränderung hervorgerufen, die farblosen Ränder wären in der ursprünglichen Größe kaum sichtbar. Das Ergebnis sind paradoxe Gemälde von großer farblicher Anziehungskraft mit abweisend spiegelnder Oberflächenversiegelung, die gerade im Widerstreit der Eindrücke den Betrachter gefangen nehmen.

Im Gegensatz hierzu haben die auf den ersten Blick vollkommen gegenstandsfern erscheinenden Gemälde von **Sarah Morris** ihren Ursprung in der sichtbaren Alltagswelt. Was als eine Serie von streng abstrakten Exerzitien daherkommt, bestenfalls aussieht wie die auf eine bloße geometrische Struktur reduzierten Räume von Computerspielen der ersten Generation, ist in Wahrheit eine Ansammlung von architektonischen Derivaten ganz konkreter Gebäude. Morris übernimmt zwar das strikt rechtwinklige Rastersystem der amerikanischen Hochhausarchitekturen, bricht es jedoch durch die Untersicht der Fußgängerperspektive, nimmt ihnen damit die starre Frontalität und treibt sie durch extreme Ausschnitthaftigkeit und farbliche Veränderung ins rein Ornamentale. Oder sie verleiht ihren Gemälden eine ganz eigentümliche, irritierende Raumwirkung, indem sie sich eine andere Eigenschaft der gläsernen Vorhangfassaden zunutze macht: Fast immer spiegeln sie ein gegenüberliegendes anderes Gebäude, eine Leuchtreklame oder, mit etwas Glück, ein Stück vom Himmel. Was bei der flüchtigen Wahrnehmung des durch die Wolkenkratzerschluchten eher fahrenden als flanierenden Passanten gar nicht ins Bewußtsein dringt, rückt ins Zentrum von Morris' Vexierspiel. Die sich gegenseitig überlagernden und durchdringenden

Sarah Morris, *Federal Reserve (Capital)*, 2001, glänzende Dispersionsfarbe auf Leinwand, 214 x 214 cm.
Auch wenn es zunächst nicht so scheinen mag: Sarah Morris ist immer an ganz konkreten Orten interessiert. Das belegt nicht nur ihr Arbeiten in großen Serien, die sie bislang den Städten New York, Las Vegas und Washington gewidmet hat, sondern auch, daß sie ihre Wirkungsstätten jeweils filmisch dokumentiert. In Ausstellungen zeigt sie immer Gemälde und Filme zugleich und wirft damit einen statischen Blick auf und einen bewegten hinter die Fassaden.

> »Es geht um das Ertragen von Sinnlosigkeit. Das Schöne ist stumm und leer …«
>
> Gerhard Merz

Ordnungsmuster erzeugen einen völlig irrationalen, illusionären Raum und machen deutlich, worum es Morris geht: das geschickte Austarieren von Konkretion und Abstraktion.

Triumph des Schnörkels – Tendenzen der Ornamentalisierung

Eine zur Zeit immer weitere Verbreitung findende Möglichkeit, sich der Abstraktion zu nähern, ist der Weg über das Ornament. Damit einher geht eine affirmative Haltung zur Schönheit, ein auf Augenlust ausgerichtetes Kunstverständnis, das in der Moderne eigentlich verpönt war. Daß dies nicht gleichbedeutend sein muß mit einem Hang zur Oberflächlichkeit, zeigt exemplarisch die Kunst von **David Reed**. Zunächst scheint es, als vertrete er die extreme Gegenposition zur Malerei von Sarah Morris, bildeten doch das geometrische Raster auf der einen Seite und die freie malerische Handschrift auf der anderen die beiden Gegenpole der ungegenständlichen Malerei. Und Reeds wild bewegte Pinselschwünge sehen auf den ersten Blick eindeutig nach der großen Geste des sich expressiv gebärdenden Malers aus. In Wirklichkeit handelt es sich bei diesen Farbverschlingungen jedoch um das bloße Zitat einer Geste. Vielleicht schon auf den zweiten Blick, auf jeden Fall aber vor dem Original fällt die eigentümlich glatte Oberfläche seiner Bilder auf, die vom extrem langwierigen, sich manchmal über Jahre erstreckenden Entstehungsprozeß künden: Auf dickem Acrylgrund werden nacheinander mehrere

David Reed, *# 465*, 2000, Öl und Alkyd auf Leinwand, 140 x 252 cm, Sammlung José und Hans Brokken, Liempde (Niederlande).
Anders als die wuchernden Schnörkel begabterer Graffiti-Sprayer, an die Reeds Bilder gelegentlich erinnern können, sind sie nicht nur von größerer Dynamik, sondern aufgrund ihrer komplexen Schichtungen auch von einer aus ungeahnten Tiefen auftauchenden Räumlichkeit und dank ihrer Transparenz von einer geradezu betörend leuchtenden Schönheit.

Schichten von Alkydfarben aufgetragen und glattgeschliffen, danach erst malt der Künstler eine erste Lage seiner schwingend bewegten, breiten Schnörkel. Anschließend werden Partien der Bildoberfläche wieder abgetragen, in Schleifvorgängen, die mehrere Millimeter tief reichen können. Dann nimmt sich Reed die Leinwand erneut vor und beginnt mit einer nächsten Farbschicht. Manchmal bleiben diese zahlreichen Arbeitsgänge auch am fertigen Gemälde ablesbar, wenn der Maler streng rechteckige, fensterartige Ausschnitte als Ausblick auf tieferliegende Farbschichten freilegt, oft genug ist diese quasi archäologische Arbeitsweise jedoch im barocken Gewirr seiner kurvigen Faltenwürfe unter der planen Oberfläche verborgen.

Der unwirkliche Charakter, den seine pseudogestischen Gemälde dadurch gewinnen, entspricht Reeds Bestreben, seine Kunst in einem Zwischenreich von Wahn und Wirklichkeit anzusiedeln, das er in seinem Wunsch ausdrückt, ein »Schlafzimmermaler« sein zu wollen, denn »Gemälde gehören dorthin, wo sie [...] in persönlichen Momenten der Tagträumerei betrachtet werden können.«

Eine ebenso eigenwillige wie eigenständige Art ornamental geprägter Malerei hat in den letzten Jahren **Takashi Murakami** entwickelt. Gespeist aus Pop-Art und japanischer Hoch- wie Trivialkultur hat er zu einem sehr graphischen, oft comic-ähnlichen Stil gefunden, den der Künstler selbst mit dem Begriff »superflat« belegt. Zu einem seiner Markenzeichen ist die Figur eines kugeligen Kopfes geworden, mit Telleraugen und Raubtiergebiß, der, ähnlich wie die Mickey-Maus, zwei große kreisrunde Ohren besitzt. Diese tragen die rundlich aufgeblasenen Buchstaben »D« und »B«, während das Gesicht dazwischen als »O« gelesen werden soll, was dem körperlosen Kopf den Namen »DOB« verleiht. In gewisser Weise kehrt Murakami damit die typisch westliche, ignorante Sichtweise auf fernöstliche Kalligraphie um und nutzt die lateinischen Buchstaben allein ihrer formalen Qualitäten wegen: Alles ist rund, bis hin zu den Reflexen in den Augen.

Takashi Murakami, *PO + KO Surrealism (green)*, 1999, Acryl auf Leinwand auf Karton, 280 x 420 cm, Detail. Ausgehend von der farblich stets gleichbleibenden Grundfigur dieses Monstergesichts entwickelt der Künstler durch beliebige Fragmentierung und Vervielfältigung ornamentale Gemälde wie aus einem Spiegelkabinett, die bei aller Verzerrung doch immmer Elemente seines DOBbies erkennen lassen.

Doch Murakamis hybride Kunst erschöpft sich bei weitem nicht in diesen monströs wuchernden Comic-Klonen. Ein anderes, häufig wiederkehrendes Motiv ist eine zackig ausfransende, hohe Geschwindigkeit simulierende Flüssigkeits-Eruption, die mal als Sperma, mal als Muttermilch, mal als Kondensstreifen interpretiert werden muß und zugleich als parodistische Verquickung eines Pollock-Drippings mit einem Hokusai daherkommt, wenn sie sich in einer großen Wellenwirbelbewegung über eine riesige monochrome Leinwand ergießt. Überhaupt ist bei aller betonten Oberflächlichkeit Murakamis Harmlosigkeit nur eine scheinbare. Seine psychedelisch bunten, augenübersäten Mischwesen aus Mensch, Muster und Monster sehen aus, als hätte er die falschen Pilze gegessen, und seine karikierenden, Manga-inspirierten Skulpturen sind pornographisch aufgeladen. Da ist es fast schon wieder erstaunlich, daß Murakami in Japan einen Status genießt, der höchstens mit dem seines Landsmannes Yoshitomo Nara und dem von Andy Warhol zu vergleichen ist. Seine Werke fertigt er inzwischen in einer Großwerkstatt mit zahlreichen Assistenten, und der Ausstoß an Merchandising-Artikeln seiner Hiropon Factory würde selbst einen Keith Haring vor Neid erblassen lassen.

Pasticcio, Pillen oder bloß pastos? Das Material der Malerei

Auch die Kunst von **Fred Tomaselli** läßt sich am ehesten mit dem Begriff des Ornamentalen fassen, auch er verwendet die Methoden der geometrischen Anordnung und der Wiederholung um aus kleinsten Partikeln Muster zu generieren, die überwiegend abstrakte Bilder ergeben, manchmal aber auch gegenständlich sein können. Charakteristischer für seine Vorgehensweise sind seine Ausgangsmaterialien, denn die sind in aller Regel sehr konkret. Zum einen verwendet er fotografisches Material in klassisch collagierender Manier: Vögel, Blumen, Körperteile, deren formale Qualitäten er durch das Prinzip der massenhaften Reihung betont. Zum anderen stellt er den von ihm intendierten Naturbezug aber auch dadurch her, daß er wirkliche Blätter sammelt und in seine Bilder einarbeitet. Meistens sind dies jedoch nicht irgendwelche, sondern Hanfblätter, und so ist es nur konsequent, daß als I-Tüpfelchen in Tomasellis flirrendem Muster-Kosmos sich Tausende von Tabletten tummeln. Daraus entstehen Vogelexplosionen, pyrotechnisch anmutende Bilder von Nervenbahnen, an deren Kreuzungspunkten Strohsterne aus Pillen und Blättern sitzen, oder schillernde Sternenhimmel. Die disparaten Materialien seiner Bilder verbindet der Künstler aber mit Akribie und fast altmeisterlicher Technik, indem er alle eincollagierten Elemente mit einem Harzfirnis überzieht und so das Bild Schicht um Schicht aufbaut, von denen die Malerei nur eine ist.

Fred Tomaselli, *New Jerusalem*, 1998, Blätter, Fotocollage, Pillen, Acryl und Harz auf Holztafel, 122 x 122 cm. Bis auf den Untergrund und die weißen Ranken ist wohl nur das ovale Mittelfeld als reine Malerei anzusprechen. Es zeigt ein nächtliches Kleinstadtidyll unter bonbonbuntem Abendhimmel, das offenbar das im Titel angesprochene Neue Jerusalem darstellen soll. Umgeben ist es von realistischen Blumenranken wie aus flämischen Stundenbüchern des 15. Jahrhunderts, die erstaunliche pharmazeutische Blüten treiben.

Es ist schwer zu entscheiden, ob die trügerischen Blüten nun dazu da sind, der kleinstädtischen Behäbigkeit zu entfliehen und die Suche nach einem Paradies auf Erden nur eine Frage der richtigen Medikation ist. Oder ist das verheißungsvolle pharmazeutische Versprechen von Cannabis und Valium genauso verlogen wie das friedliche Vorstadtleben, verbleibt also das Neue Jerusalem damit an seinem angestammten Ort: in himmlischen Gefilden?

Ähnliche Techniken wie Tomaselli wendet auch **Chris Ofili** an: Er bestückt seine Leinwände nicht nur mit Farbe, sondern mit collagierten Fotoschnipseln, Stecknadeln, Perlenkettchen, Glitzer und Flitterpartikeln und überzieht am Ende alles mit einer dicken

Chris Ofili, *Monkey Magic – Sex, Money and Drugs*, 1999, Acryl, Collage, Glitzer, Bleistift, Harz, Stecknadeln und Elefantendung auf Leinwand, 244 x 183 cm. Wenn schon die Experimente der Alchimisten gescheitert sind, aus Scheiße Gold zu machen, dann kann man wenigstens Kotkugeln mit Perlen besticken und auf den Kunstmarkt werfen – mit Erfolg. Ähnliches scheint auch der Affe auf unserem Bild suggerieren zu wollen. Er zaubert aus seinem Hut die drei Dinge, die ein Mann braucht: Sex, Geld und Drogen.

transparenten Harzschicht. Während Tomaselli jedoch hintergründig und subtil seine verbotenen Substanzen in herzallerliebsten Verpackungen an den Betrachter bringt, haut Ofili mächtig auch die Kacke, will sagen: er arbeitet laut, bunt und plakativ. Seine Bilder sind stets von einer überbordenden Ornamentik und brechen unter der Last ihres Schmuckes schier zusammen. Aus der Nähe gesehen ergibt sich ein kakophonisches Durcheinander von talmihaftem Glamour. Mit ein wenig mehr Abstand betrachtet formen sich diese unendlich vielfältigen Bildatome aber erstaunlicherweise zu geschlossenen Großformen, meistens zu einer einzigen, formatfüllenden und silhouettenartig umrissenen Gestalt. Der Gesamteindruck bleibt jedoch der eines anarchischen Mosaiks, wobei die Schmuckformen deutliche Reminiszenzen an »primitive« Kunst aufweisen, insbesondere an afrikanische Malerei und die Tüpfeltechnik der australischen Aborigines. Auch die motivischen Bestandteile von Ofilis Gemälden verweisen stets überdeutlich auf seine afrikanische Abstammung (auch wenn er in England geboren und aufgewachsen ist). Egal ob Tiergottheiten oder Helden einer schwarzen Pop-Kultur, stets zitiert der Künstler nur Klischees herbei und rückt sie so nah an die Karikatur, daß man sich nie sicher sein kann, ob er diese eindimensionalen Vorstellungen des »Schwarzen Mannes« und seiner Kultur der Lächerlichkeit preisgeben möchte, oder doch durch das Insistieren auf dem Klischee eine Form von Selbstbehauptung etablieren. Im wahrsten Sinne des Wortes aufgesetzt wirken auch die Mistkugeln aus Elefantendung, die zu Ofilis Markenzeichen geworden sind, weil er mit dieser Synthese aus Zierat und Unrat alle seine Bilder garniert. Man mag sich an andere seltsame Bildbestandteile der jüngeren Kunstgeschichte erinnert fühlen, wie die magisch aufgeladenen Materialien bei

Beuys. Vielleicht sind die Dungkugeln ja das afrikanische Äquivalent zur Fettecke – zumindest als Energiespeicher mag man sie betrachten.

Weniger gemalt als gebastelt und gebaut wirken die Bilder **Fabian Marcaccios**, bei denen man zögert, sie als Gemälde zu bezeichnen. Nicht umsonst hat der Künstler für seine Werke den Begriff der *paintants* geprägt, eine Wortschöpfung die sich aus »painting« und »Mutant« zusammensetzt. Seine gemalten Collagen bestehen aus Öl- und Acrylfarben, per Siebdruck eingebrachten fotografischen Fundstücken, Stoffetzen und Silikon. Aus all diesen Mitteln generiert Marcaccio Bilder, die scheinbar nur die grundlegendsten Elemente der Malerei zur Schau stellen, die Leinwand und den Pinselstrich. Durch vielfältige Maßstabs- und Materialveränderungen entlarvt er diese Bestandteile der Malerei jedoch als bloße Klischees: Auf der Leinwand finden sich immer wieder Stücke grobmaschigen Stoffes, die entweder aufgeklebt sind – also nicht dem eigentlichen Bildträger entsprechen –, oder, häufiger noch, als fotografische Vergrößerung textiler Gewebe in Erscheinung treten. Auch pastos erscheinende Pinselschwünge erweisen sich als flach nachgemalt oder gar fotografisch simuliert, während die expressive malerische Geste in durchsichtigem Silikon ausgeführt sein kann, losgelöst von jeglichem Farbbezug. Trotzdem entstehen auf diese Weise noch sehr malerisch wirkende Gebilde, ja die Farbe ist trotz gelegentlicher Fotoeinsprengsel stets der Hauptakteur und entwickelt ein geradezu wildes Eigenleben, schießt über die Leinwand, zieht Fäden und wirft Blasen. Doch Marcaccio begnügt sich nicht mit den räumlichen Verwirrspielen auf der Leinwand. Die Bildträger drängen in den Raum und entwickeln sich zu skulpturalen, den Betrachter umzingelnden Großgebilden.

Fabian Marcaccio, *Hyper-Developed Chaco*, 1997–98, Öl auf Leinwand, Kupferrohre, Nylonseil, ca. 175 x 210 x 45 cm, Sammlung Rolf Ricke.
Die *paintants* werden auf individuell geformte Rahmenkonstruktionen aus Kupferrohren aufgezogen und mit elastischen Nylonschnüren an die Wand gespannt. Das erinnert an Zeltbauten und Trampoline und wirkt, als würde die Malerei durch die Seile gerade noch gebändigt, bevor sich die wild gewordene Farbe in den Raum stürzt.

Selbstverständlich ist es auch möglich, die Malerei als eine Fortsetzung von konzeptueller Kunst mit anderen Mitteln zu betreiben, bei welcher der gedankliche Aspekt, die Idee Vorrang hat vor einer wie auch immer gearteten handwerklichen Ausführung. Das Konzept, nach dem **Cecilia Edefalk** verfährt, lautet: Irritation durch Repetition. Die Künstlerin nimmt sich eine Vorlage, häufig eine Fotografie, um sie ganz herkömmlich mit Pinsel und Ölfarbe ins Medium der Malerei zu übertragen. Dann nimmt sie ihr Gemälde und fertigt davon eine Kopie, die sich nur in der Größe vom ersten Bild unterscheidet, davon wird ein drittes abgemalt und so fort. Edefalk arbeitet nicht so akribisch, daß danach ein Gemälde dem anderen gliche wie ein fotografischer Abzug dem anderen – auch darin läßt sich die von der Künstlerin postulierte Einzigartigkeit der Malerei entdecken, in den Nuancen und Verschiebungen, den minimalen Unterschieden in der Wiederholung des Immergleichen. Dennoch erscheint eine eher philosophische Herangehensweise an Edefalks Bilder ergiebiger. Besonders gut läßt sich das an ihrer Serie von Gemälden mit Laurel und Hardy zeigen, in Deutschland besser bekannt unter ihren Pseudonymen *Dick und Doof*. Selbst wenn man den zugrundeliegenden Film nicht kennt, kann man sich doch ausmalen, daß die dargestellte Szene in ein endloses Auf

Cecilia Edefalk, *At the Moment Untitled*, 1998, Öl auf Leinwand, Durchmesser 168 cm, Museum für Moderne Kunst, Frankfurt am Main.
Für die Künstlerin ist »die Wiederholung [...] eine Methode, die einzigartige Qualität von Malerei zu betonen«.

und Ab münden wird, bei dem der Stehende, der dem Sitzenden aufhilft, im selben Moment, da dieser Tritt faßt, nun seinerseits ins Wasser fällt – und so weiter ad infinitum. Obwohl im Film diese Wiederholung zum Lachen reizen soll, auf den komischen Effekt zielt, hat die zur Schau gestellte Vergeblichkeit für die Künstlerin eher etwas Erschreckendes. Mit Bedacht wählt sie deshalb die kreisrunde Form des Tondos: Ohne Anfang, ohne Ende scheint sie auch unstabil, räumlich nicht eindeutig verankert und paßt so zur suggerierten schaukelnden Bewegung der beiden Protagonisten. Indem Edefalk auch dieses Motiv geradezu manisch wiederholt, verstärkt sie den Eindruck der vergeblichen Anstrengung und der Unerreichbarkeit des Zieles zu wahren Qualen des Tantalus. Die Wiederholung, das ist die Hölle.

Noch weniger *peinture* und noch mehr Gedankenschwere kennzeichnen das Vorgehen von **Francis Alÿs**. Für ihn ist die Malerei nur eine Arbeitsmethode unter vielen, mindestens ebenso häufig tritt er mit Performances und Filmen in Erscheinung. So sind auch einige seiner Motive formelhafte Abbreviaturen seiner Aktionen, und die Malerei selbst gewinnt unter seinen Händen flüchtigen und performativen Charakter. Zunächst malt der Künstler ein kleinformatiges Bild in Öl auf Leinwand. Schon dabei ist Alÿs stilistisch von der Malweise geprägt, die ihm als in Mexiko-Stadt lebendem Belgier zunächst völlig fremd war und inzwischen sehr vertraut ist: Die Praxis handgemalter Laden- und Reklameschilder. Sein »Original« gibt der Künstler nun an verschiedene solcher professionellen

Francis Alÿs, *Catalogue 4*, 1994: *Catalogue 4-1* (rechts unten), Öl auf Leinwand, 25 x 21 cm, *Catalogue 4-2* (rechts oben), von Schildermaler Huerta, Lack auf Brett, 72 x 60 cm, *Catalogue 4-3* (links), von Schildermaler J. Garcia, Lack auf Brett, 136 x 120 cm. Kollektive Autorschaft in Perfektion: Alÿs kopiert die Kopie seines »Originals«, um sie erneut abmalen zu lassen.

Schildermaler weiter, die es in ihrer jeweils eigenen Handschrift kopieren. Diese Auftragswerke sammelt Alÿs wieder ein, um aus den verschiedenen Variationen ein neues »Original« zu destillieren, das er wiederum in die Hände der Schildermaler gibt – und so weiter und so fort, theoretisch unendlich, tatsächlich, wie der Künstler selbstironisch festhält, »abhängig von der Nachfrage.« Auch wenn er die Namen seiner werbenden Kollegen preisgibt, sind doch für ihn alle Bilder gleichwertig und seine Werke.

Der plakativ stilisierte Fotorealismus der Gemälde erinnert aufgrund der seltsamen Motive manchmal an Bilder von René Magritte, ebenso wie die quasi philosophischen Grundfragen, die Alÿs aufwirft. Wann wird die Formensprache der Avantgarde zum kulturellen Allgemeingut, unter welchen Verlusten und Abnutzungserscheinungen? Wo hört die Kunst auf und fängt die Werbung an? Obwohl sich Alÿs damit sehr weit von einem traditionellen Malereiverständnis entfernt, steht er damit doch in allerbester abendländischer Kunstgeschichtstradition: bereits Antoine Watteau malte 1720 sein *Ladenschild des Kunsthändlers Gersaint*, ein Bild über den Handel mit Bildern für einen Bilderhändler, reflektierte dabei über das Verhältnis von Produzenten, Käufern und Verkäufern von Kunst und brachte die Kunst auf die Straße.

Klassisch figürlich

In Serien von Variationen über ein und dasselbe Motiv arbeitet auch **Peter Doig**, aber diese Ähnlichkeit zur Arbeit von Alÿs ist eine höchst oberflächliche. Doigs Herangehensweise ist vergleichsweise traditionalistisch, geradezu klassisch, ihm ist die Wiederholung des Motivs nur Anlaß, die malerischen Möglichkeiten auszuloten, wofür ihm ein Bild selten genügt. Meistens malt er Landschaften, häufig auch Figuren in einer Landschaft und widmet sich damit Themen, die ein beträchtliches Gewicht an traditionellem Ballast mit sich bringen. Entsprechend sind seine Werke auch mit Anspielungen auf kunsthistorische Vorbilder gesättigt. Niemals malt Doig seine Landschaftsbilder nach der Natur, es sind imaginäre Orte, für die der Maler aus unterschiedlichsten Quellen schöpft, neben der Kunstgeschichte aus Büchern, Fotos und Filmen.

Obwohl wir sofort bereit sind, Doigs Gemälde als Landschaftsbilder zu akzeptieren, hat der Künstler doch recht, wenn er von sich sagt: »Ich halte meine Bilder überhaupt nicht für realistisch.« Schon das rote Kanu ist dermaßen in die Länge gezogen, daß man es kaum noch als schwimmfähiges Gefährt betrachten kann, es ist eher ein Vorwand, um ein kontrastierendes

Peter Doig, *100 Years Ago*, 2001, Öl auf Leinwand, 240 x 360 cm. Farben der Erinnerung: Die sofort ins Auge springende Anspielung auf Böcklins Gemälde *Die Toteninsel* ist verbunden mit einem Porträt von Berry Oakley, dem verstorbenen Bassisten der Allman Brothers Band.

Element in die horizontale Komposition des Bildes einbringen zu können. Auch das, was wir im ersten Moment als Wasser erkennen, teilt sich in zwei Zonen, von denen die oberhalb des Bootes eher wie ein wolkiger Himmel aussieht, so daß wir es eigentlich mit einem doppelten Horizont zu tun haben, oder genauer: einer in horizontalen Bahnen aufgebauten Farbkomposition. Doig geht es ganz puristisch um Malerei.

Daniel Richter, *Tarifa*, 2001, Öl auf Leinwand, 350 x 280 cm.
Was die eng zusammengedrängte Gruppe von Menschen in einem kümmerlichen Schlauchboot schon vermuten läßt, macht der Titel zur Gewißheit: es handelt sich hier um Flüchtlinge. Denn Tarifa als der südlichste Ort Spaniens ist der Anlaufpunkt für alle Menschen, die versuchen, über die Meerenge von Gibraltar illegal aufs europäische Festland zu gelangen. Als seien sie mit Infrarotkameras fotografiert, von Rost- oder Schimmelflecken befallen, erscheinen sie wie bunt phosphoreszierende Gespenster vor nächtlichem Grund.

Nachdem er sich in seinem Frühwerk in wilden Konglomeraten von Mustern und Ornamenten ausgetobt hatte, hat auch **Daniel Richter**, sichtbar unter dem Einfluß von Peter Doig, mittlerweile zu einer figurativen Malweise gefunden. Während seine heftig bewegten Gemälde früher aussahen wie nachgemalte Übungsmauern verschiedener Graffiti-Sprayer, die im Begriff sind zu schmelzen, sind die Farbexplosionen jetzt in die Konturen menschlicher Figuren und erkennbarer Architekturteile gebannt. Aber während Doigs Malerei delikat zu nennen wäre, bleibt Richter bunt und schrill. Zwar bedient sich der Künstler u. a. Zeitungsfotos als Vorlagen, seine Palette ist jedoch so unnatürlich, grell und giftig, daß auch ganz konkrete Situationen ins Unwirkliche abdriften. Durch extreme Verfremdung macht Richter nicht nur das Vorhandensein einer fotografischen Vorlage vollkommen vergessen, es gelingt ihm auch die Transformation des Bildes vom tagespolitischen Anlaß ins Allgemeine, ja beinahe Allegorische – so sehr, daß man seine vielfigurigen Tableaus schon in die Tradition ähnlich symbolisch aufgeladener Historienmalerei des 19. Jahrhunderts gerückt hat.

Einen sehr viel ironischeren Umgang mit all seinen Vorbildern pflegt dagegen **Bernhard Martin**. Seinem

Bernhard Martin, *Cantina,* 1999, Öl, Lack und Acryl auf Holz, 80 x 70 cm. »Kontraste, die aufeinander knallen« (Martin) lassen sich auch in dieser Arbeit unschwer ausmachen. Der durch wenige klare, graphische Flächen definierte Raum mit Lampen und Tisch geht links in die großzügig hingepinselte Wand über, in der das Sprossenfenster den Blick freigibt auf ein Fleckchen wilder Malerei. Während die Blondine wirkt wie ein weichgezeichnetes Foto, ist ihr knappes Häkelkleidchen eindeutig handgemacht – ob solch stilistischer Pracht und Vielfalt staunt auch der kleine Maulwurf.

enormen Vorrat an gefundenen Bildern steht ein ebenso großes Repertoire an Stilen und Techniken gegenüber, so daß seinen collageartigen Gemälden bei aller Traditionsverbundenheit alles auch nur annähernd Klassische abgeht. Ihr Reiz entsteht nicht zuletzt dadurch, daß Martin das völlig Disparate zu einem Bild zusammenzwingt: weich modellierte Körper, wie in reiner Airbrush-Technik gemalt, stehen neben grob pastosen, gespachtelten Partien und schlierig schmutzigen Pinselhieben; flache, graphisch wirkende Elemente in strenger Geometrie und wenigen gedeckten Farben werden von einem bunt schillernden eruptiven Liniengewirr direkt aus der Sprühdose überdeckt, ein Stück Max Ernst kollidiert mit einem Fleckchen Rosenquist. Vor postkartentauglichen Naturansichten oder plakativ stilisierten Einfamilienhaus-Vorstadt-Idyllen tummeln sich Grobi und andere Sesamstraßenbewohner, überhaupt recht viele Gestalten aus kindlichen Fernseherinnerungen, neben Pinups, Pornopärchen und Pudeln.

»Ich habe mir immer vorgestellt, ich wäre 140 Künstler und würde eine documenta allein bestreiten.«

Bernhard Martin

Von solch fröhlich anarchischem Surrealismus ist die Malerei von **Laura Owens** weit entfernt. Aber auch ihre Bilder sind von der Konzeption her collageähnlich und vereinen, meist in großformatigen Landschaftspanoramen, direkte kunsthistorische Zitate und disparate Stilelemente. Dabei geraten die in zarten Pastelltönen gehaltenen Leinwände mit ihren Vögelchen, Bienchen und Blümchen bisweilen hart an die Kitschgrenze und machen es in ihrer mädchenhaften Niedlichkeit nicht immer leicht, in ihnen mehr als eine Kinderzimmer-Tapete zu sehen. Aber die enorme Größe ihrer Bilder (Owens' persönliche Bestmarke liegt zur Zeit bei 36 Quadratmetern) lenkt den Blick aufs Detail. Die Landschaften zerfallen dann in Einzelteile ganz unterschiedlicher Realitätsgrade, von den planen, unstrukturierten, wie aus Tonpapier geschnittenen Hügelformationen, über die schon plastischer wirkenden, aber doch noch schematisch gegebenen Bilderbuchtiere, hin zu ziemlich differenzierten Blumenstudien und jenen nur unzureichend als fallende Blätter getarnten dicken Ölfarbklecksen. Diese kleinen, starkfarbigen Akzente lassen dann auch so naturalistisch scheinende Details wie die Rinde der Bäume in einem anderen Licht erscheinen, als mit allen Wassern der Abstraktion gewaschene, auf ihre Eigenständigkeit pochende Farbverläufe. Die per Kontrast umso mehr die an ostasiatischer Landschaftsmalerei geschulte, extrem flächige und sparsam akzentuierte Komposition betonen.

Laura Owens, *ohne Titel*, 2002, Öl und Acryl auf Leinen, 213,5 x 335 cm. Bunt und gemischt, zerfallen Owens Landschaften aus der Nähe betrachtet in Einzelteile völlig unterschiedlicher Realitätsgrade.

Yoshitomo Nara, *Sleepless Night (in the White Room)*, 1999, Acryl auf Baumwolle, 120 x 110 cm.
In typisch japanischer Unbekümmertheit im Überschreiten der Grenzen zwischen hoher und niederer Kunst hat Nara seine reduzierten Gestalten aus allen möglichen Stilisierungstendenzen der abendländischen Kunstgeschichte ebenso herausdestilliert wie aus einfigurigen japanischen Farbholzschnitten und seiner Vorliebe für Disney-Figuren und den Kinderbuchillustrator Dick Bruna.

Eine ganz und gar eigenständige Position in der Kunst der Gegenwart beansprucht **Yoshitomo Nara**. Nie würde es ihm einfallen, oberflächliche Klischees japanischer Malerei direkt und kritiklos in seine Bildwelten einzubauen, und obwohl es oft behauptet wird, haben seine Gemälde herzlich wenig mit der japanischen Manga-Kultur zu tun. Dennoch gelingt es ihm, der lange Jahre in Deutschland gelebt und studiert hat, in seinen Gemälden europäische Kunstgeschichte mit spezifisch japanischen Elementen zu vereinen.

Die meisten seiner Bilder sind von kindlichen Gestalten bevölkert, mit riesigen Köpfen auf zu kleinen Körpern mit kümmerlichen Gliedmaßen – sofern sie ihrer nicht gänzlich beraubt sind. Dabei ähneln die Figuren weniger wirklichen Kindern als Puppen, mit denen sie auch das übertrieben ausgeprägte Kindchenschema teilen: Hohe gewölbte Stirn, dicke Pausbäckchen, kaum angedeutete Stupsnäschen und große Glupschaugen. Oftmals sind Naras Protagonisten auch seltsame Mischwesen aus Tier und Kind, haben Kappen mit Schlappohren auf oder stecken in einem Schäfchenkostüm; vor allem aber sind die kleinen Gestalten auf Naras Bildern immer eines: allein. Zusammengenommen weckt das im Betrachter unwillkürlich Beschützerinstinkte. Aber die Hilflosigkeit ihrer isolierten Existenz kann ins genaue Gegenteil umschlagen, in hinterhältige Aggression und pure Bosheit. Dafür genügen Nara oft minimale Andeutungen: Der Strichmund verzieht sich ein wenig nach oben und wird zum maliziösen Grinsen, die Augen werden leicht verengt, ein bißchen schräger gestellt und plötzlich hat das Kleine den bösen Blick. Da bedarf es kaum noch des gebogenen Reißzahnes, der aus dem einen Mundwinkel hervorblitzt, um uns von den unguten Absichten des Winzlings zu überzeugen.

In seinem Heimatland genießt Nara einen Superstar-Status, der die Grenzen des Kunstbetriebes schon längst hinter sich gelassen hat. Obwohl der Künstler seine Vermarktung wohlwollend fördert und nach hiesigem Verständnis geradezu naiv genießt, bleibt er sich doch selbst treu: immer noch und immer wieder geht es ihm um die Malerei. In seinen besten Bildern gewinnen die monochromen Hintergründe eine durchscheinende Tiefe, ein milchig diffuses Leuchten und eine ungreifbare Räumlichkeit. Vor diesen licht schimmernden Hintergründen schweben in unvermittelt hervortretender Plastizität die höllisch einsamen, himmlisch selbstzufriedenen Kindergestalten mit der Klarheit von Träumen.

Prominenten-Pinseln – Malerei als Heldenverehrung

Eines der erstaunlichsten Phänomene auf dem gegenwärtigen Kunstmarkt ist der anhaltende Erfolg von **Elizabeth Peyton**. Mit ebenso unverhohlener wie rückhaltloser Bewunderung für Stars und Sternchen der Pop-Kultur hat sie dieselben – neben Freunden und Liebhabern – zum bevorzugten Motiv ihrer Porträtmalerei gemacht. In knatschbunter Palette, in großzügigen, flüchtigen Strichen, mit dünnem Farbauftrag und in überwiegend kleinen Formaten malt Peyton sich einmal durch ihr persönliches Pop-Pantheon und den Hochadel von einst und jetzt. Aber egal ob Kurt Cobain, Ludwig II., Liam Gallagher oder Prinz Harry – die Gesichter gleichen einander wie ein Ei dem anderen.

Tatsächlich malt Peyton stets nach fotografischen Vorlagen, wählt aber

Elizabeth Peyton, *Liam*, 1996, Öl auf Holz, 26 x 21 cm.
Ein Märchen aus den Zeiten, als das Anhimmeln noch geholfen hat: Alle Besucher von Peytons Schönheitsfarm erhalten das gleiche überzuckerte Gesicht. Alters- und charakterlose Porträts, nicht einfach bloß androgyn, sondern weiß gepudert, mit knallrotem Lippenstift und leuchtend blauen Augen.

möglichst solche, in denen die Berühmtheiten in privaten Situationen zu sehen sind. Zusammen mit dem kleinen Format und der flotten Malweise erzeugen die Bilder so den Eindruck einer Unmittelbarkeit, die sie gar nicht besitzen. Aber genau das ist wohl ein Teil ihres Erfolges. Peyton verkauft die Illusion von Intimität, in die sie sich malenderweise selbst hineinphantasiert. Die Bewunderung für ihre Heroen mag aufrichtig sein, sie ist deshalb nicht weniger naiv. »Normalerweise geht es mir darum, was sie machen und nicht so sehr um die Anziehungskraft des Ruhms. Aber wenn sie so großartige Dinge tun, dann werden sie berühmt werden, nicht wahr? Und dann empfinde ich für sie immer Liebe.« Die ganze neuzeitliche massenmediale Heldenverehrung geschieht ja hauptsächlich in der Hoffnung, daß Schönheit, Reichtum und Ruhm abfärben mögen auf den Bewunderer. Im Falle Peytons hat das geklappt.

Die Konkurrenz zur Fotografie

Der große Boom der Fotografie in den neunziger Jahren hat nicht nur ihr selbst enormen Auftrieb gegeben, sondern auch einer abbildenden, naturalistischen Malerei neue Aufmerksamkeit beschert. Schien das Konkurrenzverhältnis zwischen den beiden Kunstformen, das so alt ist wie die Fotografie selbst, von Seiten der Malerei spätestens mit dem Hyperrealismus eines Franz Gertsch und den Gemälden Gerhard Richters abgearbeitet zu sein, treten doch in jüngster Zeit mehr und mehr Maler in Erscheinung, die ihre Kunst gezielt an der Schnittstelle dieser Medien ansiedeln und auf verschiedenste Weise versuchen, der Fotografie in der naturnahen Wirklichkeitsdarstellung den Rang abzulaufen.

Die fotografischen Sehgewohnheiten sind längst unsere eigenen geworden. Insofern taugen die Eigenarten des Mediums selbst nicht mehr als Anlaß für motivische Auseinandersetzungen in der Malerei. Wenn Andrew Grassie das Vermögen, die Wirklichkeit vermeintlich nüchtern und ungefiltert abzubilden, welches die Malerei längst an die Fotografie abgetreten

Andrew Grassie, *Tabley*, 2000, Tempera auf Papier, 24 x 32 cm. Kunst in Hülle und Fülle: Tatsächlich bleibt aber die Frage, ob die Kunst im rein Abbildlichen sich erschöpft, ob sie schon Kunst ist, wenn sie andere Kunst zum Thema hat, oder ob die Kunst erst noch kommt.

hat, mit stupender Virtuosität zurückerobert, dann strebt er nach mehr als nach medialer Mimikry: Immer sind seine Temperabilder Kunst über Kunst, Bilder von Museen und Ausstellungsräumen. Oft wählt er dabei Bildausschnitte, die Ein- und Ausgänge ins Zentrum rücken und die Kunstwerke an den Rand drängen, oder er zeigt die Ausstellungsräume in Stadien des Um- und Aufbaus. Allgegenwärtig ist die Frage »Wo ist die Kunst?«. Damit sind wir dem Künstler natürlich schon auf den Leim gegangen, denn schließlich hat er dadurch, daß wir uns diese Frage stellen, schon bewiesen, daß wir seine Bilder für die Wirklichkeit halten – was zumindest von der hohen Kunstfertigkeit des Malers zeugt. In unserem Beispiel scheinen die Verhältnisse ein wenig einfacher, weil es eine Privatsammlung altmeisterlicher Gemälde zeigt. Grassies Bild ist aber für eben jene Sammlung angefertigt und dort später auch aufgestellt worden – und zwar an genau jener Stelle, wo der Künstler sein eigenes Bild schon ins Bild eingefügt hat, miniaturhaft klein am rechten Rand auf dem Sims über dem Bücherschrank. So daß er die Begriffe von Realitätsbezug und Abbildlichkeit mit seiner paradoxen Henne-und-Ei-Chronologie auch hier ins Wanken bringt.

Paul Winstanley, *Lounge*, 1997, Öl auf Leinen, 85 x 80,5 cm, Privatsammlung.
Das Licht verwandelt alles, in Winstanleys Malerei auch langweilige Hotel-Lobbies und ausgestorbene Wartezimmer, in wahre Wunderkammern.

Auf ganz andere Weise macht **Paul Winstanley** der Fotografie Konkurrenz. Absichtsvoll unterläuft er die akribisch genaue Imitation des fotografischen Bildes, behält stets eine leichte malerische Unschärfe bei, die häufig aber auch als Folge seines eigentlichen Motives gedeutet werden kann: Winstanley ist ein Maler des Lichtes. Meistens sind es Interieurs, motivisch und architektonisch eher uninteressante, im wirklichen Leben wohl nur beiläufig wahrgenommene Wartezimmer und Konferenzräume, in die durch gläserne Türen und Fenster grelles Tageslicht dringt. Daß es dem Künstler dabei nicht so sehr auf das Motiv des Raumes ankommt, zeigt sich unter anderem auch daran, daß er die meisten seiner Bilder in Serien variiert. Darin scheint sich das Tageslicht mit dem Sonnenstand zu ändern, oder derselbe Raum erscheint in fahler, künstlicher Beleuchtung. Dabei schafft Winstanley, was der Fotografie so kaum gelänge: fließende Übergänge von schwarzweißen zu vollfarbigen Bildern. Er erreicht dabei Stufen von unglaublich buntfarbigen Grautönen, Gemälde, die aussehen wie hauchzart kolorierte

Schwarzweißfotos oder von der Sonne ausgebleichte Farbbilder. Auch die wirklichkeitsgetreue Wiedergabe eines bestimmten Ortes interessiert den Maler nicht, denn an ein und derselben Stelle an der Wand erscheint mal eine Leuchte, mal ein Kalenderblatt von Caspar David Friedrich, das in der nächsten Variation schon wieder durch eines von Vermeer ersetzt ist. Wenn Winstanley sich so en passant seine eigene Wunsch-Ahnengalerie in die Bilder malt (und dabei nur Adolf von Menzels »Balkonzimmer« ausläßt), so ist es doch vor allem spannend zu sehen, wie sich seine Gemälde neben ganz ähnlichen Motiven in der Fotografie behaupten, namentlich den lichtdurchfluteten, menschenleeren Räumen bei Candida Höfer. In jedem Fall ist es Winstanleys Verdienst, mit seinen Gemälden den Begriff der »Lichtbildnerei« neu definiert zu haben.

Wiederum auf gänzlich andere Art der Tradition verpflichtet ist die Malerei von **Christian Faul**. Er hat seine altmeisterliche Lasurtechnik in Öl auf Holz (inzwischen auch Aluminium) zu solcher Präzision verfeinert, daß die Verwandtschaft zur Fotografie zunächst naheliegend erscheint. Tatsächlich sind dem Maler aber Fotografien nur Ausgangspunkt für seine großformatigen Tafeln, die allein durch ihr Format schon den Blick wegführen vom Abgebildeten hin zur Art der Darstellung; sie fordern vom Betrachter eine Art des Sich-Versenkens ins Detail, die erst den Reiz der in mehreren dünnen Schichten minutiös aufgetragenen Ölfarbe spürbar werden läßt. Das entspricht nicht nur

Christian Faul, *OC 0705/0*, 2001, Öl auf Aluminiumschichtplatte, Holz, 190 x 600 x 10 cm. Wie eine stille Farbexplosion lodert die Blüte der Orchidee auf weiß spiegelndem Grund. Die Pracht im Detail und eine damit kontrastierende, weite Leere, die deutlich japanische Einflüsse verraten, legen es nahe, die glänzenden Oberflächen von Fauls Gemälden mit preziösen ostasiatischen Lackarbeiten in Beziehung zu setzen.

dem langwierigen Entstehungsprozeß der Gemälde, sondern auch der Reduktion auf das Wesentliche, die schon bei der Motivwahl beginnt: Beispielsweise malt Faul Himmelsbilder, denen jegliche Dramatik abgeht, kompakte Wolkenflächen, die den Blick freigeben auf einen schmalen Streifen Himmelsblau, der ganz nuanciert hinüberwandert ins Weißliche hier, ins Gelbe dort, oder einfach eine kleine blaue Wolke, die über den weißen Grund huscht, als sei sie dort von erfahrener kalligraphischer Hand hingetuscht worden. Dabei verdanken Fauls Bilder ihre Präsenz nicht nur seiner meisterlichen Pinselführung, sondern auch dem Umstand, daß er seine Tafeln immer ungerahmt zeigt, dafür aber auf massive hölzerne Seitenwangen montiert. Die räumlichen Qualitäten, die seine Gemälde dadurch gewinnen, verleihen ihnen fast schon skulpturalen Charakter – ein Wesenszug, den Faul noch dadurch verstärkt, daß er seine Bilder häufig auf mehrere Tafeln verteilt, was einem platten Illusionismus zuwiderläuft, nicht aber ihrer überwältigenden schlichten Schönheit.

Wie verschieden das Ähnliche sein kann, zeigen im Vergleich hierzu die Gemälde von **Tim Maguire**. Auch von ihm gibt es zahlreiche großformatige Blumengemälde, manche ebenfalls als mehrteilige Ensembles. Maguires Blick auf die Welt hat dabei stets etwas mikroskopisches an sich, so nah holt er seinen Bildgegenstand heran. Tatsächlich entstammen die Motive seiner Blumen- und Frucht-Stücke Ausschnittvergrößerungen aus gemalten Stilleben des 17. und 18. Jahrhunderts. Dennoch erwecken die Gemälde Maguires häufig den Eindruck, als wären sie gar nicht mehr handgemacht, sondern auf fotomechanischem Wege entstanden. Der Eindruck rührt von der extrem flachen und glatten Oberfläche der Gemälde her – die wiederum auf Maguires einzigartiger Malweise beruht. Denn es ist nicht so sehr die Fotografie, die er nachahmt, die Natur schon gleich gar nicht, sondern die Druck- und Reproduktionsverfahren unserer Gegenwart. Das Heranzoomen auf beliebige Nahsicht sind wir aus dem Kino und genauso auch aus Kunstbüchern gewohnt, nicht aber, daß ein Maler in Analogie zum Vierfarbdruck nur mit den Primärfarben malt, die er in je einem eigenen Arbeitsgang sukzessive auf die Leinwand bringt. Die daraus resultierenden, verblüffend »echten«, aber in ihrer Perfektion allzu glatten Bilder bearbeitet der Künstler abschließend mit aufgesprühten Lösungsmitteln, die sich unterschiedlich tief in die verschiedenen Farbschichten fressen, ganze Partien wegätzen, Rinnsale und Schlieren bilden. Paradoxerweise bringt dieser abschließende destruktive Prozeß den Eindruck des Lebendigen hervor, nicht im Sinne von Oberflächenkosmetik, nicht allein, weil er die Malerei als solche dadurch wieder sichtbar werden läßt, sondern weil im Zusammenspiel mit den pflanzlichen Motiven sich unweigerlich Assoziationen sowohl an glänzende Tau- und Wassertropfen auf Blütenblättern und den Schalen von Früchten einstellen, als auch solche an Schimmel und Verwesungsprozesse. So gelingen Maguire höchst ambivalente Gemälde von irisierender Schönheit, und mit ebenso hochmoderner wie virtuoser Technik rettet er den abgenutzt geglaubten, mit Stilleben stets verknüpften Vanitas-Gedanken in die Gegenwart.

Tim Maguire, *Untitled 96U21*, 1996, Öl auf Leinwand, 90 x 90 cm. Die vom Künstler verursachte chemische Zersetzung der Bildoberfläche zerstört zum Teil die realistische Illusion, schafft aber zugleich regenbogenbunt schillernde Farbspiele und eine noch weitergehende Augentäuschung, indem sie den natürlichen Verfall der dargestellten Früchte suggeriert.

»Fotografie ist eine Fremdsprache, von der jeder denkt, er spreche sie.«

Philip-Lorca di Corcia

Ohne behaupten zu wollen, daß sich eine klare Trennung zwischen bloßer Fotografie auf der einen und der Fotografie als Kunst auf der anderen Seite noch aufrecht erhalten ließe, muß der Fokus in diesem Kapitel doch enger gefaßt werden. Diesem konzentrierten Blick entgehen zwangsläufig etliche Bereiche der hochspezialisierten Fotografengilde wie die Mode- und die kommerzielle Sachfotografie, aber auch die gesamte Reportagefotografie. Diese ist seit einiger Zeit wieder sehr *en vogue* und wird nicht mehr nur in Buchform veröffentlicht, sondern gelangt mehr und mehr zu Ausstellungswürden. Dadurch bedingt haben sich auch die Rezeptionsgewohnheiten verändert und Bewertungsmaßstäbe verschoben. Wenn die journalistische Dokumentarfotografie dennoch in diesem Buch über die Kunst der Gegenwart keinen Platz findet, mag man das bedauern; es ist aber in unserem Zusammenhang nur konsequent, denn formal und stilistisch hat sich diese Art des Umgangs mit der Kamera seit Jahrzehnten nicht verändert.

Der Authentizitätswahn – Fotografie als verkappte Sozialreportage

Vielleicht ist es als eine Reaktion auf die glatten und geleckten achtziger Jahre zu verstehen, in denen die Kunst nur noch nach Marktgängigkeit und Wertsteigerungsraten beurteilt wurde, daß in den Neunzigern eine Form von Fotografie in der Kunstszene Fuß fassen konnte, die häßlich, roh und ungelenk war, an ästhetischen Fragen wenig interessiert und nur mit einem einzigen altmodischen Anspruch, dem, aufrichtig und wahr zu sein. Obwohl die Fotografie eben jenen Anspruch genau zu diesem Zeitpunkt dank der computertechnischen Manipulationsmöglichkeiten endgültig verlor, wurde er hier noch einmal postuliert; allerdings nicht im dienenden, sachlichen Stil einer dokumentarischen Reportagefotografie, sondern im Tonfall der persönlichen Betroffenheit.

»Ich empfinde auch überhaupt keine Distanz, wenn ich ein Bild mache, obwohl alle mir vorhalten, daß ich sie haben sollte. Ich mache schon seit so langer Zeit auf diese Weise Bilder, daß ich nicht mehr über das Fotografieren nachdenken muß. Es gibt da keinen Abstand. […] Es ist, als würde ich jemanden berühren.«

Nan Goldin

Ein Paradebeispiel für diese Entwicklung ist **Nan Goldin**. An ihrem Fall kann man auch gut erkennen, daß es der Wunsch nach Wahrhaftigkeit allein nicht ist, der zu Erfolg und Anerkennung auf dem Kunstmarkt führt, der rührt eher vom Thema ihrer Fotos her. Eine einzige Buchveröffentlichung Mitte der achtziger Jahre begründete Goldins Popularität, *The Ballad of Sexual Dependency*, die »Ballade von der sexuellen Hörigkeit«, wie der bei Brecht/Weill entlehnte Song-Titel im Original heißt. Bilder »aus dem Bordell, wo unser Haushalt war« hätte es vielleicht genauer getroffen, denn es geht Goldin weniger um das Paarungsverhalten von Lieschen Müller und Otto Normalverbraucher als um das Alltagsleben der Fotografin selbst und ihres unmittelbaren Umfeldes. Sie begleitet Freundinnen und Freunde, die homosexuell oder drogensüchtig, Transvestiten, Stripperinnen oder Prostituierte sind, mit der Kamera – überallhin. Die Fotos zeigen meist halbnackte Menschen – vor dem Schminktisch, auf der Toilette, Paare egal welchen Geschlechts vor, während und nach dem Beischlaf. Sie sind von einer penetranten Intimität, die durch keinerlei Form- oder Gestaltungswillen überhöht und nur manchmal durch gnädiges Dämmerlicht gemildert wird.

»Das Tagebuch ist für mich die Form, in der ich mein Leben bewältige«, hat die Fotografin von sich gesagt; doch wir, die wir die abgelichteten Menschen nicht kennen, können uns in diese Distanzlosigkeit nicht hineinversetzen.

Das grundsätzliche Problem an Goldins Fotos ist, daß sie eine Erfahrung zeigen wollen, die nicht zu vermitteln ist, die einer persönlichen Erinnerung. Goldin liefert Innenansichten eines Milieus, dessen Teil sie ist und die dem bürgerlichen Kunstbetrachter sonst verborgen blieben. Nur mit diesem voyeuristischen Reiz, das doppelt Verbotene, nämlich das Nackte und das Verruchte aus nächster Nähe beschauen zu können, läßt sich Goldins Erfolg überhaupt begründen.

Nan Goldin, *Self-portrait in bed with Siobhan, New York City*, 1990, Cibachrome-print, 51 x 61 cm.
Wie das Schnüffeln in fremden Tagebüchern verbindet die Betrachtung von Goldins Fotos den Reiz des Verbotenen mit einer abstoßend aufdringlichen Intimität.

Boris Michailow, aus der Serie *Case History*, 1998-99, C-print, unterschiedliche Formate (ursprünglich als Buch veröffentlicht).
Die im Finstern wandeln — Michailow zerrt sie ins Blitzlicht seiner Billigkamera, die Underdogs einer postsozialistischen Ukraine.

Auf den ersten Blick scheinen auch die Fotos von **Boris Michailow** solch voyeuristischer Natur. In seinem mehr als 450 Bilder umfassenden Zyklus *Case History* hat er in erschreckender Weise die Ärmsten der Armen seiner Heimatstadt Charkow in der Ukraine fotografiert. Dabei treibt er seine Motive bis über die Ekel- und Schmerzgrenze hinaus, ob er nun Lösungsmittel schnüffelnde Kinder fotografiert, sich prostituierende Alte in ihren schäbigen Baracken oder Obdachlose, die ein abgenagtes Tiergerippe mit sich schleppen. Das rasante Vielknipsen in tagebuchähnlichen Serien, die amateurhaft gehandhabte Farbfotografie, inklusive der vom Blitzlicht rot verfärbten Augen, sind bei Michailow jedoch Ergebnis einer bewußten künstlerischen Entscheidung. Die radikale Abkehr vom eigenen Gestaltungswillen hin zur Anti-Ästhetik ist bei ihm eine Reaktion auf die Flut an schlechten, bunten, billigen Bildern, welche die Etablierung der westlichen Waren- und Werbewelt auch in die Ukraine schwemmte.

Daß sich in den Fotos auch des Künstlers manchmal zynisch gebrochene, persönliche Betroffenheit spiegelt, liegt auf der Hand, auch eine gewisse Faszination an der heraufbeschworenen Weltuntergangsstimmung ist nicht zu leugnen. Dabei sind die Bilder aber weder exhibitionistischer Selbstzweck, noch reine Dokumentation; viele der Aufnahmen sind gestellt (Michailow bezahlte sogar die meisten der Fotografierten als Modelle). So muß man annehmen, daß Michailow mit seiner endzeitlichen »Fallstudie« nicht bloß den Verfall von Charkow, nicht nur den krassen sozialen Niedergang der postsozialistischen Gesellschaft oder das Scheitern einer Utopie vor Augen führen will, sondern daß Verfall, Nacktheit und Versehrtheit sinnbildhaft stehen für eine umfassende existentielle Verzweiflung.

Voyeur von Beruf

Als eine Art männliches Gegenstück zu Nan Goldin begann **Wolfgang Tillmans** seine Karriere und fotografierte in der Szene für die Szene, in seinem Fall aus dem Nachtleben der Techno-Clubs und Schwulentreffs. Damit belieferte er in erster Linie Musik- und Lifestylemagazine, was er noch immer tut. Wegen der kommerziellen Chancen seiner an bestimmten Nischen der Jugendkultur orientierten Bildwelt zum Fotografen einer ganzen Generation hochstilisiert, erreichte er schnell überdurchschnittliche Popularität. In uneingeschränkter, um sich selbst kreisender Subjektivität fotografiert er alles, was ihm vor die Linse kommt: Obst auf einem Fensterbrett, eine startende Concorde, ein Reh, das über den Bahndamm springt, Freunde, Liebhaber und Berühmtheiten, männliche Geschlechtsteile und Würstchen im Kochtopf, neuerdings fertigt er sogar abstrakte Farbexperimente direkt aus dem Labor. Er unterscheidet dabei nicht zwischen Kunst und Kommerz, einer Werbestrecke mit einem Supermodel und dem zerwühlten Bettzeug von gestern nacht, seinen persönlichen Erinnerungen und dem, wofür er einen Auftrag erhält.

Es fällt leicht, das als Spiegelbild des Zeitgeistes zu begreifen, als bildgewordene Patchworkautobiographie, aber oft schwer, es vom wahllosen Geknipse eines manischen Hobbyfotografen zu unterscheiden. Der alles einebnenden Gleichmacherei in Tillmans Haltung entspricht es auch, daß er in seinen Ausstellungen die Fotos jedesmal in anderen Techniken und Formaten präsentiert, als Hochglanzabzug, billigen Computerausdruck oder direkt aus der Zeitschrift herausgerissene Seite, winzig oder wandfüllend, je nach seiner momentanen Gefühlslage,

»Für mich sind meine Bilder authentisch, da sie authentisch meine Fiktion dieses Moments widerspiegeln, für den Betrachter können es immer nur Vorschläge sein, das Dargestellte auch so zu sehen.«

Wolfgang Tillmans

Wolfgang Tillmans, *Smokin' Jo, Window*, 1995, C-print, 60 x 50 cm. Bei aller Schnappschußästhetik ist den meisten Fotos von Tillmans ein gewisses Maß an Gestaltung durchaus anzumerken, hier besticht neben der herben Schönheit des Modells vor allem die farbliche Harmonie des Bildes.

Nobuyoshi Araki, *ohne Titel (Tokyo Novelle)*, 1995, Schwarzweißfotografie.
Es wurde schon des öfteren versucht, die eingeschnürten Frauenkörper als Metaphern für die Fesseln der Frau in der japanischen Gesellschaft zu deuten, oder umgekehrt die Selbstentblößung als eine Art von Selbstbehauptung. Andererseits wird Araki nicht müde, in Macho-Manier damit zu prahlen, daß er selbstverständlich mit all seinen Modellen geschlafen habe. Genau das aber vermitteln seine Fotos auch: Sie bedienen den ganz gewöhnlichen männlichen Voyeurismus mit Wunschbildern der sexuellen Verfügbarkeit für den gehobenen Geschmack.

immer aber in lässiger Attitüde ungerahmt direkt an die Wand geheftet. Alles ist »echt« und nichts ist wahr, nur eine Frage des Arrangements. Am Ende bleibt nicht viel übrig außer einem bißchen Schönheit in einem Meer der Beliebigkeit.

Von der gleichen radikalen Subjektivität geprägt ist auch **Nobuyoshi Araki**, ein ebenso besinnungsloser Vielfotografierer, der alles festhält, was ihm in den Sucher gerät. Straßenszenen, Katzen, spielende Kinder, farbübersättigte Blumen, die eigene Hochzeitsreise, das Sterben seiner Frau, blitzlichtgebleichte, speisenbeladene Teller. Dabei verwendet er alle möglichen Kameras – von der professionellen Studioausrüstung bis zum Kleinbildapparat mit eingeblendeter Datumsanzeige – und ebenso alle Techniken und Formate für seine Abzüge. Bevorzugt veröffentlicht er seine Bilder in Buchform – ungefähr 130 sind davon bisher erschienen. Araki selbst spricht von seinem in Fortsetzungen erscheinenden »Ich-Roman«. Bei aller Themenvielfalt hat Araki eine Obsession, und das sind Bilder von nackten, gefesselten Frauen. Diese sind in der Regel ästhetisch höchst durchorganisiert, immer schwarzweiß, meistens mit Accessoires versehen, die Bezüge zur japanischen Kultur herstellen – wie Shoji (Reispapierwände), Tatamis, Kimonos. Die formale Strenge der Bilder hebt sie über die reine sadomasochistische Pornografie sicher hinaus. Auch die genauestens arrangierten Posen bestätigen Arakis Überzeugung, daß die Fesseln eigentlich nur eine Verdeutlichung jedweder fotografischen Praxis sind, die ein Modell notgedrungen in einer bestimmten Haltung fixiert, es damit aus dem lebendigen Zusammenhang reißt und in die Nähe des Todes bringt. Dennoch ist die enge Verbindung von Eros und Thanatos in Arakis

Fotos von der Verbildlichung gewöhnlicher sadomasochistischer Gelüste kaum zu unterscheiden.

»Fotografieren ist Mord.«

Nobuyoshi Araki

Die Erben der Malerei – Porträt, Landschaft, Stilleben

Begeben wir uns nun aus der Schmuddelecke in die hehren Bezirke der Klassik, wo die Fotografie schon längst heimisch geworden ist und die Malerei in allen althergebrachten Genres beerbt hat. Erfolgreich zwar und in großer Zahl, aber doch auch selten aufregend, eigenständig oder gar besonders neuartig, weshalb hier nur jeweils ein Vertreter für Porträt, Landschaft und Stilleben ausgewählt wurde.

Rineke Dijkstra fertigt ihre Porträts in Serien, und die Porträtierten bleiben anonym – beides widerspricht eigentlich der Idee des Porträts. Vielleicht könnte man ihr Vorgehen als den Versuch interpretieren, eine kollektive Gemütsverfassung ins Bild zu bannen. Dabei geht es ihr nicht um eine begriffliche Definition mit fotografischen Mitteln oder um die Erfindung von Symbolfiguren. Dijkstra selbst sagt: »Mich interessiert die paradoxe Beziehung zwischen Identität und Uniformität«, was man, ins Psychologische gewendet, auch als die Diskrepanz zwischen Selbstbild und Fremdbild fassen könnte. Dieser Unterschied haftet dem Menschen zwar ein Leben lang an, aber in der Adoleszenz ist er quasi mit Händen zu greifen.

In der Serie ihrer Strandporträts (von 1992–96) hat Dijkstra deshalb an den Stränden dieser Welt ihr unbekannte Jugendliche angesprochen und gebeten, sie porträtieren zu dürfen. Wie jede gute Porträtistin versuchte sie dabei, ein Vertrauensverhältnis zu ihren Zufallsmodellen aufzubauen, dennoch ist der vorherrschende Eindruck der ganzfigurigen Bildnisse immer einer der Unsicherheit. Stets spürt man ein gewisses Unwohlsein beim Abgelichtet-Werden, aber zu-

Rineke Dijkstra, *Kolobrzeg, Poland, July 26 (Girl With Green Bathing Suit)*, 1992, Farbfotografie, 153 x 129 cm. Durch die Kombination von Blitz- und Tageslicht wird der Eindruck der Ambivalenz verstärkt; die überscharfen Konturen verleihen den Kindern eine eigentümliche Präsenz vor dem diffusen Hintergrund, bei bedecktem Himmel erzeugt Dijkstra so eine fast gewittrige Stimmung.

gleich den Wunsch, sich vorteilhaft zu präsentieren und, wie unbeholfen auch immer, in Pose zu werfen. Dem lebenszeitlichen Zwischenstadium entspricht der Widerstreit zwischen natürlicher Scheu und unnatürlicher Schau, und, auf Seiten der Künstlerin, die Wahl des Ortes: Immer stehen die Porträtierten an der Grenze von Land und Meer. Die Widersprüche setzen sich imWechselspiel zwischen geringer Körpergröße und der Monumentalisierung durch die Untersicht der Kameraperspektive fort. Auch das Mädchen im grünen Badeanzug aus unserem Beispiel ist ein Porträt des *in between*: Der halbtrockene Badeanzug ist unten noch naß, die Haut nur halb gebräunt und an manchen Stellen noch blaß, die Füße sind sandig, der schmale Mund fast verkniffen und die Gliedmaßen spillerig dünn – eigentlich ist alles unvollkommen. Aber, seien die Bilder nur im Betrachter oder doch schon als Muster im ideellen Bildervorrat der Heranwachsenden bereits angelegt, mit der Neigung des Kopfes, der wehenden Haarsträhne und dem beinahe klassischen Standmotiv mit angedeuteter schamhafter Handhaltung erinnert das zierliche Mädchen in seinen gelängten Proportionen auch an Botticellis *Geburt der Venus*.

Am Wasser entstehen auch die Landschaftsbilder von **Elger Esser**, wenngleich man sowohl von der Stimmung als auch den Motiven her meistens an einen ruhig fließenden Fluß oder gar an einen still und starr ruhenden See erinnert wird, weniger ans Meer. Dem Dramatischen ist Esser sicher abhold, dafür aber umso empfänglicher für das Lyrische, und eine »stimmungshafte« poetische Schönheit kennzeichnet all seine Landschaftsaufnahmen. Sie stammen in ihrer Mehrzahl aus ländlichen Gegenden Frank-

Elger Esser, *Saône*, 2001, C-Print/Diasec, 185 x 240 cm
Daß Essers ereignisarme, fast gegenstandslose Fotografien spannend anzusehen sind, verdanken sie ihrer extrem malerischen Atmosphäre. Eine einheitliche Tonigkeit, meist warme Gelb- und Goldtöne, die auch schon mal ins Grüne oder Ockerfarbene spielen, überzieht alles mit einem Schleier, der aus Dunst gewebt scheint und alle Kontraste dämpft. Diese goldene Farbigkeit kann manchmal wie künstliche Patina und nachträglicher nostalgischer Anstrich wirken, meist obsiegt jedoch die Faszination eines allumfassenden, irisierenden Bildlichts.

reichs und Italiens, aber Esser verfolgt dabei weniger ein topografisches Interesse als ein ästhetisches Ideal, das gleichermaßen gespeist wird aus romantischer Landschaftsmalerei und den vom Künstler so bewunderten französischen Ansichtspostkarten aus den 20er Jahren des 20. Jahrhunderts. Essers Landschaften sind immer menschenleer, und man ist geneigt, sie auch gottverlassen zu nennen. Nur selten sind Spuren von menschlicher Anwesenheit, wie vereinzelte Häuser oder Boote auszumachen, es dominiert die reine Natur. Aber auch diese wirkt seltsam unwirklich und entrückt, immer mehr tendiert der Fotograf dazu, die wenigen konkret faßbaren Formen, seien es eine Baumsilhouette oder ein Flußufer, ganz in die Tiefe des Bildes zu rücken. Selbst die Horizontlinie wird immer dünner, es gibt kaum mehr zu sehen als Himmel und Wasser, die Leere gewinnt an Raum. Dem Panoramablick entsprechen dabei die ausladenden Formate, die es dem Betrachter ermöglichen, in diese Fotos buchstäblich einzutauchen. Überhaupt scheinen die Bilder einen flüssigen Aggregatzustand zu besitzen, alles ist ein ewiges ruhiges Fließen und Fluten, ein Aufweichen der Grenzen in einer opalisierend schimmernden Weite.

Seit 1991 fotografiert **Richard Caldicott** Stilleben mit Plastikgeschirr. Ihm gelingt damit ex post die Verschmelzung zweier amerikanischer Phänomene aus der Mitte des zwanzigsten Jahrhunderts, der Farbfeldmalerei und der Tupperparty. Tatsächlich erinnern die von oben fotografierten, abgerundeten Ecken rechteckiger Tupperdosen an die schwebenden Farbfelder von Mark Rothko, insbesondere, da durch ihre Transparenz weiche, fast fließende Übergänge zwischen Bilduntergrund und Gegenstand möglich werden. Sehr malerisch sind aber auch jene Bilder, die noch eher an herkömmliche Stilleben erinnern, indem sie mehrere kunstvoll nebeneinander drapierte Gegenstände auf einer als Präsentierteller gestalteten Fläche versammeln. Die starkfarbi-

Richard Caldicott, *Combination No. 3*, 1994, Cibachrome, 130 x 105 cm.
Im Gegensatz zu herkömmlichen Stilleben leugnen Caldicotts Bilder nicht ihre Künstlichkeit. Das Arrangement behauptet nicht, zufällig zu sein, stellt das Artifizielle sogar aus und steigert es ins Artistische, wenn der Künstler die verschiedensten Schüsseln, Teller und Deckel balancierend übereinanderschichtet, in kindlicher Freude am Turmbau zum zirkusreifen Triumph der Zitronenpresse.

gen, in ihrer strikten Geometrie räumlich schwer zu fassenden Hintergründe leugnen fast die Dreidimensionalität. In diesem extrem flachen Bildraum zeigt Caldicott uns aber nun nicht mehr wie Cézanne Äpfel oder Pfirsiche, sondern die Plastikschüsseln, in denen wir sie angeblich unendlich lange aufbewahren können. Das Ergebnis ist eine Art spielerisch konkretisierte abstrakte Malerei, bei der unsere Wahrnehmung ständig hin- und herspringt zwischen dem Erkennen des dreidimensionalen Gegenstandes und seiner Einbindung in die Komposition aus farbigen Flächen. Caldicott gelingt das Aufgehen der Malerei in der Fotografie und zugleich die Aufhebung des Stillebens in der Abstraktion.

Räume

Auf ganz andere Weise setzt sich **Thomas Struth** mit der Tradition der Malerei auseinander: In seiner 1989 begonnen und seither kontinuierlich fortgesetzten Serie mit Aufnahmen von Museumsräumen. Sie scheinen die Waage zu halten zwischen Schnappschuß und genau kalkulierter Interieur-Fotografie, denn, da Struth

Thomas Struth, *Rijksmuseum I Amsterdam*, 1990, C-Print auf Plexiglas, 164 x 212 cm. In der Diagonalkomposition, die den Raum dynamisiert, überbrückt die schwarze Bank optisch die leere Mitte zwischen den kleinformatigen Landschaften an der linken Wand und dem großen Rembrandt rechts, ausgebleichtes Parkett und grauer Tepppichboden stehen in hartem Kontrast gegen den dunkelgrundigen Rembrandt und die Gegenlichtbäume des 17. Jahrhunderts – so wie die Gemälde selbst mit harten, beinahe schwarz-weißen Kontrasten arbeiten.

nur in den allerberühmtesten Sammlungen fotografiert, bevölkern immer mehr oder weniger zahlreiche Besucher seine Bilder. Dieses Spannungsverhältnis zwischen ruhigen Räumen und bewegten Betrachtern macht einen zusätzlichen Reiz dieser Fotos aus, aber Struths Augenmerk gilt doch in erster Linie der Kunst und dem Rahmen, in dem sie präsentiert wird: Stets fotografiert er mit einer unbeweglichen, großformatigen Plattenkamera auf Stativ, wobei die Belichtung nicht einmal unbedingt auf die Räume, sondern auf die darin ausgestellten Gemälde ausgerichtet ist. Das zeigt sich daran, daß Struth durch die häufig notwendige lange Belichtungsdauer zum Teil erhebliche Bewegungsunschärfen der Menschen in Kauf nimmt und auch Überstrahlungen an weißen Museumswänden, also insgesamt eine »Verfälschung« der tatsächlichen Lichtverhältnisse, um der Malerei zu ihrem Recht zu verhelfen. Aber natürlich beschränkt sich Struth nicht darauf, uns einen Katalog seiner Lieblingsgemälde vorzuführen; bei aller Zufälligkeit, die durch die Museumsbesucher ins Spiel gebracht wird, wirken seine Museumsansichten immer sorgfältig komponiert. Besonders augenfälliges Beispiel dafür ist *Rijksmuseum I Amsterdam:* Die junge Frau auf der Lochblechbank ist uns Betrachtern zugewandt, nimmt damit also die Position der »Stalmeesters« im Gemälde auf. Während dort aber wenigstens einige der Herren uns anzublicken scheinen, sieht die Frau konzentriert an uns vorbei, wahrscheinlich auf ein Gemälde im Rücken des Fotografen. Wir haben es mit einer kompletten Umkehrung zu tun: statt Gruppenporträt ein Einzelbildnis, statt hellen Gesichtern vor Schwarz, die uns anblicken, ein Gesicht vor beinahe weißem Hintergrund, das uns keines Blickes würdigt. Das paßt so gut, daß man fast an eine Inszenierung glauben möchte – aber das einzige was Struth in Szene setzt, sind die vielfältigen Überschneidungen zwischen Interieur und Porträt, Malerei und Fotografie und die Blickbeziehungen von betrachteten Betrachtern und zurückblickenden Porträtierten.

Candida Höfer, *Bibliothèque Nationale Paris IV*, 1997, C-Print, 51,2 x 40,8 cm. Bibliotheken und Museen sind nicht zufällig die Lieblingsmotive von Candida Höfer, korrespondiert ihre Arbeitsweise, der sachliche Blick und das Arbeiten in großangelegten Serien, doch mit dem Gedanken des Archivs, des Sammelns und Bewahrens.

Prinzipiell menschenleer sind die Räume auf den Fotografien von **Candida Höfer**. Was umso erstaunlicher ist, da sie als Motive stets öffentlich zugängliche Räume wählt, am liebsten Museen und Bibliotheken, aber auch Theater, Universitäten, Kirchen, Wartesäle und Hotels. Daß die Räume so leer sind, macht sie uns zunächst einmal fremd, lenkt den Blick auf architektonische Details, die sonst, bei alltäglicher Betrachtung im Gewimmel geschäftiger Menschen, völlig untergehen. Vor allem aber zeigt Höfer, wie das Licht die Räume durchdringt und gestaltet, denn nie nutzt sie andere als die vorhandenen Lichtquellen, oft genug nur das durch die Fenster fallende Tageslicht. Das ist im Falle der *Bibliothèque Nationale* natürlich anders. Von hinten, aus der Richtung des Betrachters also, fällt Tageslicht in den Saal ebenso wie durch die kreisrunden Fenster in den Kuppelöffnungen. Die ebenerdig umlaufenden Regale im Erdgeschoß sind neonbeleuchtet, während das Ende des Saales neben Tageslicht auch elektrisches zu erhalten scheint, so daß das reichlich geschmückte Gewölbe samt den darunter liegenden Buchreihen in einem warmen Goldton erstrahlt. Damit kontrastieren die quallenähnlichen, türkisblauen Lampenschirme, welche die schwarzbraunen Arbeitsplätze der monotonen Tischreihen mit eigenen Lichtquellen versehen – so daß das Licht als Akteur auch die verlassenen Stätten der Lektüre zu beleben vermag.

Modellbauer – Simulation und Konstruktion

Die Menschenferne in Höfers Bildern läßt die Räume manchmal nicht nur trist und leblos erscheinen, sondern in ihrer Verlassenheit geradezu unecht und wie eine leere Kulisse.

Die Kulissenhaftigkeit in den Bildern von **Thomas Demand** ist eine ganz andere. Er bedient sich nicht vorhandener Bauten oder Wirklichkeitsausschnitte, er befaßt sich mit der Konstruktion einer eigenen Wirklichkeit. Der Künstler baut Modelle aus Papier und Pappe ausschließlich zu dem Zweck, sie anschließend zu fotografieren. Paradoxerweise suggeriert dann das Foto das Vorhandensein eines wirklichen Ortes. Manchmal sind diese »Fälschungen« leicht zu erkennen, oft aber auch nur auf den zweiten Blick, der die seltsame Glätte, das Fehlen unterschiedlicher Stofflichkeit und den Mangel an Details bemerkt – was den Fotos insgesamt einen gemäldeartigen Charakter verleihen kann. Ein besonders gelungenes Beispiel für die Verbildlichung archetypischer Orte und Situationen unserer Gegenwart ist das *Podium*. Ein Rednerpult mit Mikrophonpaar und Wasserglas, vor einem nur ausschnittweise sichtbaren, gigantischen Emblem, das durch die angebrachten Jahreszahlen auf ein historisches Jubiläum ebensolchen Ausmaßes verweist, wird durch die starke Schlagschatten werfende Beleuchtung und die monumentalisierende Perspektive von unten so lebensecht inszeniert, daß eine geradezu gespannte Erwartungshaltung beim Betrachter erzeugt wird, der damit rechnet, daß jeden Moment ein Mensch an dieses Pult tritt, sich räuspert und zu reden beginnt. Dennoch bleibt – wie in allen Bildern Demands – die Situation in einem eigentümlichen Schwebezustand, denn gleichzeitig tritt die Attrappenhaftigkeit der ganzen Konstruktion klar zu Tage. Nur daß sie hier mit dem Kulisscharakter der Wirklichkeit zusammenfällt – schließlich sind solche Podien geradezu dafür konzipiert, aus einer möglichst genau vorherbestimmten Perspektive und hauptsächlich von Film- und Fernsehkameras wahrge-

Thomas Demand, *Podium*, 2000, C-Print/ Diasec, 296 x 178 cm. Die Orte auf den Fotografien von Thomas Demand gibt es nicht – zumindest nicht so, und wenn Demand sich ab und zu vorhandener Fotos als Inspirationsquellen bedient, dann nicht, um sie so minutiös nachzubauen, daß man sie mit dem Aha-Effekt des Wiedererkennens abtun könnte, sondern um gerade das Typische herauszufiltern, eben das Modellhafte.

nommen zu werden. Insofern gelingt Demand mit seinen künstlichen Konstruktionen auch eine Rekonstruktion unserer medial vermittelten Wirklichkeit.

Möglichkeiten der Selbstreflexion

Ein gerüttelt Maß an medialer Selbstreflexion prägt die Fotografien von **John Hilliard**. Was er dank jahrelanger Erfahrung inzwischen virtuos beherrscht, ist das Unterlaufen der Erwartungshaltung des Betrachters. Seine Lieblingstaktiken sind ihm dabei das »Wegfiltern, Reduzieren und Verschleiern«. Diese Akte einer schöpferischen Destruktion, die der Künstler auch schon mal als »purgative Maßnahmen« bezeichnet, zielen häufig auf einen gezielten Verlust der Mitte, der den Blick des Betrachters – auch er ein Gewohnheitstier – zunächst irritiert an der Bildoberfläche umherschweifen läßt auf der Suche nach einem Halt. So auch in *Distorted Vision (A)*, wo man, ganz in rotes Licht getaucht, eine Frau im roten Kleid, zwischen Schrank und Bett stehend, schemenhaft erkennen kann, ihre Rechte umklammert eine Flasche, in der Linken hält sie ein blendend weißes Rechteck – genauso eine Leerstelle wie ihr vollkommen diffus wiedergegebenes, helles Gesicht. Diese Projektionsflächen könnten wir zwar nach Gutdünken ergänzen, aber der Künstler nimmt uns sozusagen an der Hand und macht Entzifferungsangebote. Am rechten Bildrand erkennen wir eine Hand mit rotlackierten Fingernägeln, die ein zerrissenes Foto hält – diese Partie ist scharf fokussiert. Unschwer kann man sich das Ganze nun als Spiegelsituation zusammenreimen: Vor dem Spiegel steht also die Frau und hält in ihrer ausgestreckten Hand ein zerrissenes Foto, auf dem fragmentarisch das Gesicht einer Frau zu sehen ist. Das Bild könnte das Spiegelbild ersetzen – und für uns tritt es an

John Hilliard, *Distorted Vision (A)*, 1991, Ilfochrome, 140 x 123 cm. Hilliard unterstreicht die unterschiedlichen Wirklichkeitsebenen, indem er das Bild im Bild als Schwarzweißfotografie gestaltet. Aber damit nicht genug, gibt sich bei genauerem Hinsehen dieses Foto selbst auch wieder als Bild im Bild zu erkennen, mit deutlich sichtbarem weißen Rand und einem Stück angedeuteten Interieur – ausgerechnet einem Bildrahmen, der sich bruchlos an den Bildrahmen im »wirklichen« Raum anschließt.

dessen Stelle –, aber die Person auf dem Foto könnte auch jemand ganz anderes sein. Hilliard transzendiert die narrative Lesart, die das Bild auch bietet – einer vielfältig auszuspinnenden Geschichte von ausgehfertig angezogenen Frauen in Schlafzimmern mit zerrissenen Fotos und alkoholischen Getränken und der einfachen Lösung für die im Titel angesprochene »verzerrte Sichtweise«, die im allzu häufigen Griff nach der Flasche liegt. Das Puzzle läßt sich so jedoch nur unvollständig zusammensetzen; alles was für uns greifbar ist, bleibt ein fragmentarischer Blick.

»Muß das Medium Fotografie unvermeidlich ›transparent‹ sein, oder kann dem Blick durch die Oberfläche hindurch Einhalt geboten werden durch den sinnvollen Einsatz ihrer eigenen [...] Qualitäten?«

John Hilliard

Was wirklich geschah, läßt sich nicht mit Sicherheit feststellen. Obwohl die Fotografie noch immer als ein Garant für die Wahrheit gilt, einer, der diese Frage letztgültig beantworten kann. *Was wirklich geschah* ist auch der Titel einer Fotoserie von **Barbara Probst**, mit der sie auf ebenso spielerische wie komplexe Art und Weise diese gern wiederholte These ad absurdum führt. Was bei Hilliard eine von mehreren möglichen Verwirrungsstrategien war, führt Probst in extenso und in letzter Konsequenz vor: das Bild im Bild. Viermal hintereinander zeigt die Serie jeweils dasselbe Motiv aus immer größerer Entfernung, dann geschieht ein scheinbares Überschreiten der vorher nicht sichtbaren Bildgrenze, und das ursprüngliche Motiv taucht als Bild im Bild einer anderen Umgebung auf. Dieses Verfahren setzt die Künstlerin nun ununterbrochen zwanzig mal fort, so daß am Ende eine Folge von achtzig Bildern entsteht. Das erste Bild zeigt das Foto einer New Yorker Hochhausschlucht aus der Vogelperspektive, an ein Kopfkissen gelehnt, das letzte eben jenes Foto Manhattans von oben. Das heißt, trotz der suggerierten linearen Bewegung eines stetigen Zurückweichens schließt sich am Ende der Kreis.

»Ich glaube, daß es in meiner gesamten Arbeit – und in der Fotografie allgemein – seltsamerweise immer ums Verschwinden geht, um Gegenstände, die verschwinden und als Bild wieder auftauchen, aber nicht als sie selbst.«

Jeff Wall

Was wie eine in ein gleichförmiges Stakkato zergliederte Kamerafahrt rückwärts gelesen wird, schlägt auch zwischendurch narrative Kapriolen: Wenn beispielsweise die Ansicht eines Zimmers als Bild in eben jenem Zimmer noch einmal auftaucht, nur daß dabei aus Nacht Tag geworden ist, wird aus der angenomme-

Barbara Probst, *Was wirklich geschah*, 1997–98, Diaprojektion mit 80 Bildern. Der quasi filmischen Erzählhaltung, mehr aber noch der zyklischen Struktur entspricht das Medium, das Probst für *Was wirklich geschah* gewählt hat, die potentiell unendliche Präsentation als Diaserie im fortlaufend kreisenden Karussell. Läßt sich das kontinuierliche Ineinander-verschachtelt-Sein der Fotos noch mit freudiger Faszination verfolgen wie die anspruchsvollere Version einer russischen Babuschka-Puppe, so erhält die Serie durch ihren möbiusschleifenartigen Endlos-Charakter auch ein zutiefst verunsicherndes Element.

nen stetigen Ortsverschiebung plötzlich ein rein zeitliches Nacheinander. Es ergibt sich ein unlösbares Paradoxon, als wäre die Fotografie an die Stelle jenes berühmten Kreters getreten, der behauptete: Alle Kreter lügen. Von außerhalb des Systems betrachtet, können wir die analytischen Qualitäten dieser paradoxal selbstreflexiven Serie jedoch erkennen und, vorsichtig geworden, die Erkenntnis formulieren, daß die Fotografie vielleicht zur Wirklichkeitsabbildung taugt, aber sicher nicht zur Wahrheitsfindung.

Künstliche Paradiese – ein Kapitel voller Montage

Daß selbst ein Begriff wie »Wirklichkeitsabbildung« im Bereich der Fotografie so spröde, ja brüchig geworden ist, daß er immer mit der Frage »Welche Wirklichkeit?« zu rechnen hat, ist eine verhältnismäßig neue Entwicklung, auch wenn schon immer mit Fotografien getäuscht, gelogen und getrickst wurde. Ein wesentlicher Anteil an der endgültigen Entzauberung des Wahrhaftigkeitsanspruchs der Fotografie geht auf das Konto der in den neunziger Jahren sprunghaft sich entwickelnden Möglichkeiten der computertechnischen Bildmanipulation. Was inzwischen beinahe zur Grundausstattung jeden Heimcomputers gehört, ein rundum taugliches Bildbearbeitungsprogramm, war anfangs nur Profis zugänglich und diente in der Werbebranche vornehmlich zu Zwecken der Retusche. In dieser Form wird der Computer inzwischen von einer Vielzahl von Fotografen eingesetzt, ohne daß sie das lauthals publik machen würden. Es gibt jedoch auch Künstler, die sich ganz der schönen neuen Welt der computergenerierten Bilder und bildlichen Manipulationsmethoden verschrieben haben.

Natürlich sind Verfahren der Fotomontage auch für künstlerische Zwecke schon lange bekannt. Aber die sozusagen nahtlose digitale Montage verschiebt den Schwerpunkt dieser Technik und damit die Aufmerksamkeit des Betrachters. Die Glätte und Bruchlosigkeit der Montage erzeugt ein bis dahin unbekanntes Spannungsverhältnis zwischen dem Glaubwürdigkeitsanspruch der Fotografie und der sichtbar zu Tage tretenden oder gar explizit vorgeführten Künstlichkeit. Die digital manipulierten Fotos behalten einen größeren Rest an Wirklichkeitsgehalt als die sichtbar zerschnittenen und wieder zusammengeklebten, selbst als die meisten ihrer sorgfältig per Hand retuschierten Vorgänger. Diese optische Plausibilität läßt die neuzeitlichen Phantasiegestalten und Monstren um so bedrohlicher erscheinen.

Inez van Lamsweerde setzt auf die Übererfüllung des Klischees. Selbst aus der Werbebranche stammend, kennt die Künstlerin alle Tricks des visagistischen und computertechnischen Stylings und nutzt diese weidlich aus, um uns ihre Version eines Supermodels vor Augen zu führen. Inzwischen ist der *hype* wieder etwas abgeflaut, aber noch vor wenigen Jahren wurden plötzlich und unerwartet weibliche Supermodels zu den neuen Heldinnen der populären Kultur erkoren. Die je nach Label und Saison magersüchtigen oder besonders drallen Ausziehpuppen der Werbebranche wurden nicht nur zu Individuen mit Namen, sondern sofort und ohne Umschweife zu Stars und Idolen hochstilisiert. Womit nicht nur hochgezüchtete Schönheitsideale als allgemeinverbindlich propagiert wurden – dieses Phänomen ist schon älter – und wohl auch weniger das von Playmate und Stripperin kaum zu unterscheidende Berufsbild der ihren Körper ausstellenden Frau zum Ideal erhoben werden sollte; idolisiert wurde vielmehr die wandelnde Leerstelle, diese reine Projektionsfläche als eine neue Form des Menschen- respektive Frauenbildes, das notgedrungen ausschließ-

Inez van Lamsweerde, *Sasja 90–60–90*, 1992, Duraflex Print/Perspex/ Aluminium, 100 x 100 cm. Die weitgehende Nacktheit der Figur wird durch barock geschweifte, samtschwarze Schuhe mit absurd hohen Stilett-Absätzen betont. Auf der Sohle des rechten prangt ein leuchtendroter herzförmiger Fleck, der farblich aufs schönste abgestimmt ist auf die Lippen des Models. Überhaupt sieht das Gesicht mehr gemalt als bemalt aus, so heftig ist es geschminkt, weiß grundiert mit rougegefärbten Wangenknochen, die Augen balkendick schwarz umrandet, die in strenger Geometrie winklig gemalten Augenbrauen entsprechen der wie gemeißelt schräg in die Stirn ragenden Hitler-Frisur.

lich durch Äußerlichkeiten definiert und fremdbestimmt ist. Vor diesem Hintergrund macht auch ein Bild wie *Sasja 90–60–90* entschieden mehr Sinn: Auf weißem weichen Sofa, in einem ansonsten kaum differenzierten weißen Raum, kauert eine Frau in glänzend violetter Satin-Unterwäsche, etwas angestrengt verrenkt, aber doch lasziv, und reckt dem Betrachter ihr hübsch verpacktes Hinterteil entgegen. Der puppenhafte Kopf läßt durchaus Zweifel an der Lebendigkeit dieses Wesens aufkommen, aber wenigstens beruhigen uns die deutlichen Schlagschatten, daß es sich hier um keine Simulation, sondern ein wirkliches Modell handeln muß. Müßte. Eins aber stört: Dieser Schaufensterpuppenkopf blickt uns starr und frontal direkt an – wobei uns die Dame doch eigentlich den Rücken zukehrt. Der frustrierte Männerblick wird den gruseligen Selbstwiderspruch vielleicht schneller entdecken, bleiben ihm doch die im Titel versprochenen erstgenannten 90 Zentimeter vorenthalten. Aber Lamsweerde hat nicht allein die Enttäuschung des männlichen Voyeurs im Blick. Indem sie ihrem Supermodel genüßlich den Hals umdreht, zeigt sie, daß es nicht nur ein Wesen aus der Retorte ist, sondern ein wahrhaft frankensteinsches Monstrum, das nur aus erotischen Versatzstücken am Computer zusammengeschraubt wurde.

Ein schwerer Übergang steht bevor: von der unbekleideten Frau zu einer fast vollständig verschleierten, aus dem weichen Lotter-Sofa der konsumistischen Verführung hin zu den ehernen Monumenten, die angeblich abstrakte Werte hochhalten wie Freiheit und Demokratie – auf jeden Fall aber eine Fackel. Die Moskauer Künstlergruppe **AES** (bestehend aus Tatjana

Arzamasova, Lew Evzowitsch und Jewgenij Syvatsky) führt idealtypisch vor, wie die computermanipulierte Fotografie auch verwendet werden kann: als ausgefeiltere Nachfahrin der fotografischen Retusche, die schon immer außer zu kosmetischen Nachbesserungen zu Zwecken der Geschichtsfälschung mißbraucht wurde, um letzten Endes Menschen damit zu manipulieren. AES setzen diese Manipulationen nicht nur in ironischer Brechung ein, sondern auch mit einem fast noch aufklärerisch zu nennenden Impetus. In ihrem *Islamic Project* nehmen sie die Angst vor der Islamisierung aufs Korn, die, wenn auch in unterschiedlicher Ausprägung, in New York, Moskau, Rom und Berlin gleichermaßen grassiert. Also greifen sie zu Bildern möglichst symbolisch aufgeladener Plätze jener Städte, neben der Freiheitsstatue dem Petersplatz, dem Reichtagsgebäude oder dem Roten Platz, und montieren munter Nomadenzelte, Mudschaheddin und verschleierte Frauen hinein.

Dabei bedienen sich AES nicht nur der Postkartenmotive jener Hauptstädte, sondern gemeinerweise auch der gleichen Formate, sprich: sie produzieren ihre Bilder als Poster und Postkarten, tun also so, als wollten sie diese Fotos als Werbematerial in alle Welt tragen, was nicht nur den parodistischen Effekt verschärft. Als Alltagsgegenstand erhalten die Bilder einen viel größeren Wirklichkeitsgehalt, einen höheren Grad an Plausibilität als ein an der Museumswand sichergestelltes Kunstwerk. Und gerade weil auf Postkarten immer ideale – und nicht selten retuschierte – Ansichten von Orten zu sehen sind, mit denen Städte und Länder auf touristischem Wege ihr durch und durch positives Selbstbild verbreiten wollen, bekommt die »Überfremdung« auf diesem Terrain in mancher Leute Augen vielleicht doch etwas Bedrohliches.

AES, *Liberty 2006*, *Islamic Project*, 1996, computermanipulierte Fotografie, verschiedene Formate.
Das verschleierte Bild zu New York: Wer diesen Schleier hebt, soll Freiheit schauen.

»Der Text funktioniert als Stimme, eine Stimme welche die stereotypen negativen Eigenschaften der islamischen Frauen und die ihnen zugeschriebene Opferrolle in Frage stellt.«

Shirin Neshat

Geschrieben steht – Schrift und Zeichen

Viele Fotografien der in den Vereinigten Staaten lebenden Iranerin **Shirin Neshat** sehen auf den ersten Blick aus wie eine Konkretisierung der ironischen Bedrohung, wie sie die verschleierte Freiheitsstatue von AES verkörpert. Sie zeigen in strengem Schwarzweiß Frauen im Tschador (häufig die Künstlerin selbst), in starrer Frontalität dem Betrachter zugewandt, mit Pistolen und Gewehren bewaffnet. Die gestochen scharfen Porträts erhalten durch die arabischen Kalligraphien, welche die sichtbaren Hautpartien, meist Hände und Gesicht, überziehen, eine Schönheit, die der Bedrohlichkeit seltsam entgegensteht – sie zwar nicht aufhebt, aber ihr doch einiges an Eindeutigkeit nimmt. Diese Balance zwischen Schrecken und Schönheit, die eine Art von Angstlust oder angenehmem Gruseln hervorruft, ist wohl leider auch die vorrangige Rezeptionsweise, die Neshats Fotografien in der westlichen Kunstwelt beschert ist. Was notgedrungen fast immer unterschlagen wird, ist die Bedeutung der Texte auf ihren Bildern. Da persische Sprache und arabische Schrift in unserer Kultur nur von einer Minderheit entziffert werden können, bleiben die Zeichen reines Ornament.

Neshat wählt ihre Texte sehr gezielt aus. Es sind vorrangig die Werke zweier iranischer Schriftstellerinnen, die sie für ihre Bilder verwendet: Forough Farokhzad und Tahereh Saffarzadeh. Während die erste in ihrer Dichtung eine sehr moderne Haltung einnimmt und eine subjektive und sinnliche Sichtweise auf ihre Rolle als Frau in der iranischen Gesellschaft pflegt, ist die letztere eine leidenschaftliche Verfechterin ihrer religiösen Überzeugung. Beide Haltungen bezeugen gleichermaßen, wenn auch von entgegensetzten Standpunkten aus, die aktive Rolle, die Frauen in der islamischen Welt spielen können. Insofern sind die Handfeuerwaffen, mit denen

Shirin Neshat, *Rebellious Silence*, 1994 Gelatinesilberabzug, Tinte, 36 x 28 cm. Schriftzeichen können den Charakter schmückender Tätowierungen annehmen, oder, wie hier, als textiles Gewebe an die Stelle eines Gesichtsschleiers treten, der nur noch die Augen freiläßt.

Daniele Buetti, *Looking for Love*, 1997, Farbfotografie auf Aluminium, 110 x 75 cm.
Manchmal wirkt die Kugelschreiberverletzung wie die *mouche*, das punktförmige schwarze Schönheitspflästerchen des Rokoko, das per Kontrast die sonstige ebenmäßige Schönheit nur umso deutlicher hervorhebt, insbesondere wenn Buetti wie im hier abgebildeten Fall das Turnschuhmarkenzeichen so formvollendet in Korrespondenz zur steilen Augenbraue auf den Wangenknochen ritzt.

Neshat ihre Modelle versieht, nicht nur eine Usurpation der verbotenen männlichen Position, sondern vor allem eine Metapher kämpferischer Selbstbehauptung eines islamisch geprägten Feminismus.

Auch die Werke von **Daniele Buetti** zeigen häufig beschriftete Gesichter. Hier stellt die Lesbarkeit jedoch kein Problem dar, die Wörter sind sogar blitzschnell wiedererkennbar, denn der Künstler schreibt nur Namen von Marken, manchmal gar nur deren wortlose Logos. Buetti nimmt Fotos aus Mode-Magazinen, bearbeitet deren Rückseite, wie es scheint, schnell, spontan, fast ungelenk mit dem Kugelschreiber und fotografiert die Ergebnisse ab. Am Ende steht also wieder eine glatte, geschlossene Oberfläche, in der aber der Künstler unauslöschliche Spuren hinterlassen hat. Dieses Kratzen an der Oberfläche, das in Wahrheit eine Zerstörung der künstlichen Makellosigkeit darstellt, ist höchst ambivalent: schön ist häßlich, häßlich schön. Oft sind die vom Künstler selbst so genannten »Pseudovernarbungen« jedoch wirklich zerstörerische Angriffe, die sich wie ein Schmarotzer von der Rückseite der papierenen Oberfläche tief in die Haut eingraben, ornamentale Verwüstungen hinterlassen, die wie blühende Geschwüre aussehen.

Das ist natürlich auch eine Parodie auf die grassierende Tattoo-Mode und spricht von den merkwürdigen, der Mode unterworfenen Einschätzungen dessen, was Schönheit sei – die wiederum von den von Buetti wiederverwendeten Supermodels entscheidend mitgeprägt wird. Gleichzeitig verdeutlicht er, wovon solche Menschen leben: davon nämlich, daß sie ihre Haut zu Markte tragen. Wenn man sich die Werbeträger der Nation ansieht, vor allem die über und über bedruckten, fernsehtauglichen Massensportler, scheint die bislang nur metaphorisch zu sehende dauerhafte Unterwerfung unter einen Markennamen, so wie früher

»Es bringt nichts, die Menschen frontal anzugehen. Kunst hat nicht mit Angriff, sondern mit Verführung zu tun.«
Daniele Buetti

Tätowierungen und Brandzeichen Besitzansprüche auf Vieh und Sklaven markierten, auch realiter nur einen Schritt entfernt.

In letzter Zeit ist Buetti dazu übergegangen, seine Kugelschreiberattacken auch als Perforation der gefundenen Fotos auszuführen und diese Bilder dann in Form von Leuchtkästen zu präsentieren. Diese Konstruktionen verbinden den Glamour der Werbewelt mit dem heimeligen Charme des Selbstgebastelten und sind insofern meilenweit entfernt von der virtuosen Perfektion, mit der sich **Andreas Horlitz** des Mediums der Lightbox bedient. Auch er thematisiert in seinen Arbeiten Schrift und Zeichen, der geistesgeschichtliche Rahmen ist dabei jedoch weit gesteckt.

Ausgehend von verschiedensten Bildquellen überblendet Horlitz Motive aus der Frühgeschichte der Schrift mit Codes und Zeichen höchst aktueller Provenienz, mittelalterliche Handschriften mit nur noch maschinenlesbaren Diagrammen aus der High-Tech-Medizin, Hieroglyphen und DNA-Sequenzen. In aufwendigen Montageverfahren erzeugt er so künstliche Palimpseste, bei denen sich nicht nur Zeit- und Wissensebenen zu einem unentwirrbaren Geflecht durchdringen, sondern auch höchst ästhetische Gebilde mit verblüffenden formalen Korrespondenzen entstehen. Ein Paradebeispiel für diesen Teil seiner weit gefächerten Arbeit ist die Installation *Palimpsest* für die Herzog-August-Bibliothek in Wolfenbüttel. Als ortsbezogene Installation wurden hier in Form von gewöhnlichen Tischvitrinen sieben Leuchtkästen als bildliche Konterbande eingeschmuggelt, die jeweils ein Motiv aus den Beständen der altehrwürdigen Bibliothek aufgreifen, um es auf mannigfache Weise in Horlitz' eigenen Bildkosmos, in ein Universum der Wissensvermittlung einzuschmelzen. Die in der Reproduktion nur schwer zu ver-

Andreas Horlitz, *Palimpsest*, 2002, Installation mit sieben Tischvitrinen (Leuchtkasten, Ilfochrome-Transparent, teilverspiegeltes Glas), je 150 x 60 x 25 cm, Zeughaus der Herzog August Bibliothek, Wolfenbüttel, Detail. Die an die Stelle des Vitrinenbodens getretene Bildebene des Leuchtkastens vereint mehrere Quellen, hier die bunten Mosaiksteinchen einer Genkartierung mit dem Schattenriß einer Pilzkultur, darüber schwebt auf der gläsernen Vitrinenhaube eine zweite mit spiegelnden Schriftzeichen bedeckte Ebene, die eine mittelalterliche Musikhandschrift mit kreisförmig angeordneten minoischen Buchstaben kombiniert. Durch diese Schichtung ändert sich der Bildeindruck jeweils mit dem Blickwinkel des Betrachters und entfernt sich damit weit von der eindimensionalen Bildwirklichkeit einer »normalen« Fotografie.

mittelnde Faszination der Vitrinen beruht sowohl auf der Strahlkraft der durchleuchteten Diatransparente als auch auf der räumlichen Auffächerung des Bildes in drei Schichten.

Die unterschiedlichen Schriften und Zeichen bleiben trotz ihrer Fragmentierung entzifferbar – sofern wir die entsprechenden Sprachen beherrschen. Aber das machen Horlitz' leuchtende Bilder erfahrbar: wie vielfältig die Mitteilungssysteme nicht nur der Gegenwart, sondern der gesamten Menschheitsgeschichte sind, und wie wenig wir davon zu entschlüsseln verstehen; wie schnell etwas, das als bedeutungstragendes System erdacht wurde, für einen Betrachter zum bloßen Ornament gerinnt, aber auch wie sehr bildliche Darstellungen zu ihrer Decodierung eines großen Wissens bedürfen.

Sophie Calle, aus der Serie *The Detachment*: Palast der Republik, 1996, Farbfotografie und Buch, 120 x 90 cm (Foto).
»...Wie sie sehen, ist es jetzt leer. — Es war sehr ausgewogen. Es war logisch. Es war deutsch. [...] – Es war ein Schandfleck. Ein Zeichen, zusammensetzt aus dem Trödel, den man in der Abstellkammer der Geschichte gefunden hatte. Hammer, Sichel, Lorbeerkranz. Mir ist das völlig wurscht, daß das weg ist. – Was bleibt sind diese beiden unzusammengehörigen Formen: der Kreis und das Sechseck, die Quadratur des Kreises. – Da steckt Widerstand in diesem Loch. In meinem Kopf ist es ja noch da. Ich kann es sehen, wie ein Gespenst...« Auszüge aus Sophie Calle, *The Detachment*

Sophie Calle verwendet Schrift dagegen nicht als formalen Bestandteil ihrer Werke, sondern einzig und allein um der sprachlichen Mitteilung willen. Die meisten ihrer Werke sind daher aufgeteilt in Bild- und Schrifttafeln; zwischen diesen beiden Polen besteht aber selten eine exakte Kongruenz. Text und Bild passen zwar zusammen, aber immer nur in der Möglichkeitsform: es könnte so sein – aber auch völlig anders. Stets kommen die Arbeiten von Calle in einem dokumentarischen Gestus daher und doch verunsichern sie den Betrachter genug, daß dieser sich nie sicher sein kann, ob es sich nicht doch um reine Fiktion handelt. Diese narrative Grundhaltung rückt Calles Vorgehensweise nahe an solche der Literatur; entsprechend hat sie sich nicht nur literarischer Formen bedient wie dem Tagebuch oder dem Detektivroman, sondern beispielsweise auch auf verschiedene Arten mit dem Schriftsteller Paul Auster kooperiert. Auch da, wo Sophie Calle als Protagonistin ihrer Werke agiert, steht sie doch nie als Person im Vordergrund, denn auch ihre autobiografischen Arbeiten sind fiktional unterwandert; stets geht es ihr

> »Man muß mit einem Bild anfangen um ein Bild hervorzubringen.«
>
> Philippe Parreno

um Phänomene der Wahrnehmung in einem sozialen Kontext.

Besonders deutlich wird das in Calles Arbeit *The Detachement* (Die Entfernung). 1996 fotografierte Calle in Ostberlin Orte, an denen sich einst Herrschaftszeichen und -symbole der verschwundenen DDR befunden hatten, die nun zerstört, demontiert, verhüllt oder ersetzt waren. Dazu befragte sie Berliner Passanten nach ihren Erinnerungen an jene Orte. Aus den Antworten stellte die Künstlerin ein Büchlein zusammen, das in Format und Aussehen einen herkömmlichen Reiseführer imitiert, mit kleinen kartographischen Skizzen und Schwarzweiß-Fotografien des früheren Zustandes. In der Ausstellung wurde dieser etwas andere Reiseführer jeweils zusammen mit einem großformatigen Foto des Status Quo präsentiert. Wieder geht es um das Phänomen des Verschwindens, vor allem aber um die Divergenzen der Wahrnehmung und der Erinnerung. Man mag den dokumentarischen Charakter, wie immer, anzweifeln, aber *The Detachement* bleibt eine der schlüssigsten künstlerischen Arbeiten zur Verdrängungsmentalität nach der deutschen Wiedervereinigung.

Jörg Sasse, *1546*, 1996, C-Print auf Aluminium, 147 x 200 cm. Höchst malerisch sind Sasses Fotografien, die digitale Montage wird nur an seltsamen Binnenstrukturen sichtbar, an unwirklich scheinenden Spiegelungen und an jenen Überstrahlungen der Flächen, die die Farben zum Leuchten bringen und den gegenständlichen Anlaß des Bildes fast vergessen machen.

So schön wie gemalt

Jörg Sasse verwendet für seine Bilder schon gar keine Kamera mehr, er bedient sich ausschließlich bereits vorhandener Amateurfotografien, die er digital bearbeitet. Dabei verwandelt er sie von Grund auf, retuschiert

störende Elemente, darunter meistens auch alle Lebewesen weg, verändert den Ausschnitt, der in der Regel sehr reduziert wird, paßt Konturen an, verschiebt Linien zum Zwecke größerer Harmonie und ändert vor allem die Farbwerte. Im Verlauf dieser Meta-

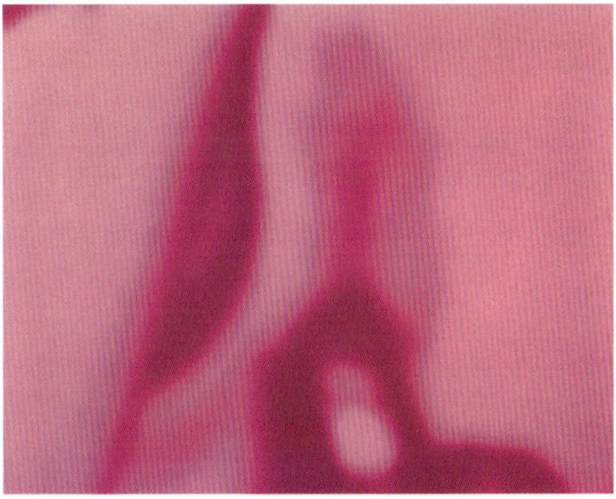

Dunja Evers, *Sex Nr. 5*, 2001, Eiweißlasurfarbe auf Fotografie, 43,8 x 55,5 cm. Sex: Neben dem Titel verweist nur die schrill rosa Farbgebung auf das fleischliche Thema.

morphose rückt das im gefundenen Material oft Nebensächliche, Uneigentliche und Zufällige in den Mittelpunkt, das narrative Element verschwindet, oft wird auch das gegenständliche so weit getilgt, daß es kaum noch zu erkennen ist. An seine Stelle treten ausgewogene Kompositionen farbiger Flächen. Zwar lassen viele von Sasses Fotos noch den Bezug zur Wirklichkeit erkennen, aber die Bilder beharren doch auf ihrer Autonomie. Die Eingriffe sind zwar deutlich spürbar, aber selbst nicht benennbar, die Manipulationen sind im Detail eher subtil und ohne den Vergleich mit dem Vorbild nicht auszumachen, sie dienen nur der Erzeugung einer größeren Geschlossenheit und Homogenität des Bildgefüges. Es entsteht ein zwischen Wirklichkeitsabbild und abstrakter Darstellung angesiedeltes Drittes.

Den direkten Weg vom Bild zum Bild ohne den Umweg über die Wirklichkeit schlägt auch **Dunja Evers** ein. In ihren Arbeiten fotografiert sie Filme mit einer so langen Verschlußzeit ab, daß alles Bewegte zwangsläufig unscharf wird und alle Konturen zerfließen. Vielleicht wäre allein dies Diffuse genug, den Fotografien malerischen Charakter zu verleihen. Doch Evers nimmt die so entstandenen Bilder nur als Grundlage, um sie mit Pinsel und Eiweißlasurfarbe in mehreren Schichten jeweils einer Farbe zu übermalen. Sie verknüpft so in einer einzigartigen medialen Mischung Film und Fotografie mit einer malerischen Technik, die einer historisch gewordenen Epoche der Fotografie entstammt und ursprünglich für das Retuschieren oder die nachträgliche Kolorierung von Schwarzweißfotos eingesetzt wurde. Was Evers damit erreicht, ist jedoch gerade nicht die perfekte Illusion oder das geschönte wirklichkeitsgetreue Abbild, sondern eher ein Rätselbild, in dem man immer ahnt, das hinter den

»Bildmaschinen sind für mich nur verschiedene Werkzeuge, um meine Bilder herzustellen. Ich denke, es ist nicht möglich, mit nur einem Werkzeug die Welt darzustellen, dafür ist sie zu komplex.«

Thomas Ruff

Farbschleiern ein Motiv verborgen liegt, das letztlich nie ganz zu entschlüsseln ist. In dieser Art hat Evers monochrome Porträts gefertigt und sogenannte *Fiktionale Landschaften* aus Science-Fiction-Filmen gewonnen, neuerdings auch eine Serie sogenannter *Sexbilder*. Man muß schon eine Menge Phantasie aufbringen, um sich unter den wolkig fließenden Flächenformen etwas Konkretes vorzustellen – aber im Zweifelsfalle ist es auch schöner, das Dargestellte im Ungefähren zu belassen, nicht zuletzt weil so die Bilder von Evers noch um ihrer selbst willen betrachtet und genossen werden können.

Thomas Ruff, *Substrat 1 III*, 2001, Inkjet auf Papier, auf Diasec-Face kaschiert, 240 x 190 cm. Ruffs *Substrate* sind Fotos ohne Kamera, rein virtuell erzeugte Bilder, die tatsächlich fremd und ungreifbar wirken; verschlungene Farbschlieren, die in ihrer Transparenz an Unterwasserwelten erinnern oder an Jackson-Pollock-Gemälde unter dem Mikroskop.

Ganz anders verhält es sich damit bei **Thomas Ruff**s *Nudes* genannten Pornobildchen. Er hat die aus dem Internet gezogenen Fotos stets nur so weit manipuliert, daß sie ein bißchen unschärfer werden, letzten Endes aber noch alles erkennen lassen. Immerhin brachte diese Serie den fotografischen Tausendsassa dazu, sich vermehrt mit dem Computer auf der einen und den malerischen Aspekten seiner Arbeit auf der anderen Seite zu beschäftigen. Das vorläufige Endergebnis sind die in allen Nuancen künstlicher Farbigkeit schillernden Bilder der *Substrat*-Serie. Nichts deutet mehr auf ihren Ursprung aus Comicbildern hin; sie werden am Rechner so lange bearbeitet, vielfach multipliziert und übereinandergeschichtet, bis sie zu völlig abstrakten Gebilden mutieren. Sie betonen ihren immateriellen, artifiziellen Charakter noch durch ihre unnatürlich grelle Farbgebung und gewinnen dennoch eine beinahe biomorph anmutende Schönheit. Insofern ist der Titel äußerst passend gewählt, denn »Substrat« kann sowohl die eigenschaftslose Substanz eines

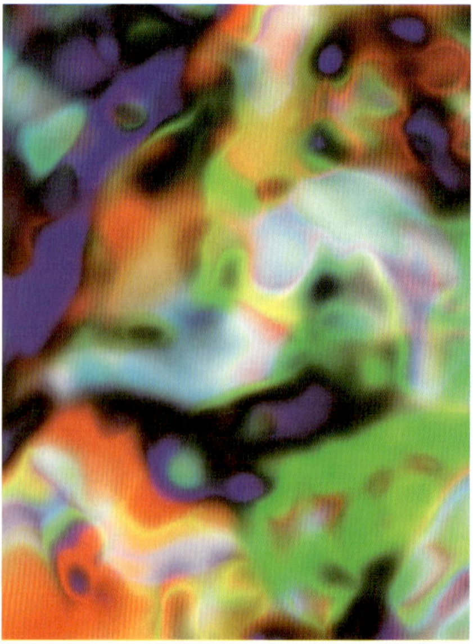

Dinges bezeichnen, oder, vom Philosophischen ins Biologische gewendet, einfach einen Nährboden.

Zeit im Bild

Michael Wesely gelingen mit technisch geradezu antiquierten Methoden höchst malerische Abstraktionen; durch selbstgebaute Objektivvorsätze, die das Licht nur durch einen schmalen Schlitz hindurchlassen, zerlegt er Architekturen, Neonreklamen oder Landschaften in leuchtend farbige Streifenbilder. Bekannt geworden ist Wesely jedoch durch seine extremen Langzeitbelichtungen. Angefangen bei Porträts, bei denen er die Blende mehrere Minuten offenhielt, über die Blumensträuße, die er über Tage hinweg fotografierte, bis hin zu Großbaustellen wie z. B. am Potsdamer Platz, wo die Kamera unverrückt ganze zwei Jahre stand und alle Veränderungen auf ein einziges Bild bannte.

Michael Wesely, *17.2.–27.2.2001*, 2001, C-print, Diasec, Stahlrahmen, 165 x 125 cm. Der Tulpenstrauß als höchst dynamisches Gebilde: In weit ausholenden Bewegungen scheinen sich die Schnittblumen im Wind zu wiegen, sich aufzubäumen oder zu verneigen. Aller Vergänglichkeitsthematik zum Trotz bewahren diese Tulpen eine gespenstisch zarte Schönheit.

Die Fotografie wird so zu einem Medium der Dauer, dient dem Erfahrbarmachen von Zeit. Geschieht das bei den still in der Vase stehenden Blumen paradoxerweise in einem Ausdruck von Bewegung, erzielt Wesely bei den Orten hektischer Aktivität wie den Bahnhöfen oder Großbaustellen genau das Gegenteil: Es kehrt Ruhe ein. Alles was nicht von Dauer ist, alles Bewegte bildet sich überhaupt nicht ab, vorübergehend Anwesendes wie beispielsweise Baukräne und Gerüste hinterlassen schemenhafte Spuren, wiederkehrende Bewegungen und Lichteinfälle malen Muster auf die scheinbar menschenleeren Orte. Dagegen ist in den gar nicht stillen und nur vermeintlich leblosen Stilleben auch ganz direkt das festgehalten, was die Maler immer nur symbolisch darstellen konnten: das Werden und Vergehen.

»Die Fotografie ist das abstrakteste Bildmedium, das es gibt, weil es nichts mit dem Leben zu tun hat, weil es sich nicht in der Zeit abspielt. Weil es nur eine Sekunde aus dem Leben herausgreift, und es gibt keine Dauer und kein Danach.«

Stefan Banz

Stockende Bewegung – der inszenierte Moment

In den verschiedensten Medien, nicht nur als Fotografin, sondern auch mit Video und Film, arbeitet **Sam Taylor-Wood**. Stets versucht sie dabei, auf den medialen Grenzen zu balancieren. Was Taylor-Woods Fotografien mit der filmischen Praxis verbindet, ist vor allem die Inszenierung. Besonders deutlich wird das in einer Reihe von Arbeiten mit dem Titel *Soliloquy,* also der Monologe, die nicht nur die Vereinzelung des Menschen beim Namen nennen, sondern auch bildlich in den Mittelpunkt rücken. Die Künstlerin kombiniert hier jeweils ein großformatiges Bild einer einzelnen Person mit einem separat gerahmten, schmalen, vielfigurigen Sockelstreifen. Da sich keine direkten Zusammenhänge zwischen Hauptperson und Nebenfiguren erkennen lassen, ist man geneigt, die erzählerisch wirkenden und nach dem Panoramaprinzip gemachten Sockelfotos als Träume, Angst- oder Wunschvorstelllungen des Protagonisten zu deuten. Die Künstlerin parodiert damit in zweifacher Hinsicht Altartafeln der Renaissance, die in der Predella genannten Sockelzone üblicherweise kleinformatige Szenen aus dem Leben der heiligen Hauptfigur zeigen. Nicht nur weil ihre Bilder profan, banal und höchst unheilig sind, sondern

Sam Taylor-Wood, *Soliloquy VIII*, 2000, zwei C-Prints, 222 x 242 cm (gesamt). Der Mann mit den verbundenen Augen weiß nicht, was ihn erwartet, offenbar wird er aus einem lichten, hohen und prachtvollen Raum durch einen schmalen, dunkel getäfelten Flur geführt – aber wohin? Zu der gelassen herumlungernden Ansammlung nackter Männer im Salon, zu der einzigen, genauso unbekleideten Frau unter ihnen?

auch, weil gerade das Narrative nur behauptet wird: das langgestreckte Bild zerfällt in lauter Einzelszenen, die oft so starr wirken, als würde gar keine Handlung stattfinden, als wären sie bereits zum Bild geronnene Aktionen – so daß von dem menschlichen Getümmel auch immer eine Atmosphäre des Wartens ausgeht, eine Stimmung von unerlöster Spannung. Gleichzeitig verbreiten sie aber auch eine gewisse unterkühlte Lässigkeit: Mit der gleichen Beiläufigkeit finden Zeitungslektüre, Orgien und Selbstmorde statt. Auch in *Soliloquy VIII* bleibt die »Erzählung« in einer rätselhaften Schwebe: Alles scheint möglich und nichts ist gewiß.

In den Arbeiten von **Teresa Hubbard** und **Alexander Birchler** ist das Inszenieren als solches schon beinahe zum Bildthema erhoben; zumindest wird der »entscheidende Augenblick«, das Dogma aller klassisch dokumentarischen Fotografie als Konstrukt entlarvt, indem er in mühevoller Kleinarbeit nachgestellt, zusammengebaut und abfotografiert wird. Das geschieht stets so, daß die Künstlichkeit spürbar bleibt als Moment der Irritation, die ihrerseits zum Auslöser wird für ein genaueres Hinsehen und Nachforschen, dem dann das Inszenierte des Verfahrens offenbar wird. Damit stellen sie sich in die direkte Tradition der *Untitled Filmstills v*on Cindy Sherman und der bis ins letzte Detail durchorganisierten Leuchtkastenbilder von Jeff Wall. Während dieser jedoch als alleiniger Vertreter der Gattung »Historienbild« in der Gegenwartskunst gelten muß, widmen sich Hubbard/Birchler dem betont Unspektakulären und Beiläufigen, was das Moment des Inszenierten zunächst in den Hintergrund treten läßt. Aber genau dort läßt es sich in der Serie *Falling Down* entdecken. Auf Anhieb bemerkt der Betrachter, daß die Person im Vordergrund und der unscharfe Hintergrund einen unterschiedlichen Realitätsgrad besitzen. Dieser Verfremdungseffekt rührt daher, daß es sich bei dem rückwärtigen Teil des Bildes um eine Rückprojektion handelt, jene längst obsolete filmische Technik, mit der bevorzugt das Fahren von Autos simuliert wurde, indem durch das Wagenfenster der Film einer

»Wir [gehen] in unseren Arbeiten immer von einer logischen Geschichte aus, die wir dann mit einer unlogischen räumlichen oder zeitlichen Situation konfrontieren.«
Alexander Birchler

Teresa Hubbard / Alexander Birchler, aus der Serie *Falling Down*, 1996, C-Print, 80 x 20 cm.
Vor blaugrün bis gelbgrün leuchtenden Wänden hält eine leicht gebeugt stehende Frau mit einer Hand ihren rosafarbenen Bademantel zu, ihrer anderen scheint gerade eine Porzellantasse mit Goldrand zu entgleiten, der blecherne Löffel ist schon auf dem Weg, ihr zu folgen. Obwohl sonst nichts zu sehen ist, werden sofort atmosphärische Assoziationen an Krankenhaus oder Altersheim geweckt, und die fallende Tasse läßt folglich an Schwächezustände und Kontrollverlust aus Alters- oder Krankheitsgründen denken. So gelingt den Künstlern die bildliche Verdichtung einer möglichen Erzählung, konzentriert auf einen einzigen Moment.

vorüberziehenden Stadt oder Landschaft projiziert wurde. Aber auch die Personen selbst sind in den Bildern von *Falling Down* eine Art von Projektionsfläche, da sie nur ansatzweise charakterisiert sind, stets kopflos bleiben und ohne Füße. Das entspricht zwar filmischen Konventionen, dient aber hier weniger einem Blick aufs Detail als dazu, eine personifizierte Geste zu verbildlichen und den entscheidenden Augenblick des Triumphes der Schwerkraft. Das Erstaunlichste daran ist, daß selbst dieser Triumph nur ein scheinbarer ist: In Wirklichkeit arbeiten Hubbard und Birchler beim Aufbau des Bildes nämlich in drei Schichten, und das fallende Objekt selbst ist der eigentliche Hauptdarsteller. Es wurde zunächst an Fäden aufgehängt, in der Luft fixiert, danach erst wurde eine passende menschliche Geste dazugestellt. Diese Mehrschichtigkeit der Konstruktion betrifft auch die narrative Ebene, was bei aller Realitätsnähe doch wieder alle Deutungsversuche in der Schwebe hält.

Einen Schritt weiter in Richtung Film bewegt sich **James Coleman**. Seine Diaserien bleiben zwar eine Folge von Einzelbildern, aber sie besitzen eine festgelegte zeitliche Abfolge und, vor allem, eine Tonspur. Seltsamerweise hat außer Coleman kein anderer Künstler die Diaschau als Schwellenphänomen zwischen Fotografie und Film mit nennenswerter Konsequenz betrieben.

Nur auf den ersten Blick wirken die Bilder wie eine Folge von Standbildern aus einem Film. Schnell wird eine andere wesentliche Inspirationsquelle deutlich, der Fotoroman. An Trivialität kaum zu überbieten, entnimmt ihm Coleman insbesondere formale Kriterien, um neue Möglichkeiten des Erzählens in Bildern zu erfinden. Es sind dies insbesondere eine stumme Form des *Overacting*, das ständige Sich-in-Pose-Werfen, was zur Folge hat, daß die Figuren weniger in einem Film zu agieren scheinen als in einer Folge von Tableaux vivants. Ein weiteres dem Fotoroman entlehntes Spezifikum ist die häufige Verwendung des sogenannten *Double Face Out,* also einer Kameraeinstellung, in der zwei Personen, die miteinander agieren oder sprechen, aus dem Rahmen hinaus und möglichst in die Kamera, auf jeden Fall aber aneinander vorbei blicken. Eigentlich dient das Mittel dazu, sowohl Aktion als auch Reaktion, Frage und Antwort, Schuß und Gegenschuß in einer Einstellung zu verbildlichen. Aber gerade durch ihre Häufung führt diese Form der erzählerischen Verdichtung zu einer extremen Verfremdung, insbesondere in Momenten, die man sonst als dramatische Höhepunkte empfinden würde.

Die grundlegende Verfemdung in Colemans Arbeiten besteht jedoch in der relativen Unabhängigkeit von Bild- und Tonspur. In *INITIALS* beispielsweise wird der Text nicht nur von einem Mädchen gesprochen, einer Stimme, die man keiner der handelnden Personen zuordnen kann, er wird auch beständig fragmentiert und wiederholt. Dieses Stocken und Auf-der-Stelle-Treten dehnt die Zeit und läßt die ohnehin nur allmählich wechselnden Bilder oft noch länger anwesend scheinen, als sie es sind. Durch diese Betonung des Disjunktiven, des Erzählens in Einzelbildern und mit vielen Ellipsen wird der Betrachter beständig auf Distanz gehalten – genau das filmtypische Eintauchen und Sichverlieren wird ihm unmöglich gemacht. Die Erzählung bleibt fragmentarisch und in ihrer Rätselhaftigkeit sehr poetisch. Trotz des perpetuierten Stillstandes – die Figuren selber stehen still, scheinen stets in sich gekehrt und nachdenklich, kaum einmal in Aktion – erweckt die Bilderfolge den Eindruck, als sei die Geschichte beständig im Fluß, noch im Werden.

James Coleman, *INITIALS*, 1993-94, Diaprojektion mit synchronisierter Tonspur.
Die Geschichte bleibt schwer zu entziffern, denn nichts paßt wirklich zusammen: Bild und Tonspur, Räume und Kostüme, Rollen und Darsteller führen in Colemans komplexem Fotoroman jeweils ein Eigenleben.

»Die wahre Suche zielt auf das Leben und das Sein, das Medium ist nur das Werkzeug.«

Bill Viola

Während die Fotografie mehr und mehr zu Formen des Erzählens findet, ist gerade die Videokunst, von der man Narratives im Kunstkontext noch am ehesten erwarten würde, in den meisten Fällen bestrebt, dieser Erwartung entgegenzuwirken, sich zumindest herkömmlichen Erzählformen zu verweigern. Das kann, vor lauter Abgrenzungsbemühungen gegenüber dem Kino, in große Angestrengtheit ausarten (wovon die minimalen Verweildauern in den stickigen Dunkelkammern der Ausstellungshäuser beredt Zeugnis ablegen) – muß es aber nicht.

Monitormalerei

Des öfteren bricht die Videokunst auch noch mit anderen Konventionen des Films, wenn sie beispielsweise das Fließen und Vergehen der Zeit anhält, umkehrt oder zum Stocken bringt. Damit knüpft sie beinahe nahtlos an die narrativen Formen der Fotografie und an künstlerische Strategien wie die Abfolge von Einzelbildern bei James Coleman an.

Das kann im Extremfall so weit gehen, daß wir bei der Betrachtung eines Videos zunächst nur ein stehendes Bild zu sehen wähnen, wofür **Anne Katrine Dolven** gleich eine ganze Reihe von Beispielen liefern könnte. Sie knüpft in vielen ihrer Videoarbeiten direkt an die Geschichte der Malerei an, variiert Bilder Munchs wie *Der Kuß* oder *Die Pubertät* und verschiedene malerische Gattungen, namentlich Landschafts- und Porträtdarstellungen, aber auch das Stilleben. In der schlicht *Still Life* betitelten Arbeit sehen wir das Bild einer weißen Tulpe, deren Farbigkeit ganz offenbar künstlich ist. Dann taucht die Spitze eines Pinsels im Bild auf, der Blütenblätter und Stiel weiter mit weißer Farbe zu überziehen scheint. Im Verlauf dieses Vorganges wird aber bald deutlich, daß die Zeit nicht nur sehr gedehnt, sondern auch rückwärts verläuft:

Anne Katrine Dolven, *Still Life*, 1998, Video ohne Ton, 9'05'. Aus dem Bild einer gemalten, besser: bemalten Blume wird das Bild einer »natürlichen« Blume. Dolven gibt der Natur zurück was der Natur gebührt: In ihren Videoarbeiten reflektiert sie die Geschichte der Malerei und das Wesen der Zeit, die sie als reversible Prozesse vorführt.

Der Pinsel scheint die Blume vom Überzug der zähen weißen Farbe zu befreien und in einem sehr behutsamen Prozeß der Wiederherstellung, mit fast zärtlich wirkender Geste, die Blütenblätter wieder in ihren Urzustand zu versetzen, so daß sie am Ende rot vor uns erstrahlt. Dieses allmähliche Erröten läßt sich durchaus auch programmatisch deuten. Anders als die Malerei, welche die Naturschönheit im Stilleben still stellt, indem sie sie unter einer dicken Farbschicht begräbt, und so die Vergänglichkeit alles Irdischen zugleich aufhebt und thematisiert, befreit diese Art der Videokunst die Natur von der Versiegelung durch Farbe, vielleicht sogar von der Überfrachtung mit Symbolik und läßt sie für sich selbst sprechen.

Bill Viola, *The Quintet of the Astonished*, 2000, DVD, Projektor, Leinwand, 137 x 244 cm. Durch die extrem gedehnte Zeit entfalten sich auf allen Gesichtern erstaunlich vielfältige Nuancen von Gefühlsregungen, die der Statuarik der Figuren zum Trotz eine Fülle an Geschehen vermitteln. Es ist dieses Versenken in das Unscheinbare, in den flüchtigen Moment, der einen förmlich zu einer längeren Betrachtung dieses Bildes zwingt, immer neue Konstellationen, Blicke, Beziehungen der Menschen untereinander und den Reichtum einer eigentlich minimalen Zeitspanne entdecken läßt.

Noch mehr als Malerei getarnt gibt sich die Arbeit *The Quintet of the Astonished* von **Bill Viola**. Anders als das Stilleben von Dolven, das sich als ein Monitorbild auf Sockel präsentiert, wird Violas Video als Projektion im abgedunkelten Raum gezeigt. Die fünf Menschen vor neutral schwarzem Hintergrund erscheinen lebensgroß, stumm und scheinbar unbewegt. Auch stehen sie so dicht aneinandergedrängt, daß man sich eher an gemalte Bildräume als an einen wirklichen Raum erinnert fühlt. In extremer Zeitlupe verändern sich Mimik und Gestik der fünf Personen, die aber ansonsten an ihrem Ort verharren. Im Unterschied zum im Titel angesprochenen Erstaunen zeigen alle Fünf Regungen des Schmerzes, von tiefer Trauer, Verzweiflung und Entsetzen und, daraus folgend, Gesten des Innehaltens, der Nachdenklichkeit und des Tröstens. Alle verfolgen mit Blicken ein Geschehen, das außerhalb des Bildfeldes stattfindet und uns daher verborgen bleibt.

Daß die extremen Gesten, die pathetischen und manchmal etwas übertrieben wirkenden Haltungen

»Ich habe unendlich lange gebraucht zu begreifen, daß ich überhaupt in einer Tradition arbeite. [...] Ich nahm einfach an, daß es generell in der Kunst darum geht, etwas zu machen, was noch keiner gesehen hat [...]. Klassische Kunst oder Malerei im Sinne der Alten Meister oder gar ein künstlerisches Produkt, das meiner Mutter gefallen hätte, waren als Ursache des Problems zu meiden.«

Bill Viola

kaum auffallen, mag daran liegen, daß sie der zerdehnten Zeiterfahrung in Momenten extremer emotionaler Beanspruchung gleichen; in jedem Fall laden sie dieses zunächst schlicht scheinende Bild mit einer ungeheuren psychischen Spannung auf.

Dabei bedient sich Viola einer alten filmischen Weisheit, die besagt, daß man, um Gefühle beim Zuschauer hervorzurufen, nicht eine Aktion, sondern die Reaktion eines im Film anwesenden Zeugen zeigen müsse. Allerdings würde in einem herkömmlichen Film zumindest ein Hinweis gegeben, welches Geschehen der Zeuge denn nun wahrnimmt. Dieses Wissen enthält uns Viola vor, so daß sich jeder Zuschauer selbst ausmalen kann oder muß, was es so Schreckliches zu sehen gibt. Es schadet jedoch auch nicht zu wissen, daß sich der Künstler hier an Passionsbildern, insbesondere an Betrachtergruppen aus Gemälden von Hieronymus Bosch und Pieter Breughel orientiert hat und daß das, was aus dem Blickfeld geraten ist, der einstige religiöse Kern, der dornengekrönte und kreuztragende Christus ist.

Skulptural

Was die vorgenannten Werke mit denen **Matthew McCaslins** verbindet, ist die wichtige Rolle, die zeitliche Phänomene darin spielen. In McCaslins Videoskulpturen laufen die Bänder stets in Endlosschleifen über die Bildschirme, aber so gut wie nie in »Echtzeit«. Es sind langsam in sich zusammensinkende gesprengte Hochhäuser, in Zeitraffer erblühende Blumen oder hastig beschleunigte Sonnenuntergänge. Damit nicht genug, verwendet der Künstler in zahlreichen Arbeiten die eingeblendeten Laufwerkszahlen und Zeitcodes der Videobänder, die zwar keinerlei praktischen Anhaltspunkte mehr liefern, aber das rasende Verstreichen der Zeit beziffern und so veranschaulichen. Diese lineare Bewegung verläuft konträr zur kreisförmigen Endlosbewegung des Videoloops, aber auch zu den in viele Skulpturen integrierten Uhren. Diese gehen zwar »richtig«, also in ihrem gewohnten Takt, aber zugleich nach dem Mond, das heißt: jede zeigt eine beliebige Zeit an und keinesfalls die jeweilige Ortszeit. Auch in *Power Flower* ist die Uhr nur Teil eines großen Stromkreislaufes, der alle Bestandteile der Skulptur miteinander verbindet. Immer sind McCaslins Arbeiten von einem organischen Geknäuel von Kabeln umwickelt, einem Gewirr von Mehrfachsteckdosen, Baulampen, Leuchtstoffröhren und Schaltern umgeben, die dem Ganzen einerseits einen hochtechnischen Anstrich gebündelter Energie verpassen, andererseits den Ensembles auch den Charme von Hobbykellern und Do-it-yourself-Baustellen verleihen.

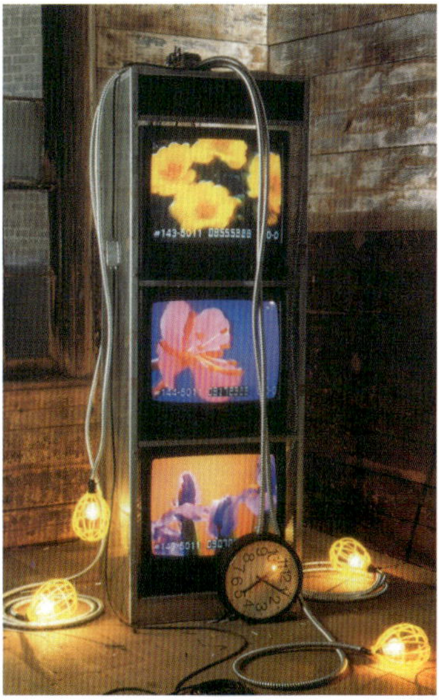

Matthew McCaslin, *Power Flower*, 1995, Metallregal, Bildschirm, Videorekorder, Uhren, Lampenfassungen, elektrische Teile, 180 x 90 x 90 cm, Sammlung Hubert Neumann, New York. Die in metallische Spiralwicklungen eingehüllten Elektrokabel amerikanischer Provenienz, die aussehen wie hiesige Duschschläuche, verbinden als organisch wuchernde, energieliefernde Versorgungsadern in den akkumulativen Videoskulpturen McCaslins Licht und Bild, Zeit und Raum.

Dieses Unabgeschlossene und Provisorische läßt auch noch die komplexesten Installationen McCaslins flüchtig und temporär erscheinen. Demgegenüber stehen die ewig wiederkehrenden Prozesse der Natur, die zwischen romantisierender Feier des Schönen und durch Repetition völlig entleertem Klischee pendeln. Letztlich erzeugt der Künstler mit hohem technischen Aufwand nur Natur-Surrogate: Wind aus Ventilatoren, Meeresrauschen aus Lautsprechern vom Endlostonband, Licht aus Glühbirnen und bewegtes Leben als explosionsartig beschleunigte Videoschleife. Trotz der vermeintlichen Nüchternheit der überdeutlich offengelegten Konstruktionsprinzipien, der elektrischen Systeme und konkurrierenden Videobilder, scheint sich in McCaslins Arbeiten doch eine melancholisch gefärbte, romantisch geprägte Natur-Technik-Dichotomie auszusprechen und ein Hang zur der Vergänglichkeit abgetrotzten Schönheit.

Anders als bei McCaslin wird bei **Tony Oursler** nicht der technische Apparat zur Skulptur, sondern das Videoband selbst in Gestalt einer Projektion auf einen dreidimensionalen Gegenstand, meist in Verbindung mit weiteren plastischen Bestandteilen. Fast immer sind es

»Video ist wie Wasser, eine völlig ätherische Form, die vierzig Jahre lang im Fernseher eingesperrt war.«

Tony Oursler

Gesichter, die der Künstler zeigt, in den meisten Fällen das der Schauspielerin Tracy Leipold. Schon durch den engen Bildausschnitt entindividualisiert, der das Gesicht gerade vom Kinn bis zum Haaransatz zeigt, geriert sich die Mimin oft derart exaltiert, grimassierend oder hysterisch, daß wenig von herkömmlicher Schauspielkunst übrigbleibt. Von der Intensität der Darstellung fühlt sich aber der Betrachter direkt psychisch und emotional angegangen, entweder abgestoßen oder fasziniert. Oursler projiziert diese Gesichter häufig auf leere Ovalformen, die als Köpfe auf textilen Körpern ohne Gliedmaßen sitzen, leere Hüllen zumeist, so daß die Figuren weniger wie Puppen als wie Vogelscheuchen aussehen. Sie können die unterschiedlichsten Formate annehmen, sind aber oft klein bis winzig und in den unangenehmsten Situationen dargestellt: Eingeklemmt unter schweren Möbeln, an Stangen aufgespießt, eingesperrt in Koffern oder Truhen artikulieren sie manische Monologe, wüste Beschimpfungen oder direkte Hilferufe.

In einer ganz ähnlichen Zwangssituation befindet sich auch der untergetauchte Kopf von *Submerged*, auch wenn er hier ausnahmsweise einmal stumm bleibt. Im ersten Moment vielleicht belustigend, erscheint bei längerer Betrachtung für das körperlose Wesen doch ein Tod durch Ertrinken unausweichlich – es sei denn, man rettet sich in die Metaphorik: Dann ist das blau angelaufene Gesicht vielleicht nur das Bild für einen permanenten Angstzustand, für die Vorstellung, ein Leben lang die Luft anhalten zu müssen.

Der Betrachter mag zwischen Furcht und Mitleid schwanken, letztlich wird er die Puppen doch eher als Projektionsflächen einer »höchst paranoiden« (Oursler) gespaltenen Persönlichkeit ansehen, weniger als ein Identifikationsmodell und mehr als eine Art von Voodoopuppe mit kathartischer Funktion.

Tony Oursler, *Submerged*, 1996, Videorekorder, Band, Projektor, Holz, Plexiglas, Keramik, Wasser, 135 x 28 x 28 cm. Die bildgewordene Psychose: Auf ein maskenähnliches Keramikoval projiziert, das in einem wassergefüllten Aquarium lehnt, bläst das ganz in bläuliches Licht getauchte Gesicht die Backen auf, schielt nach oben zur Oberfläche, scheint sich im Raum auch außerhalb seines gläsernen Gefängnisses umzusehen und kneift die Augen zusammen, als wolle es nicht wahrhaben, was es erblickt.

Formen der Umzingelung – Der Triumph über das Kino

Mit der Darstellung von extremen Seelenzuständen beschäftigt sich auch **Douglas Gordon**, insbesondere mit den direkten körperlichen Ausdrucksweisen solcher psychischen Dispositionen. Dafür bedient er sich stets gefundenen Filmmaterials, seien es uralte dokumentarische Filmstückchen aus Nervenheilanstalten, Mitschnitte von Rockkonzerten oder Hollywood-Spielfilme. Inhaltlich interessieren ihn dabei der schmale Grat zwischen Gut und Böse, Leben und Tod, Wahnsinn und Normalität und die Gegensätze von dokumentarischem und gespieltem Film, kollektiver und privater Erinnerung. Dieses dualistische Denken drückt sich auch in vielen seiner Videoinstallationen aus, in denen beispielsweise zwei mal die gleiche Projektion auf rechtwinklig aneinanderstoßenden Leinwänden gezeigt wird, einmal positiv, einmal negativ, oder aber in unterschiedlichen Geschwindigkeiten. Es kann auch sein, daß auf eine Leinwand aus verschiedenen Richtungen zwei verschiedene Filme projiziert werden oder ein Film unmerklich die Laufrichtung wechselt. Nicht nur dank düsterer Stimmung und extremer Verlangsamung, sondern eben auch durch die räumliche Positionierung der Leinwände wird der Betrachter Teil des Geschehens. Das entspricht dem Involviertsein des Künstlers selbst, der bei aller Konzeptualität stets danach strebt, seine persönlichen Lebenserfahrungen mit ins Spiel zu bringen.

Thematisch umkreist Gordon dabei moralische und ethische Fragen, wie die nach Schuld und Sühne, und solche nach Erinnerung und Identität. Insbesondere letzteres ist ein zentrales Thema in Filmen von Alfred Hitchcock, weshalb Gordon sich mit dessen Werk gleich mehrfach auseinandergesetzt hat. Das bekannteste Beispiel ist zweifellos *24 Hour Psycho* und besteht in einer eigentlich simplen Manipulation: Hitchcocks klassischer Film wird seiner Tonspur beraubt, auf eine Länge von 24 Stunden gedehnt und als Projektion auf freischwebender Leinwand im Ausstellungsraum ge-

»Also, einerseits befreit man die Bilder und andererseits verwirrt man den Betrachter, so daß er nicht mehr recht weiß, worum es eigentlich geht. Und um genau diese Konfusion geht es mir. Die finde ich positiv und produktiv.«

Douglas Gordon

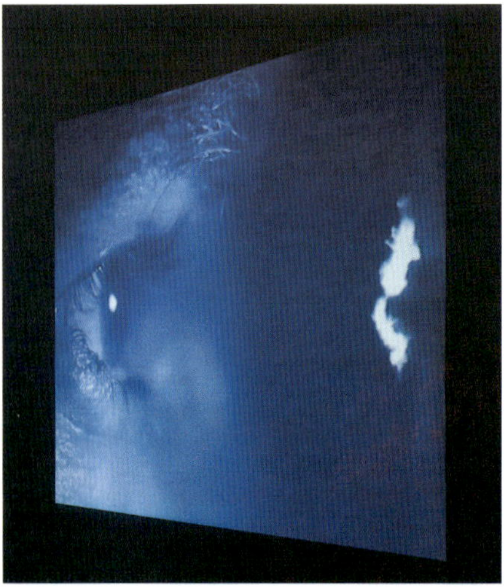

Douglas Gordon, *24 Hour Psycho*, 1993, Installationsansicht Van Abbemuseum, Eindhoven.
Was kein Auge je gesehen hat: Vierundzwanzig Stunden *Psycho* mutet Gordon dem Betrachter theoretisch zu, wohl wissend, daß es den wenigsten vergönnt sein wird, mehr als nur ein Bruchstück aus seiner zeitlupenzerdehnten Hitchcock-Adaption zu erfassen. Was er im Blick hat, sind die Ergänzung aus der Erinnerung und das Nachdenken darüber.

zeigt. Durch die Trennung des Bildes vom Ton einerseits – die Musik steuert gerade bei *Psycho* viel zu der Suggestivkraft einzelner Szenen und der Spannung des Filmganzen bei – und die extreme Zeitdehnung andererseits sieht man als Betrachter nicht nur einen ganz anderen Film, man wird zugleich zurückgeworfen auf seine eigene Befindlichkeit, aber auch auf seine (in den meisten Fällen vorhandene) eigene Erinnerung an den Film, auf das, was man im nächsten Moment erwarten zu können glaubt. Es ist die Thematisierung eines Erinnerungsprozesses durch Wiederholung, die uns hier vor Augen steht, die beinahe schon therapeutisch-analytische Beschäftigung mit der Angst und, einmal mehr, die Relativität der Zeit.

Die auch von Gordon häufig angewandte Mehrfachprojektion avancierte im Laufe der 90er Jahre fast zum Standard von Videoarbeiten. Künstler wie **Eija-Liisa Ahtila** verwenden sie aber längst nicht mehr nur um ihrer analytischen oder verfremdenden Qualitäten willen. Ihre Werke kommen ungleich filmischer daher als die von Gordon, und das nicht nur, weil sie ausschließlich selber dreht anstatt auf gefundenes Material zurückzugreifen. Der verhältnismäßig traditionelle filmische Stil manifestiert sich insbesondere in der Bildsprache Ahtilas und in dem durchgängig narrativen Charakter ihrer Arbeiten. Daß sie etwas zu erzählen hat, drückt sich nicht zuletzt darin aus, daß sie die im finnischen Original gezeigten Filme stets mit englischen Untertiteln versieht, sobald sie im Ausland präsentiert werden. Entspricht das noch alles den Kinokonventionen, so ist die Erzählhaltung der Künstlerin doch grundverschieden vom Allerweltsspielfilm unserer Tage.

»Natürlich bin ich besessen von moralischen und ethischen Fragestellungen. Ich glaube, jeder ist das. Ich finde das sehr normal.«

Douglas Gordon

Beinahe durchgängig verwendet sie eine multiperspektivische Form des Erzählens, und virtuos setzt sie dafür die *split screen*-Technik in unterschiedlichen Variationen ein. Entweder zeigt sie zu einer Tonspur drei parallel nebeneinander projizierte Handlungen, in der ein und dieselben Personen ganz unterschiedlich agieren, oder der Zuschauer kann, an drei von vier Seiten des Raumes von Leinwänden umgeben, wie in einer Art 3-D-Kino ein Geschehen von drei verschiedenen Kamerastandpunkten gleichzeitig verfolgen. Wobei die Kombination der drei Seiten aber nie ganz bruchlos funktioniert, so daß am Ende beim Betrachter statt einem Gefühl des völligen Bescheidwissens eher eines der Verunsicherung vorherrscht. Für *TODAY* benutzt Ahtila ebenfalls drei rechtwinklig zueinanderstehende Projektionen, wobei aber jede Leinwand einer der drei Figuren vorbehalten bleibt, die nie gleichzeitig in Erscheinung treten.

Was Ahtila erzählt, sind meist melancholisch grundierte Beziehungsdramen, Konflikte von Geschlechtern und Generationen. Dabei sind ihre Filme letztlich immer monologisch strukturiert, nie reden die Menschen miteinander, stets wird aus dem Off oder direkt in die Kamera gesprochen. Das verleiht den Arbeiten einerseits einen dokumentarischen Touch, vereinzelt aber andererseits die Charaktere und degradiert sie bisweilen zu bloßen Sprachrohren. Die Wahrheit kann keine der drei angebotenen Perspektiven für sich allein beanspruchen, aber auch zusammen ergeben sie höchstens eine kaleidoskopische Geschichte in der Möglichkeitsform.

Eija-Liisa Ahtila, *TODAY / Tänään*, 1996/97, 3-Kanal Video-Installation mit Ton, 10 Min., drei Leinwände mit Aluminiumrahmen, je 290 x 390 cm, drei Stühle. Tochter, Vater und eine ältere Frau erzählen jeweils ihre Fassung der Geschichte vom Leben, vor allem aber Sterben des Großvaters, die sich aber weitgehend widersprechen: mal war es ein Unfall, dann ein Selbstmord; auch die verwandtschaftlichen Beziehungen der Figuren geraten immer mehr ins Wanken, so daß am Ende der Betrachter vor einem Scherbenhaufen steht, aus dem er sich seine eigene Geschichte zusammensetzen muß.

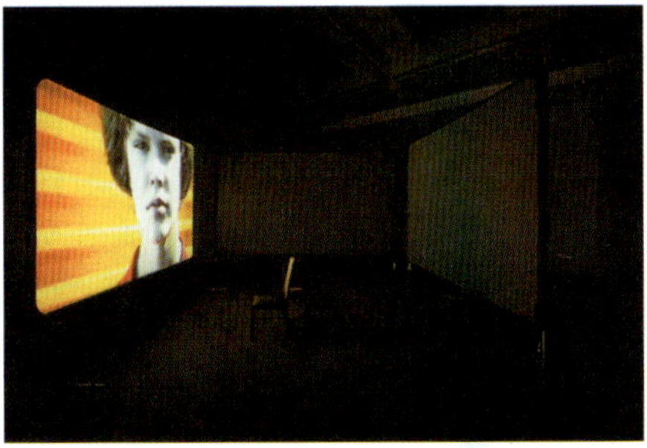

Ebenfalls nach filmischen Methoden, mit Schauspielern, Kameramännern und einem Drehbuch, geht **Sam Taylor-Wood** in ihren Filmarbeiten vor. Die Mehransichtigkeit führt sie allerdings noch weiter als Ahtila. In *Third Party* werden auf alle vier Wände eines abgedunkelten Raumes Filme projiziert, sieben an der Zahl, in unterschiedlichen Formaten, aber mindestens lebensgroß. Sechs Kameras behalten dabei eine starre Position, während die siebte eine bewegliche Handkamera ist. Alle bebildern das Geschehen in einem einzigen Raum; fünf der Kameras sind jeweils einer Person zugeordnet, eine sechste zeigt einen leeren Platz auf dem Sofa, mit der Andeutung einer Figur in der Nähe, die siebte ist dem Aschenbecher vorbehalten, der in der zehnminütigen Sequenz geradezu bedrohlich voll wird. Nur zwischen drei der beteiligten Akteure läßt sich eine Beziehung erkennen bzw. konstruieren: eine Frau flirtet mit einem jungen Mann und wird dabei von ihrem Partner mit wachsendem Argwohn vom Sofa aus beobachtet – ein Geschehen, das sich über drei Projektionsflächen erstreckt. Eine junge Frau tanzt die ganze Zeit für sich allein auf der Stelle, eine ältere, von der nur der Kopf zu sehen ist, beobachtet das Ganze und raucht.

Anders als bei Ahtila lassen sich die Bestandteile widerspruchsfrei zusammenfügen, in dieser Hinsicht bleibt Taylor-Woods Erzählhaltung konventionell. Sie macht sich filmische Konventionen auch insofern zunutze, als sie sich nicht ganz unbekannter Darsteller bedient, die in die wenig ausformulierte Handlung allein durch ihr Image, ihre Rollenklischees schon eine unterschwellige Charakterisierung der beteiligten Figuren einbringen. Insgesamt bleibt jedoch die Handlung fragmentarisch genug, um der Phantasie des Betrachters jede Menge Raum zu gewähren, insbesondere, da nur wenig gesprochen wird und die Aktionen auf ein Minimum beschränkt sind. Zumal es dem Betrachter gar nicht möglich ist, sich anders als ein weiterer Gast der Party zu verhalten, er kann immer nur Bruchstücke wahrnehmen, nie alle Bilder um sich herum.

Sam Taylor-Wood, *Third Party*, 1999, sieben 16-mm-Film-Projektionen mit Ton, auf DVD übertragen, 10 Minuten, Maße variabel, Installationsansicht.
Dieser Film in sieben Ansichten zeigt einmal mehr Taylor-Woods Interesse an gestörten sozialen Situationen. Obwohl vieles daran alltäglich, ja banal erscheint – die Isolation der Menschen auf einer Party, bei der das einzig Verbindende die den ganzen Raum erfüllende Musik ist, alle rauchen und trinken um die Wette und in einer Ecke bahnt sich eine Beziehungskatastrophe an – ergibt sich doch durch die betonte Vereinzelung der Elemente eine ganz ungewohnte Seherfahrung.

Die dritte Partei, von der der Titel auch spricht, könnte also den Betrachter als Beobachter meinen, den personifizierten Blick von außen. In dieser beobachtenden Rolle hat er noch immer die Wahl, ob er sich mit dem düpierten Ehemann als dem höchst beteiligten Zuschauer in der Dreieckskonstellation identifiziert oder mit der gleichmütig alles distanziert betrachtenden Raucherin.

Obwohl auch **Doug Aitken** sich einer ähnlichen multimedialen Umzingelungstaktik bedient wie Taylor-Wood, ist er doch gerade bestrebt, filmische Klischees und Konventionen erfahrbar zu machen, statt einer gesteigerten Kinoerfahrung also eher eine kritische Analyse derselben zu liefern. Allerdings thematisiert er nicht das Hollywood-Kino, sondern dessen indische Entsprechung, die Filmindustrie von Bombay. Diese inzwischen *Bollywood* getauften Massenfertigungsstätten der Meterware Film sind von weitreichender kultureller Bedeutung. In dem in weiten Teilen von Analphabetismus geprägten Vielvölkergemisch des Subkontinents stellen die Filme aus Bollywood ein identitätsstiftendes kulturelles Phänomen dar, das in hoch standardisierten, formelhaften Erzählstrickmustern und dank der extremen Betonung des Bildlichen auf Kosten des dialogischen Elementes des Films eine sehr spezifische und direkte Form der Kommunikation bietet. Trotz primitivster Produktionsbedingungen werden hier in aberwitziger Geschwindigkeit Filme für ein riesiges Publikum produziert.

»In den staubigen Tonstudios von Bombay existiert der Entwurf für die Zukunft der Kommunikation.«

Doug Aitken

Doug Aitken, *into the sun*, 1999, 4-Kanal-Video-Installation mit Ton, 10 Min., Grobnessel, Erde, Maße variabel, Projektion je 480 x 360 cm, Detail. Aitkens Blick auf Dreharbeiten in Bollywood richtet sich sowohl hinter als auch auf die Sets, nimmt immer wieder Statisten und Aufbauarbeiten genauso ins Bild wie die vergötterten Stars.

All diese Aspekte vermittelt Aitken in seiner Installation *into the sun*, die es dem Besucher ermöglichen soll, intuitiv und sinnlich die vielfältigen Aspekte dieser Mythenmaschine zu erfassen. Auf drei Wände werden vier Projektionen geworfen, eine zeigt beständig das starre Auge einer Kameralinse, die anderen drei zunächst nur Standfotos von Dreharbeiten in Bollywood. Diese werden zunehmend dynamisiert, indem die Kamera über die Fotos hinweggleitet, Ausschnitte heranzoomt etc., bis sich allmählich eine »normale« filmische Bewegung einstellt. Diese nichtlinearen Zeitverläufe und Manipulationen der Bildgeschwindigkeit sind nach dem Willen des Künstlers als Methode zu verstehen, sich in »einem Raum zwischen Film und Wirklichkeit« zu verlieren, ähnlich dem von Bollywood.

... und wünsche Ihnen einen recht guten Empfang

Sich in einer Zwischenwelt zu verlieren, dafür scheint das Fernsehen geradezu erfunden worden zu sein, mit Sicherheit ist es das am weitesten verbreitete Sedativum der Menschheitsgeschichte. Die Verwandtschaft der Video-Technik mit dem Fernsehgerät liegt auf der Hand, und vor der Erfindung der Videobeamer wurden künstlerische Videofilme schließlich auch nur auf kleinen Monitoren gezeigt. Von Beginn an fand jedoch in der Videokunst auch eine Auseinandersetzung mit dem Medium Fernsehen auf einer inhaltlichen, nicht nur technischen Ebene statt, schon seit den »Urahnen« Paik und Vostell. Auch heute noch liefern Formen des Fernsehens den Rohstoff für spannende künstlerische Auseinandersetzungen.

In sehr direkter Weise widmet sich **Christian Jankowski** dem Fernsehen. Er nimmt die Extremformen televisionären Schwachsinns aufs Korn, die in dieser Form hierzulande bislang nicht existieren, den Fernsehprediger US-amerikanischer Prägung oder Live-Wahrsage-Shows all'italiana. Diese verknüpft er dergestalt mit einer Selbstreflexion über den Entstehungsprozeß eines Kunstwerkes, daß sich beides ununterscheidbar miteinander vermischt.

Christian Jankowski, *Telemistica*, 1999, Video mit Ton auf DVD, 22 Min. Die arme Fernsehhexe weiß nicht, daß sie gerade im Begriff ist, sich selbst in der Rolle des Kunstwerks zu kommentieren und damit zugleich ihren Ruf als Wahrsagerin zu verlieren – sonst hätte sie schließlich um die Doppeldeutigkeit der Frage des Künstlers gewußt: »Wie werden die Leute über mein Werk denken, wenn sie es sehen?«

Für *Telemistica* rief der Künstler bei verschiedenen italienischen Horoskop-Sendungen an und stellte Fragen über die Zukunft seines neuen Kunstwerkes und seiner eigenen Karriere, wie »Ist die Idee für meine neue Arbeit die richtige?« oder »Wie werden die Leute über mein Werk denken, wenn sie es sehen?«. Das Werk aber besteht aus nichts anderem als den aufgezeichneten Antworten. Daß die aus den Karten herausgelesenen Prophezeiungen der fünf verschiedenen Fernseh-Orakel einander widersprechen würden, war leicht vorauszusagen, entbehrt dennoch nicht einer gewissen Komik. Wesentlich erhellender ist jedoch, daß die versammelten Wahrsagerinnen eigentlich sich selbst kommentieren und damit nicht nur ihren eigenen Hokuspokus ad absurdum führen, sondern auch, als Werk und Werkkommentar in einem, erhebliche Zweifel schüren an den Gestaltungsspielräumen und am Grad der Entscheidungsfreiheit eines zeitgenössischen Künstlers – schließlich steht schon alles in den Sternen, Karten und Kristallkugeln – und seinen bescheidenen Erfolgsaussichten in einer mit Fernsehbildern überfütterten Gesellschaft. Ins Positive gewendet könnte man auch formulieren: Nur wer sich selbst den Erfolg auf möglichst vielen Kanälen prophezeit, wird ihn auch bekommen.

Auch für **Bjørn Melhus** ist das Fernsehen der Ausgangspunkt für seine künstlerische Arbeit. Er bedient sich jedoch erstaunlicherweise fast ausschließlich der Tonspuren, die er dort findet. Sein Vorgehen entspricht weitgehend den mehr oder minder musikalischen Me-

Bjørn Melhus, *Again & Again (The Borderer)*, 1998, Video mit Ton für 8 Monitore.
In pulsierendem Maschinenrhythmus werden die Klone wie am Fließband produziert, schweben horizontal vorbei oder schieben sich als gespenstischer Massenaufmarsch quer über den Bildschirm. Wie ein Signal zur Attacke erschallt vom Band immer wieder der Ruf »kill, kill«, und es scheint, als ob dieser Angriff der Klonkrieger allem Fremden gelte: Übrig bleiben lauter Ichs. Eine Horde von freundlich harmlosen Menschlein, frisch gepflückt, und eine Bedrohung von alptraumhaften Ausmaßen.

thoden des Sampling, wie sie in vielen Bereichen der zeitgenössischen populären Resteverwertungsmusik gängig sind. Melhus sammelt, kopiert, schneidet, multipliziert, ändert Tonhöhen und Geschwindigkeiten und erstellt so aus Musik und Dialogschnipseln einen völlig neuen Soundtrack. Bei *Again & Again (The Borderer)* entstammt der zugrundeliegende Dialog einer US-amerikanischen Verkaufsfernsehsendung für Schmuck. Gespielte Entzückensschreie und exaltierte Rufe der Bewunderung sind an sich schon von extremer Künstlichkeit. Indem der Künstler sie zusätzlich in piepsig-kindliche Tonhöhen pitcht, bekommen sie einen noch befremdlicheren, zwischen Kind und Maschine anzusiedelnden Klang-Charakter. Der ist das Pendant zu dem, was wir sehen: Der Künstler als geschlechtsneutrale Erscheinung, in weißer Männerunterwäsche, aber blondiert und geschminkt, bewegt sich vor riesigen grünen Blättern in einer merkwürdig roboterhaft anmutenden Choreographie. Ein schlagendes Herz und ein durchgehender Computerbeat sind zu hören, das Wesen spricht: »look at this – this is a great opportunity«. Darauf erscheint ein Zwilling der ersten Figur auf dem Bildschirm und es beginnt ein Reigen der ungeschlechtlichen Fortpflanzung.

Sind es für Melhus die Texte in der Fernsehflut, die ihn inspirieren, so ist es für **Pipilotti Rist** in erster Linie die Musik. Sowohl die Struktur und Ästhetik von Musikvideoclips als auch ganz unmittelbar einzelne Pop-Songs, die sie selbst interpretiert oder, was die weisere Variante ist, gleich ganz neu erfindet. Nur selten nehmen ihre Videos narrative Züge an, eher sind sie lyrisch empfunden, eine wilde Form von Fernseh-Poesie. Wesentliche Charakteristika sind ihre Verspieltheit,

Anarch
die vor
mern
vielen
Video

Zw
mer v
eigen
einar
exhil
reich
se S
sch
von
kar
tex
ab,
ge
ih
ur
ren Ungestüm eines Vitalitäts…
koboldhaften Herumtollen, und so gewinnt auch die Nacktheit eine beinahe unschuldige Qualität zurück.

Das lebensbejahende Gefühl, das sich darin ausspricht, versucht sie auch ihrem Publikum zu vermitteln, indem sie ihm beispielsweise die staunende Perspektive des Kinderblicks ermöglicht. Zwar wechseln Präsentationsformen und Projektionsformate ihrer Videos ständig, da die Künstlerin sie in immer anderen Zusammenhängen zeigt und in neue Installationen integriert. Generell läßt sich aber feststellen, daß Rist bestrebt ist, ihr Publikum in ihre eigene Form von Gesamtkunstwerk ganz und gar einzubeziehen. Elemente des Fließens,

…ildröhre ist der
…nenwerfer, der
… ist der Was-
…rudel, und Du
…die Perle darin.«

Pipilotti Rist

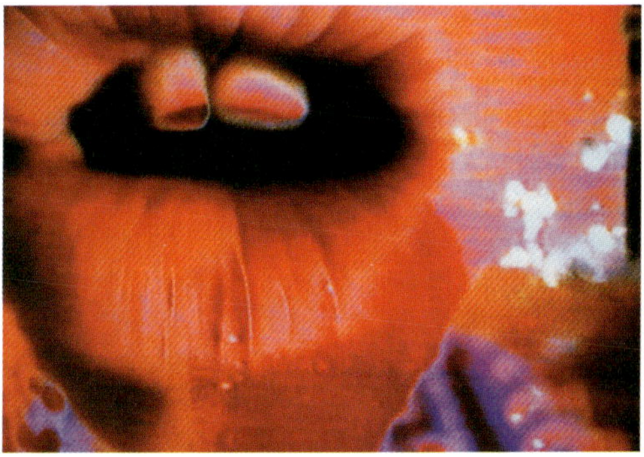

…ilotti Rist,
…kelporno, 1992,
…deo mit Ton, 12 Min.
…s gibt sehr wohl auch
…mmerzielle Musik-
…ips, die weder formal
…och inhaltlich konfor-
…istisch sind. Einige von
…nen verehre ich heiß.
…s sind regelrechte
…Kunstwerke. Der Unterschied zwischen Videokunst und solchen Clips liegt vor allem in der Rezeptionssituation und den damit verbundenen Erwartungen des Publikums (oder der verschiedenen Publikümmer)«
Pipilotti Rist.

Pipilotti Rist, *Das Zimmer*, 1994, Installation mit 10 Videobändern und -playern, einem Fernseher, Sofa, Sessel, Lampe, Bild und Lautsprechern in den Sessellehnen.
Für diese Installation baute die Künstlerin (hier gleich doppelt im Bild) eine überdimensionale Wohnzimmereinrichtung, so daß sich auch erwachsene Besucher wie zwergenhaft kleine Kinder in die Sofaecke kuscheln oder auf eine Sesselkante kauern mußten, um mit der riesenhaften Fernbedienung ihr Lieblingsvideo auf dem Bildschirm auszuwählen.

der Auflösung und Verflüssigung tauchen ohnehin in vielen ihrer Videobänder auf. Zusätzlich baut sie isolierte Guck-Kabinen oder ganze Zimmereinrichtungen, legt Ausstellungsräume mit weichem Teppich aus, taucht alles in buntes Licht und eine einlullende Musik. So daß der Besucher, sofern er sich nicht gegen so viel Überwältigungsstrategie sperrt, nur noch eintauchen kann und träumen.

»Ich arbeite hauptsächlich am Thema der Enttäuschung. Das Gefühl, daß uns die Bedeutung immer entgleitet, wenn wir sie am nötigsten brauchen; immer wenn du denkst, die Welt begriffen zu haben, so wie sie ist, und die Dinge aus der richtigen Perspektive zu sehen, passiert plötzlich etwas, das dieses Gefühl untergräbt. Deine Welt bricht zusammen und du mußt wieder von vorne anfangen.«

Peter Land

One-Man-Show – Die Wiederentdeckung des Performativen

Mehr noch als Rist steht **Peter Land** im Mittelpunkt seiner eigenen Videoarbeiten, er ist in der Regel der alleinige Akteur vor und hinter der Kamera. Damit reiht er sich in jene Tradition ein, die neben der Auseinandersetzung mit dem Fernsehen der Ursprung der Videokunst war, die Dokumentation von Performances. Anders als seine Vorläufer in den späten sechziger und frühen siebziger Jahren geht es Land aber weniger um Fragen der eigenen Körperlichkeit, der medial gespiegelten Selbstwahrnehmung oder um psychologische Exerzitien. Vielmehr geht er existentiellen philosophischen Fragestellungen nach, die er in Anlehnung an Beckett und das Theater des Absurden in slapstickähnliche Miniaturdramen verpackt. Im Gegensatz zu Bruce Nauman, der sich einst auf dieselben Wurzeln berief, besitzt Land aber die Gabe des Humors. »Lachen an sich ist ein starker Verführer. Wenn man die

Anarchie und Humor und eine poppig grelle Buntheit, die vor keiner Kitschgrenze haltmacht. Stets schimmern in ihrem fließend bewegten Kosmos durch die vielen bunten Schleier der einander überlagernden Videobilder jedoch Wirklichkeitspartikel durch.

»Die Bildröhre ist der Flammenwerfer, der Raum ist der Wasserstrudel, und Du bist die Perle darin.«
Pipilotti Rist

Zwei thematische Schwerpunkte kehren dabei immer wieder, eine kindlich staunende Weltsicht und die eigene Körperlichkeit. Oft sind die beiden schwer voneinander zu trennen, und obwohl sich Rist in exaltiert exhibitionistischer Weise häufig wenig bekleidet und reichlich weiblich vor der Kamera präsentiert, sind diese Selbstdarstellungen nur manchmal erotisch und schon gar nicht obszön. Selbst wenn man diese Form von Rists körperzentrierter Selbsterfahrung und provokanter Selbstpräsentation in einen feministischen Kontext stellen kann, so geht ihr doch all der blutige Ernst ab, mit der viele Künstlerinnen vor ihr zu Werke gingen. Denn die Pipi Langstrumpf in ihr – das Idol, das ihr den halben Namen gibt – glotzt in die Kamera, tobt und schreit; die Künstlerin inszeniert sich mit dem puren Ungestüm eines Vitatlitätsbolzens, beim kindlich koboldhaften Herumtollen, und so gewinnt auch die Nacktheit eine beinahe unschuldige Qualität zurück.

Das lebensbejahende Gefühl, das sich darin ausspricht, versucht sie auch ihrem Publikum zu vermitteln, indem sie ihm beispielsweise die staunende Perspektive des Kinderblicks ermöglicht. Zwar wechseln Präsentationsformen und Projektionsformate ihrer Videos ständig, da die Künstlerin sie in immer anderen Zusammenhängen zeigt und in neue Installationen integriert. Generell läßt sich aber feststellen, daß Rist bestrebt ist, ihr Publikum in ihre eigene Form von Gesamtkunstwerk ganz und gar einzubeziehen. Elemente des Fließens,

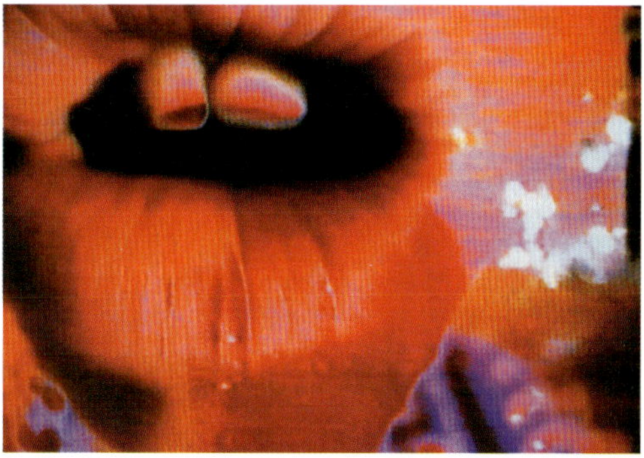

Pipilotti Rist, *Pickelporno*, 1992, Video mit Ton, 12 Min. »Es gibt sehr wohl auch kommerzielle Musikclips, die weder formal noch inhaltlich konformistisch sind. Einige von ihnen verehre ich heiß. Es sind regelrechte Kunstwerke. Der Unterschied zwischen Videokunst und solchen Clips liegt vor allem in der Rezeptionssituation und den damit verbundenen Erwartungen des Publikums (oder der verschiedenen Publikümmer)« Pipilotti Rist.

Pipilotti Rist, *Das Zimmer*, 1994, Installation mit 10 Videobändern und -playern, einem Fernseher, Sofa, Sessel, Lampe, Bild und Lautsprechern in den Sessellehnen.
Für diese Installation baute die Künstlerin (hier gleich doppelt im Bild) eine überdimensionale Wohnzimmereinrichtung, so daß sich auch erwachsene Besucher wie zwergenhaft kleine Kinder in die Sofaecke kuscheln oder auf eine Sesselkante kauern mußten, um mit der riesenhaften Fernbedienung ihr Lieblingsvideo auf dem Bildschirm auszuwählen.

der Auflösung und Verflüssigung tauchen ohnehin in vielen ihrer Videobänder auf. Zusätzlich baut sie isolierte Guck-Kabinen oder ganze Zimmereinrichtungen, legt Ausstellungsräume mit weichem Teppich aus, taucht alles in buntes Licht und eine einlullende Musik. So daß der Besucher, sofern er sich nicht gegen so viel Überwältigungsstrategie sperrt, nur noch eintauchen kann und träumen.

One-Man-Show – Die Wiederentdeckung des Performativen

Mehr noch als Rist steht **Peter Land** im Mittelpunkt seiner eigenen Videoarbeiten, er ist in der Regel der alleinige Akteur vor und hinter der Kamera. Damit reiht er sich in jene Tradition ein, die neben der Auseinandersetzung mit dem Fernsehen der Ursprung der Videokunst war, die Dokumentation von Performances. Anders als seine Vorläufer in den späten sechziger und frühen siebziger Jahren geht es Land aber weniger um Fragen der eigenen Körperlichkeit, der medial gespiegelten Selbstwahrnehmung oder um psychologische Exerzitien. Vielmehr geht er existentiellen philosophischen Fragestellungen nach, die er in Anlehnung an Beckett und das Theater des Absurden in slapstickähnliche Miniaturdramen verpackt. Im Gegensatz zu Bruce Nauman, der sich einst auf dieselben Wurzeln berief, besitzt Land aber die Gabe des Humors. »Lachen an sich ist ein starker Verführer. Wenn man die

»Ich arbeite hauptsächlich am Thema der Enttäuschung. Das Gefühl, daß uns die Bedeutung immer entgleitet, wenn wir sie am nötigsten brauchen; immer wenn du denkst, die Welt begriffen zu haben, so wie sie ist, und die Dinge aus der richtigen Perspektive zu sehen, passiert plötzlich etwas, das dieses Gefühl untergräbt. Deine Welt bricht zusammen und du mußt wieder von vorne anfangen.«

Peter Land

Leute dazu bringen kann, mit einem zu lachen statt über einen, hat man gewonnen.« Dementsprechend sind seine gefilmten One-Man-Shows nicht darauf aus, den Betrachter zu quälen, sondern ihn zu unterhalten, wie düster grundiert sie auch immer sein mögen.

Lands Liebe zur Musik manifestiert sich im Video *The Cellist*, das er entsprechend musikalisch in drei »Sätze« gegliedert hat. Im ersten betritt Land, in schwarzem Anzug, weißem Kragen und einer etwas zu bunt geratenen Fliege eine kleine Bühne, mit dem Cello in der Hand. In beinahe klassischer Slapstickmanier versucht er nun, mit dem Instrument, dem Stimmen und dem Aufstellen der Noten auf dem Notenständer zurechtzukommen, wobei schiefgeht, was nur schiefgehen kann: alles gehorcht nur noch den Gesetzen der Schwerkraft und nicht dem Willen des Musikers. Das Publikum ist nicht sichtbar, durch eine entsprechende Geräuschkulisse aber scheinbar anwesend. Im zweiten Satz vollführt Land einen Nackttanz mit Cello zu den Klängen von Saint-Saëns berühmtem Cello-Solo »Der Schwan«. Im dritten erscheint der Künstler, nun wieder vollständig bekleidet, um freudig und zufrieden lächelnd und unter tiefen Verbeugungen den tosenden Applaus entgegenzunehmen.

Land erzeugt mit dieser Dreiteiligkeit einen eigentümlichen Schwebezustand der Gefühle beim Betrachter. Einerseits ist das Geschehen grotesk, lächerlich und höchst amüsant. Aber das Scheitern im ersten Satz bleibt reines Scheitern und wird nie zur artistischen Nummer gesteigert wie bei Buster Keaton oder Charlie Chaplin. Auch der Nackttanz vermittelt ambivalente Gefühle, eines der Peinlichkeit, nicht nur des Augenblicks, sondern als Lebensform, aber auch solche der Bewunderung, denn auch die ungelernten Bewegungen des eher dicklichen Künstlers strahlen noch Würde aus, besitzen sogar Momente von Schönheit. Wenn dann die Erleichterung im dritten Satz eine beiderseitige ist, muß sich der Betrachter fragen, ob er nicht auch des Künstlers Gefühle der ersten beiden Sätze teilt.

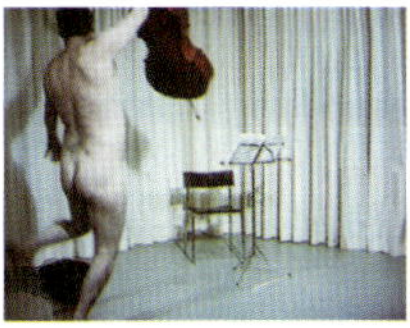

Peter Land, *The Cellist*, 1998, Video mit Ton, 9 Min. 28 sek.
Eine Video-Aufführung in drei Sätzen. In *The Cellist* lassen sich, neben Lands philosophischen Intentionen, auch Parallelen zu Fluxus-Events der sechziger Jahre ausmachen, in denen damals in fröhlicher Anarchie die hehren Rituale der Hochkunst, insbesondere des klassischen Konzertbetriebes verspottet wurden – mit wenig Erfolg, wie wir heute wissen.

»Entertainment und Kunst sind nicht voneinander isoliert. Das Entertainment ist in der Kunst wie die Farbe im Bild.«

Martin Kippenberger

Vorweg läßt sich bereits konstatieren: Die Performance im »klassischen« Sinne als solipsistische, nicht-theatrale Aufführung eines Künstlers, oft mit nur nebensächlichem Publikumsbezug, spielt im heutigen Kunstgeschehen eine höchst untergeordnete Rolle. Jedoch gibt es sehr wohl Grenzphänomene zwischen Theater, Fotografie, Skulptur und Aktionskunst, die sich, so disparat sie auch sein mögen, am ehesten unter dem Begriff der Performance subsumieren lassen.

Die größten Spektakel in der gegenwärtigen Kunstlandschaft veranstaltet zweifelsohne **John Bock**. Performances sind auch sie nicht, eher noch könnte man seine Aufführungen als Happenings bezeichnen, schließlich wird ab und zu auch das Publikum in Mitleidenschaft gezogen, letztlich sind sie aber auch für eine solche historisch-begriffliche Zuordnung viel zu theatralisch. Das zeigt die zunehmende Ausdifferenzierung von Rollen für das Spiel auf den selbstgebastelten Bühnen, das sich manchmal zu veritablen »Dramen« auswächst. Deren Inhaltsangabe dann beispielsweise so klingt: »Mme. Prosciutto Crudo durchwandert das IsoSchizo und verliert dabei ihre Söhne Colestin und Streptopen.« Was bereits verdeutlicht, daß ein wesentlicher Reiz von Bocks Arbeiten in ihrem absurden Wortwitz liegt. So heißen sie denn auch *Am Tüddelband der Liebeselastizität* oder *Törtchen der Leidenschaft*. Entsprechend nennt der Künstler selbst seine Aufführungen am liebsten »Vorträge«. Dieser Begriff ist allerdings von weit in die Irre führender Nüchternheit, auch wenn er insofern zutrifft, als Bock, der meist auch sein eigener Hauptakteur ist, beinahe unablässig redet. Dabei scheint er immer wieder Joseph Beuys parodieren zu wollen, denn wie dieser mischt er mehr oder minder wissenschaftliche Elemente (in Bocks Fall sind das die übriggebliebenen Brocken aus seinem Wirtschaftsstudium) in seine Suada, die er darüber hinaus in diagrammartigen Schaubildern »verdeutlicht«. Es fällt jedoch schwer, diese bildlichen Darstellungen ernstzunehmen, in denen Bock mit sichtlicher Lust an der sprachlichen Groteske Gegensatzpaare wie

»Wesenspräsenz« und »Kunstimpotenz« bildet, die unter dem Einfluß von »Meechfieberkurve« und einem »höheren bösen Willen« stehen.

Doch nicht nur die Begriffe und Definitionen sind verwirrend, auch die Aufführungen selbst sind es. Angereichert mit Fundstücken aus der gesamten Geschichte der Aktionskunst des zwanzigsten Jahrhunderts, veranstaltet Bock auf Flößen, Traktoren, meist jedoch aus den entlegensten Floh- und Baumarktmaterialien selbstgezimmerten Bühnen ein albern-anarchisches Kasperle-Mitspiel-Theater für spektakelsüchtige Vernissagengänger.

John Bock, *Lombardi Bängli*, 1999, Installation und Performance, Kunsthalle Basel.
Es kann durchaus vorkommen, daß Bocks wild theatralische Aktionen ohne Publikum stattfinden; immer jedoch werden die Aufführungen auf Video aufgenommen und in nachbearbeiteter Form in die Bühnenbauten integriert, so daß ein dauerhaftes, begehbares Kunstobjekt auch für die zu spät gekommenen oder distanzierteren Betrachter übrigbleibt.

Einmalig in jeder Hinsicht sind die Aktionen von **Roman Signer**, nicht nur außergewöhnlich, sondern unwiederholbar. Dabei würde der Künstler sich dagegen wehren, seine Werke als Aktionen zu bezeichnen, und auch der Begriff der Performance ist insofern irreführend, als weder der Künstler noch ein anderer Mensch dabei in Erscheinung treten müssen. Signer bevorzugt daher den Begriff der Skulptur oder allenfalls den des »skulpturalen Ereignisses«. Diese Ereignisse, man merkt es, sind schwer zu kategorisieren, am ehesten erinnern sie an Versuchsanordnungen. Denn tatsächlich besitzen Signers Arbeiten zugleich immer etwas spielerisches wie auch das genau Kalkulierte eines technisch-physikalischen Experiments. Die Materialien, mit denen der Künstler umgeht, sind dabei so alltäglich wie im Kunstkontext ungewöhnlich und im wahrsten Sinne des Wortes elementar. Er kombiniert Wasser, Feuer, Luft und Erde mit technischen Geräten und ganz banalen Gegenständen wie Stühlen, Tischen, Luftballons oder Fahrrädern. Häufig wird dabei in einer breiteren Öffentlichkeit nur jener spektakuläre Teil seiner Arbeiten rezipiert, der auch pyrotechnische Verfahren anwendet. Signer geht es jedoch

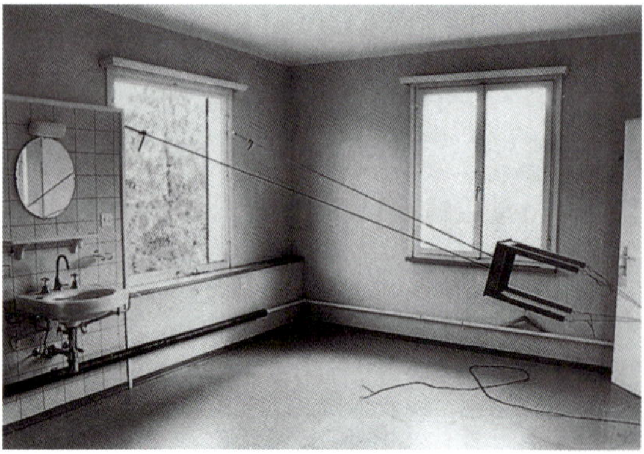

Roman Signer, *Aktion im Kurhaus Weissbad*, 1992, Appenzell Innerrhoden.
Die Gegensätze von Schöpfung und Zerstörung, Ruhe und Beschleunigung spielen auch dann eine Rolle, wenn Signers Ereignisse ohne einen Hauch von Schwarzpulver auskommen: Mittels einer raumfüllenden Katapultkonstruktion bringt der Künstler einem Hocker das Fliegen bei. In anmutigem Schwung fliegt er über den Appenzeller Himmel und entfaltet für einen kurzen Augenblick eine überirdische Form von ballistischer Poesie.

nicht um das Abbrennen von Feuerwerken, sondern um einen transformativen Prozeß, der eine bestimmte zeitliche Ausdehnung besitzt und als solcher auch vom Betrachter wahrgenommen werden soll.

Das kann eben explosionsartig schnell vonstatten gehen, oder aber auch ganz bedächtig, wenn er beispielsweise einen roten Ballon allmählich mit Gas füllt, der dadurch die Eisdecke, unter der er gefangen war, durchbricht und ins Freie entschwebt. Eine spannungsgeladenere Variante ist dagegen die brennende Kerze, die auf einem durchsichtigen PVC-Kissen befestigt ist – das Kissen ist mit Benzin gefüllt. »Eine Zustandsänderung fasziniert mich im höchsten Maß. Also bei einer langsamen Bewegung plötzlich das Um-

»Ich muß mich mit Vergänglichkeit auseinandersetzen. Vielleicht ist das ein tragisches Gefühl, das ich in mir trage, das Absurde, das Unsinnige und Nutzlose, das wir Menschen machen. Vielleicht liegt hier ein tieferer Grund für meine Arbeiten.«

Roman Signer

schlagen, wie bei einer Sprengung das langsame Brennen der Zündschnur und dann plötzlich die Explosion. Das ist eine Skulptur, eine Zeitskulptur, eine Kombination von ganz langsam und ganz schnell« (Signer).

Auch die Werke von **Erwin Wurm** sind Skulpturen auf Zeit, obgleich sie dem Erscheinungsbild herkömmlicher Performances näherkommen, denn im Mittelpunkt steht immer der Mensch. Wurm hat sich dafür ein ganz eigenes Genre geschaffen, die *One Minute Sculpture*. Das klingt erst einmal verdächtig nach Instantsuppenfertiggericht, ist aber doch wesentlich gehaltvoller, eine Synthese aus Konzeptkunst, Performance und Skulptur. Dabei tritt seltener der Künstler selbst in Aktion, meistens erfindet er Handlungsanweisungen, läßt sie von Freiwilligen ausführen und hält das nur sehr kurzzeitig existierende Ergebnis, höchst außergewöhnliche Haltungen und Posen, fotografisch fest. Direkte Vorbilder für Wurm sind sicherlich Vorstellungen von Skulptur, die erst durch die Mitarbeit des Betrachters überhaupt zum Werk vervollständigt werden, wie die *Paßstücke* von Franz West oder, in noch stärkerem Maß, die *Werksätze* von Franz Erhard Walther.

»Wenn wir beginnen könnten, über uns selbst zu lachen [...] wären wir gerettet.«
Erwin Wurm

Aber Wurm bedient sich für seine ideellen und aktionistischen Skulpturen keiner von ihm geschaffenen Artefakte, sondern ausschließlich verschiedenster Alltagsgegenstände. Diese werden allerdings nie ihrer eigentlichen Bestimmung zugeführt, sondern höchst unsachgemäß verwendet: Ein Stuhlbein balanciert auf dem geschlossenen Auge einer am Boden liegenden Frau, eine andere steckt kopfüber in einer Mülltonne, auch aus Mauern und Fenstern ragen scheinbar schwebend einzelne Köpfe oder Beine. Menschen verschwinden vollständig in einem Pullover oder versuchen, auf einem umgedreht an der Wand lehnenden Besen zu sitzen. Am häufigsten setzt sich Wurm jedoch über die pädagogische Maxime »Mit Essen spielt man nicht« hinweg und entdeckt sowohl die skulpturalen als auch die befremdlichen Seiten von Bananen zwischen Schranktüren, Gewürzgurken zwischen den Zehen, in

Erwin Wurm, aus der Serie *Sculptures with Embarassement (Der Bankdirektor von Cahors vor seiner Bank)*, 1999, C-Print auf Aluminium, Größe variabel
»Ich bin das Walroß« scheint uns dieser Mann beweisen zu wollen, dabei ist er nur die perfekte Verkörperung von Wurms Ein-Minuten-Skulpturen, in diesem Falle einer mit Peinlichkeit, Bankfilialleiter und Spargel.

einem Türspalt eingeklemmt schwebenden Brötchen oder Pilzen und Spargeln in Nasenlöchern.

Das Beispiel des »Spargels an Bankdirektor« gehört zu jener Serie der Peinlichkeiten, die als Untergruppe der *One Minute Sculptures* gut des Künstlers Grundinteresse veranschaulichen. Es geht ihm im Grunde um philosophische Fragen – beispielsweise die Möglichkeiten des selbstbestimmten Handelns – und die zunächst beängstigende Vorstellung, sich vor aller Augen lächerlich zu machen, dann aber, diese Peinlichkeit zu überwinden, gerade indem man sich ganz auf diese Situation einläßt, um aus ihr geläutert hervorzugehen. Bei Wurm funktioniert das nicht über die Identifikation mit dem handelnden Künstler, sondern indem der Zuschauer selbst aktiv wird.

Daß Wurm viel eher Ideen produziert als Performances oder Skulpturen, zeigt sich unter anderem auch darin, daß er in Ausstellungen bisweilen nur ein paar seiner alltäglichen Utensilien und dazugehörige Gebrauchsanweisungen als Text und Skizze präsentiert. Die vergängliche Skulptur muß der Ausstellungsbesucher selber verkörpern. Anders als die Vertreter der Concept Art in den sechziger Jahren beläßt es Wurm aber nicht dabei, sondern hält seine Aktionen fotografisch fest, was nicht nur den Markt und die Museen mit Ausstellungsware versorgt, sondern auch uns als passiven Zuschauern den voyeuristischen Genuß seiner skulpturalen Handlungen ermöglicht.

Früher war für die Dokumentation einer Performance selbstverständlich eine Film- oder Videoaufnahme vonnöten oder zumindest eine Serie von Fotografien. Wie wir bei Wurm sehen konnten, geht die Tendenz heute eher in Richtung des Einzelbildes, die Aktion gerinnt zum Bild, aus der Handlung wird eine Haltung, eine Pose. Ein weiteres Beispiel für diese Form der aufs Äußerste reduzierten Aktion bietet **Johan Lorbeer**. Seine Performances bestehen ganz und gar aus dem Stillstand, in diesem Falle des Künstlers selbst. In unmöglichen Haltungen, die ein Mensch, wenn überhaupt, dann nur für Sekunden einnehmen könnte, harrt er stundenlang aus. Allerdings nicht durch Zauberei, akrobatische Ausbildung oder anhaltendes Bodybuilding, sondern einfach mit trickreichen Hilfskonstruktionen, Gerüsten, die, unter der Kleidung verborgen, ihm diese Dauerposen ermöglichen. Auch so ist dieses oft stundenlange Verharren noch anstrengend genug, aber die nie verschwiegene – wenn auch kaschierte – mechanische Hilfestellung macht deutlich, daß es Lorbeer nicht auf die Zurschaustellung körperlicher Fähigkeiten ankommt, sondern auf die Verkörperung eines Bildes. Nicht umsonst nennt der Künstler seine Aktionen *Still-Life-Performances*.

In der Arbeit *Proletarisches Wandbild* steht der Künstler in Straßenkehrerkluft mit Besen an der Wand, senkrecht zu ihr, mit Blick auf die Straße unter ihm. Das tut er mit solcher Lässigkeit, daß sich der Betrachter unwillkürlich die Augen reibt ob dieser Verwandlung des Alltäglichen ins Zauberhafte. Aber die Aufhebung der Schwerkraft ist

Johan Lorbeer, *Proletarisches Wandbild,* 1997, Still-Life-Performance, Volksbühne/Prater, Berlin.
Wider die Diktatur der Schwerkraft tritt Lorbeer hier an und erringt einen Sieg auf Zeit. Das Aushalten des Unmöglichen betrifft mit zunehmender Dauer aber nicht nur den Performer, sondern auch den Zuschauer. Auch er droht aus dem Gleichgewicht zu geraten und überlegt vielleicht, ob nicht die Perspektive des an der Wand Stehenden die richtige sein könnte.

nicht das einzige, was Lorbeer damit gelingt. Er stellt auch alle Formen von schmückender figürlicher Bauplastik, wie sie seit der Antike geläufig sind, sozusagen auf den Kopf, indem er sich nicht in die Senkrechte begibt, auch nicht an die Wand schmiegt oder stoisch ein Dach stützt, sondern sich herausragend in die Horizontale präsentiert. Da der Titel uns außerdem darüber aufklärt, daß wir es hier mit einem proletarischen Wandbild zu tun haben, kann, wer will, darin auch noch einen ironischen Kommentar auf die ideologisch grundierten Realismus-Debatten in der doppeldeutschen Nachkriegskunst sehen. In jedem Falle gelingt Lorbeer die demokratische Lösung der Denkmalsfrage. Statt einer Herrscherfigur zeigt sein Wandbild den am geringsten geschätzten aller Arbeiter – neben dem gleich gewandeten Müllmann –, den Straßenkehrer, macht so den Perspektivwechsel auch auf der sozialen und historischen Ebene geltend und verwandelt nebenbei das ganze Gebäude in einen Sockel für sich.

Ungleich bekannter und in mindestens gleichem Maße ärmer an geistigem Gehalt sind die aktionslosen Vorführungen von **Vanessa Beecroft**. Geschickt wirft sie jenen Köder nach dem Publikum aus, der sofortiges und anhaltendes mediales Interesse garantiert: Sex. Oder noch besser: Sex mit Glamour. Ihre sogenannten Performances bestehen darin, daß Beecroft eine Gruppe von jungen Frauen mit Idealmaßen aussucht, die sie uniform und markenbewußt ausstaffiert und dann in einer starren Ordnung stundenlang stehen läßt, bis sie mit nachlassender Kondition gezwungen sind, sich immer häufiger niederzukauern oder hinzusetzen, bis sich die streng stehende Formation gänzlich aufgelöst hat. Dabei tragen die Frauen auch schon mal Fähnchen, Perücken, Hüte oder Strumpfhosen, in jedem Falle aber ebenso teure wie hochhackige Schuhe und dazu meist nur Schminke und knappste Unterwäsche – oder eben gar nichts.

Die Künstlerin betrachtet diese Ansammlung mehr oder minder ausgezogener Frauen als »lebende Bilder«, was sie tatsächlich zeigt, ist die konsumistische

Zurichtung von Frauen. »Ich versuche ein Produkt aus ihnen zu machen« (Beecroft). Kaum unterscheidet sich ihr Vorgehen von den Strategien einer durchsexualisierten Werbeindustrie, und nur das Fehlen der Bühnensituation läßt überhaupt eine Differenz zu Modenschau oder Striplokal erkennen; mit der unterkühlten Schaufensterpuppenerotik eines Helmut Newton zeigt sie Methoden einer beinahe sadistischen Entmenschlichung: Die Models werden nicht nur entindividualisiert, sie müssen auch die ganze Zeit stillstehen, dürfen sich nur bewegen, wenn es nicht mehr anders geht, nicht sprechen, keinen Blickkontakt aufnehmen.

Diese dem Willen der Künstlerin und einem erfundenen Modediktat unterworfenen, uniformen Klischees von Frauen als Sexualobjekten sind ohne ein Fünkchen an kritischem Potential, affirmativ und auf die blanke Äußerlichkeit reduziert. Der Stillstand, den Beecroft zelebriert, scheint sich auch aufs Geistige zu erstrecken. Allen bemühten pseudo-intellektuellen Verbrämungsversuchen einer eifrig applaudierenden Kunstkritik zum Trotz läßt sich nicht leugnen, daß ihr

Vanessa Beecroft, *Show*, 1998, Performance, Solomon R. Guggenheim Museum, New York. Kunst vom Laufsteg und Models von der Stange: Mit viel nackter Frauenhaut läßt sich auch auf dem Kunstmarkt alles verkaufen, sogar die geballte Geistlosigkeit und Langeweile der uniformierten Ausgezogenen von Vanessa Beecroft.

Erfolg einzig und allein auf Voyeurismus gründet. Schließlich vermarktet Beecroft ihre Aufführungen nach allen Regeln der Kunst in Fotos und Videos, die dann auch noch die letzte Hemmschwelle überwinden und sich in pornographisch detaillierter Nahsicht ergehen.

In ganz anderer Manier setzt sich **Irene Andessner** mit weiblichen Identifikationsmustern und -modellen auseinander. Allerdings bedient sie sich nicht irgendwelcher standardisierter Dresscodes der Gegenwart, sondern bei ganz konkreten historischen Vorbildern, den mehr oder minder bekannten Heldinnen einer ausschließlich weiblichen Geschichtsschreibung, von Nannerl Mozart bis zu »Wanda« von Sacher-Masoch. Diese Frauen sucht Andessner in ihren Selbstinszenierungen zu verkörpern; in der Regel geht sie dabei von bildlichen Darstellungen der berühmten Frauen aus, die sie zunächst im Medium der Fotografie nachstellt. Aber es geht der Künstlerin nicht bloß um die fotografische Neufassung eines Gemäldes, sondern zugleich um Belebungs- und Korrekturversuche, denn fast immer erfindet sie zu dem »originalen« Porträt noch Variationen, erlaubt sich ein erzählerisches Fortspinnen der Rolle oder eine Spiegelung der Lebensgeschichten in die Gegenwart. Stets bleibt Andessner dabei durch die Verkleidungen hindurch zu erkennen – nicht in einem verfremdenden Sinne wie bei den *History Portraits* von Cindy Sherman, sondern wie bei jeder anderen Schauspielerin auch. Schon für diese außerordentlich penibel durchgeführten Inszenierungen der Fotografien, bei denen Farben, Atmosphäre, Accessoires etc. bis ins Kleinste nachempfunden werden, beschäftigt die Künstlerin einen Troß von Maskenbildnern, Schneiderinnen, Goldschmieden, Beleuchtern, Fotografen und Kameramännern. Das steigert sich noch bei den Performances, die zwar immer noch auf die Produktion von Bildern und ihre Verbreitung zielen, letztlich aber als multimediale Langzeitaufführung angelegt sind: Andessner schleust ihre inszenierten Rollenporträts über alle nur denkbaren Kanäle ins Bewußtsein der Öf-

»Das Gesicht ist nur zufällig meines.«
Irene Andessner

fentlichkeit, als Foto, Video, Live-Übertragung im Internet und einem beachtlichen Ausstoß an Presseerklärungen.

Bestes Beispiel für diese Art von Langstreckenperformance ist die Verwandlung von Andessner in Marlene Dietrich im Jahr 2001. *I. M. Dietrich* betitelt, zielte sie keinesfalls auf einen bis dato unbekannten informellen Mitarbeiter der Stasi, sondern auf das englische »Ich bin« Dietrich. Gaben die Vornamen der Künstlerin schon die ersten beiden Buchstaben her, war sie bestrebt, für begrenzte Zeit auch Dietrich zu heißen. Zu diesem Zwecke ließ sie öffentlich nach unverheirateten Männern dieses Nachnamens suchen, aus denen sie schließlich einen schon älteren Herrn, den ehemaligen Hotelier Arnim Dietrich aus Berlin, auswählte. Mit diesem ließ sie sich aus rein künstlerischen Gründen standesamtlich trauen. Wohl weniger, um die juristische Grundlage dafür zu schaffen, fortan alle Werke mit »I. M. Dietrich« signieren zu dürfen, sondern um der dadurch ausgelösten Pressereaktionen willen und der Vielzahl der daran geknüpften öffentlichen Ereignisse. Die geborgte Identität wurde so nicht nur auf öffentlichen Fotosessions und Videoshootings, bei der Eröffnung eines von der Künstlerin gestalteten Hotelzimmers und auf einer Travestiebühne vorgeführt, sondern eben auch mit einer öffentlichen Trauungszeremonie und anschließendem Festessen. Was nicht darüber hinwegtäuschen sollte, daß die performativen Aktionen Andessners alle auf die Erzeugung von Bildern gerichtet sind, auf ein Identität nur vorspiegelndes Image.

Irene Andessner, *I.M. Dietrich*, 2001. Andessners Maskeraden verbergen nicht nur die Person der Künstlerin, sie sind zugleich ein decouvrierendes Spiel mit medial erzeugten Identitäten. Als Verkörperung von Marlene Dietrich konnte Andessner gleich mehrere Images einer Schauspielerin an sich ausprobieren. Eines davon ist der androgyne Aufzug der Dietrich mit ungebundener Krawatte, einem Foto Josef von Sternbergs nachgestellt.

»Kunst ohne Ethik ist Kosmetik.«
Marina Abramoviç

Vor nicht allzu langer Zeit hätte man die Rubrik einer körperzentrierten Kunst selbstverständlich im Kapitel zur Performance einordnen können. In deren narzißtischen Selbsterkundungsprozessen hat die Körperkunst sicherlich ihren Ursprung, doch läßt sie sich längst nicht mehr darauf beschränken. Unserer extrem körperfixierten Freizeitgesellschaft und ihrer visuellen Kultur entsprechend, befassen sich auch Künstler anderer Disziplinen exzessiv mit dem menschlichen Körper, was mit klassischen Aktdarstellungen oder der Suche nach dem Schönen aber kaum noch etwas zu tun hat.

Ausstellungen von präparierten Leichen sollen uns hier nicht interessieren, auch so lassen sich noch genug diskussionswürdige Ansätze im körperorientierten Kunstkontext entdecken. **Orlan** beispielsweise fängt mit ihrer operativ-performativen Praxis da an, wo Irene Andessner wohlweislich aufhört. Die Französin nimmt das Verkörpern von Schönheitsidealen wörtlich; sie versucht nicht mit schauspielerischen oder technischen Mitteln historischen Vorbildern nachzueifern, sie benutzt ihren eigenen Körper, genauer gesagt: ihr eigenes Gesicht als Material und läßt es sich, nach kunsthistorischen eher als nach ästhetischen Kriterien, chirurgisch umgestalten. So ließ sie sich die Stirn der Mona Lisa und die Haut von Botticellis Venus anoperieren, die Wangenknochen könnten denen von Marilyn Monroe entsprechen und die Lippen sind vielleicht von Brigitte Bardot. Das geschah nicht alles auf einmal, sondern in einem fortwährenden Prozeß, in vielen Operationen über Jahre hinweg. Das Ergebnis ist alles andere als eine ideale Schönheit, eher gleicht ihr Gesicht einem Flickenteppich oder dem eines Frankensteinschen Monsters. Aber es geht Orlan ja auch nicht um die Unterwerfung unter ein Schönheitsideal – wozu die plastische Chirurgie im allgemeinen genutzt wird –, sondern umgekehrt darum, sich diese Ideale zu unterwerfen. Sie begreift ihre Aktionen als eine Auflehnung gegen die Identifikation mit dem eigenen Körper, den sie als reines Rohmaterial betrachtet. Daß sie sich damit auf ethisch höchst fragwürdiges Terrain

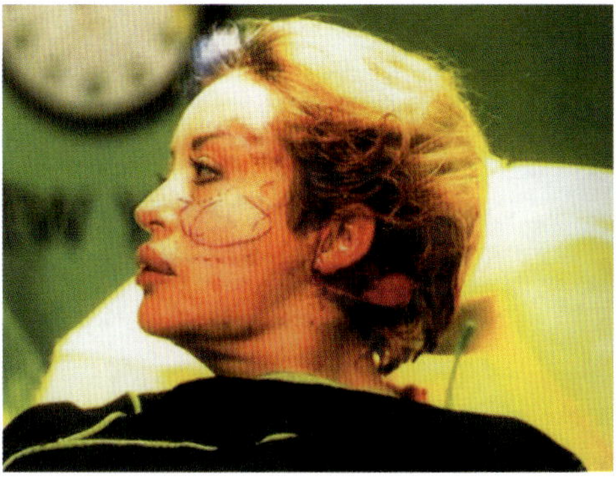

Orlan, Fotoillustration zu *Manifeste de l'Art Charnel*, 1993.
Orlans Statements wie: »L'Art Charnel ist eine Arbeit am Selbstporträt im klassischen Sinn, aber mit den technischen Mitteln unserer Zeit«, sind so verharmlosend wie irreführend. Ihre live aufgeführten Schönheitsoperationen bieten vor allem Stoff für Diskussionen, weg von der Ästhetik, hin zur Ethik.

begibt, ist Kalkül: Einerseits will sie ihr Tun als emanzipatorischen Akt verstanden wissen, nicht nur der Frauen, sondern des ganzen Menschengeschlechts, das sich nach seinen eigenen Bildern selbst neu schafft. Andererseits spielt sie die schwerwiegenden Eingriffe herunter, um nicht nur die plastische Chirurgie, sondern vor allem die dahinterstehende Haltung der absoluten Verfügungsgewalt über den eigenen Körper, bis an die Grenzen der Selbstverstümmelung, als normal zu etablieren. Dazu dient Orlan beispielsweise die Selbstettikettierung ihres anatomischen Theaters als »L'Art Charnel« , was nichts anderes bedeutet als »fleischliche Kunst«, aber doch verdächtig nach Parfum riecht, das den Geruch von Eiter, Blut und Verwesung übertünchen soll.

Neben der Tabuverletzung bedient sich Orlan noch anderer Methoden, um ihre allmählichen Mutationen und Metamorphosen publikumswirksam aufzubereiten: Die Operationen läßt sie jeweils öffentlich machen, entweder im direkten Publikumskontakt oder mittels Videoaufzeichnung; zusätzlich werden sie nicht in Vollnarkose, sondern nur mit lokaler Anästhesie durchgeführt, so daß sie währenddessen mit Ärzten und Publikum reden oder Statements zu ihrer Kunstauffassung verkünden kann. Dafür werden dann auch OP-Tisch und Raum farblich einheitlich gestaltet und die Ärzte in Designer-Kittel gesteckt. Daß der Betrachter trotzdem von klaffenden Wunden oder abgezogenen Hautpartien angeekelt sein könnte, paßt Orlan gut ins Konzept. Denn auch die öffentlich ausgestellten Fotos der postoperativen Entstellungen ihres Gesichts, die Blutverkrustungen, blauen und gelben Flecken, Beulen und Narben beweisen, daß es Orlan weniger um den Selbstentwurf eines freien Menschen geht als

Matthew Barney, *Cremaster 1: Orchidella*, 1995, Standfoto aus dem 16-mm-Film, Farbe, Ton.
Hoden hoch für Matthew Barney: Der Muskel, der genau diese Bewegung bewerkstelligt, gibt dem fünfteiligen Filmzyklus seinen Namen: Cremaster. Ob der Künstler, dank lautlicher Entsprechung, auch an einen »Meister der Schlagsahne« gedacht hat? Die Kopfbedeckungen der Damen lassen diesen Schluß zu. Unklar bleibt jedoch die Perspektive: Ist das die Sicht des Säuglings aus der Wiege auf die ihn umstehenden guten Feen? Oder der Blick des Luftschiffers auf ein Blumenornament aus sich allmählich entblätternden strahlenden Schönheiten?

um eine Selbstheroisierung, nach dem Motto: »Seht her, was ich alles durchgemacht habe.«

Matthew Barney kommt ursprünglich von der Performance her und dreht inzwischen sehr aufwendige Filme, deren Requisiten er als Skulpturen oder Installationen im Museum ausstellt und ansonsten durch Fotografien und Auflagenobjekte verkäuflich macht. Inhaltlich umkreist er dabei obsessiv körperliche Phantasien, die er mit viel Erfindungsreichtum und noch größerem kostümbildnerischen Aufwand in bizarre Traumerzählungen verwandelt. Was sich in ihnen niederschlägt, ist einerseits die Biographie des Künstlers – zumindest die Lebensstationen Medizinstudent und Fotomodell und seine nie erreichten Wunschberufe Footballspieler und Entfesselungskünstler –, andererseits eine Vielzahl amerikanischer Mythen, vom Wolkenkratzer über Hollywood-Klischees verschiedenster Art, Rodeo-Reiten und andere seltsame Sportarten, dazu ein bißchen griechische Mythologie und vermutlich eine nicht verdaute Nietzsche- und Freud-Lektüre. Alledem übergeordnet ist aber die Vorstellung einer über Modediktate und athletischen Körperdrill weit hinausgehende Zurichtung des Körpers in ein Wunschgebilde, das mühelos alle Grenzen überschreitet, auch die einer eindeutigen geschlechtlichen Zuordnung, eine Art von mythisch überhöhtem Bodybuilding.

Dieses Grenzüberschreitende drückt sich bildlich aus in einer Vermischung des Organischen mit dem Anorganischen, wenn Barney Skulpturen aus Prothesenkunststoff baut, aus gefrorener Gelatine oder aus Kunstharz mit Zucker, Bilderrahmen aus selbstschmierendem Plastik fertigt, Architekturen aus Wachs oder

Salz errichtet und Figuren oder Einrichtungsgegenstände seiner Filme mit einer dicken Vaselineschicht überzieht. Jede Oberfläche kann eine Haut oder Schleimhaut sein, alles fließt und gleitet, jedes Loch ist eine Körperöffnung und führt ins Unbekannte. Diese Art von traumhaftem Biologismus haben, mit vorrangig sexuellen Untertönen, bereits die Surrealisten erkundet, Barney bereichert deren Bildgewinnungsverfahren nun um neue medizinische Erkenntnisse, beispielsweise auf molekularer Ebene, und perfektioniert die Darstellung mit den Mitteln heutiger Filmkunst. Die Fülle seines barock überbordenden *Cremaster-Zyklus*, einem monumentalen Gesamtkunstwerk von wahrhaft wagnerianischen Ausmaßen, der fünf Filme umfaßt (gedreht von 1994 bis 2002, der kürzeste Film dauert 40 Minuten, der längste beinahe drei Stunden), ist hier nicht nachzuerzählen. Sein grundlegendes Verfahren der morphologischen Analogien beherrscht seine biologistische Privat-Mythologie. Das Schöne an Barneys Filmen ist, daß ihr Schöpfer so hemmungslos drauflosassoziiert, daß auch dem Zuschauer gleiches vergönnt sein muß und er ein Stück weit seinen eigenen Phantasien nachhängen darf.

Sehr viel unmittelbarer befaßt sich **Marc Quinn** mit dem Körper, den er als Thema und als Material verwendet. Dabei geht es ihm nicht um den Körper als Ganzes, sondern meistens um körperliche Substanzen, die er in Skulpturen verwandelt. Häufig sind dabei die formenden Eingriffe des Künstlers minimal, weil er sich schlichter Abgußtechniken bedient, dafür sind seine Werkstoffe und die daraus resultierenden Arbeitsweisen umso außergewöhnlicher.

Bekannt wurde Quinn 1991 mit einem Selbstporträt, einem Abguß seines Kopfes, den er aus seinem eigenen Blut fertigte; später folgte eine Variante aus den eigenen Exkrementen. Das klingt zunächst so, als sei es ihm nur um Tabuverletzungen und das möglichst Spektakuläre zu tun – und sicher kann man nicht abstreiten, daß dies für den Künstler und seinen Erfolg eine wichtige Rolle spielt. Sieht man jedoch den beina-

»Meine Projekte haben immer mit Begehren zu tun. Sexuelle Begierde hat ein großes Potential, doch in ihrer Rohform ist sie absolut nutzlos. Ich versuche, die rohe sexuelle Kraft durch Disziplin in produktive Energie zu verwandeln.«

Matthew Barney

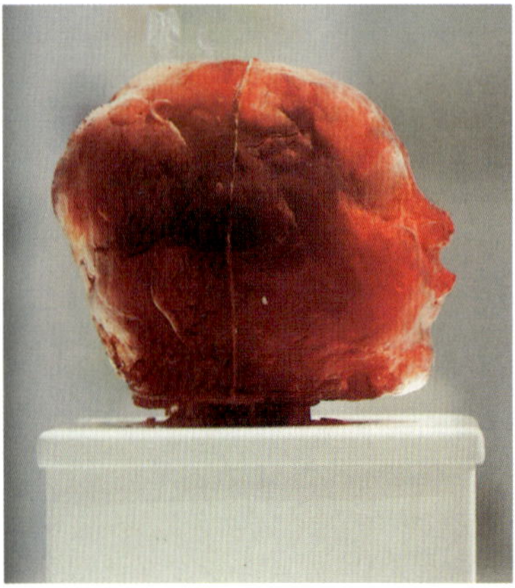

Marc Quinn, *Lucas*, 2002, menschliche Plazenta und Nabelschnur, Edelstahl, Plexiglas, Kühlvorrichtung, 204,5 x 64 x 64 cm. Zwischen Faszination und Ekel mag der Betrachter gefangen sein. Dem Künstler geht es um andere Widersprüche. Mit seiner Skulptur aus Plazenta und Nabelschnur begibt sich Quinn in Idealkonkurrenz zur Frau als Gebärerin und zur Schwangerschaft als quasi skulpturalem Prozeß – man könnte auch sagen, es ist zugleich Kompensationsversuch und Kapitulation des männlichen Künstlers vor dem schöpferischen Potential der Frau als Mutter.

he wissenschaftlichen Ehrgeiz, mit dem er sich der immensen konservatorischen Probleme widmet, die stets ein Teil des Werkes selbst sind, muß man dem Künstler wohl eine gewisse Ernsthaftigkeit zugestehen. Mit dem Ausloten der Grenzbereiche zwischen lebender und toter Materie und seinem Versuch, der Kunst durch die enge Verbindung mit der körperlichen Welt eine Unmittelbarkeit zu verleihen, die mit Wucht direkt auf die Eingeweide des Betrachters zielt, gelingen ihm mehr als nur Effekte.

Stets geht es dem Künstler um den Gegensatz von »natürlich« und »künstlich«. So fertigt er Menschenbilder aus Wachs, die er wieder zerfließen läßt und anschließend in Blei abgießt, oder Skulpturen aus verspiegeltem Glas, die aussehen, als wären sie aus überdimensionalen Quecksilbertropfen gefertigte Menschen im Zerfließen; er zeigt »Porträts« die nur aus preziös präsentierten DNA-Sequenzen bestehen. Dieses Spiel mit Zeit und Vergänglichkeit, mit dem Unsterblichkeitswunsch des Künstlers und den Allmachtsphantasien des Wissenschaftlers durchzieht als roter Faden Quinns ganzes Werk. So auch die Porträtskulptur seines Sohnes: Hier hat der Künstler in traditionellem Sinne bildhauerisch gearbeitet und den Kopf seines neugeborenen Kindes mit den eigenen Händen modelliert. Diesmal verwendete er dafür die Plazenta und die Nabelschnur. Quinn geht es nach eigenem Bekunden dabei um Gedanken des Hervorbringens, des Bildens, der Entstehung und Formung menschlichen Lebens, der prekären Balance zwischen Abhängigkeit und Selbständigkeit des Neugeborenen – gespiegelt im Material, das weder der Mutter noch dem Kind ausschließlich zugehört, und in der Abhängigkeit der Skulptur vom Funktionieren des Kühlsystems.

Ganz buchstäblich den Auswüchsen eines ins Wahnhafte gesteigerten Körperkults widmen sich die Brüder

> »Mit das beste am Herstellen von Dingen aus gefrorenem Blut ist die Farbe.«
>
> Marc Quinn

Jake und Dinos Chapman. Um Schock und Ekel zu erzeugen, scheint ihnen beinahe jedes Mittel recht, meist bedienen sie sich aber des einfachen Erfolgsrezeptes der Kombination von Sex und Gewalt. Am wirkungsvollsten erweisen sich dabei Versatzstücke von Kinderpornographie und Naziterror. Mit dieser Mischung kann man fast sicher sein, jemandes Gefühle zu verletzen. Zusätzlich ziehen sie noch plündernd durch ein Gruselkabinett der Kunstgeschichte, von den Höllenszenen Boschs bis zu den Kriegsgreueln Goyas, die sie unter Auslassung aller religiösen, moralischen und politischen Ansprüche farbig und dreidimensional zu lebensgroßen Puppen aufblasen, um sie als Remake im Horror-Format auf eine abgestumpfte Menschheit loszulassen.

Ihre sadistischen Modellpanoramen, geschichtsklitternde Gewaltphantasien, mit Plastikfiguren im Spielzeugformat ausgeführt, haben außer der pubertären Lust an der Provokation nur wenig zu bieten. Dort wo sie das verminte Gelände ihrer historisierenden Splatter-Kunst verlassen und aufhören mit Hakenkreuzen und nackten Nazis um sich zu werfen, wo sie sich auf die Welten des Körpers konzentrieren, kann man bei den Chapman-Brüdern aber durch die Effekthascherei hindurch vielleicht doch ein Fünkchen kritischen Verstand entdecken.

In ihren lebensgroßen Skulpturen, die besonders detailfreudigen Schaufensterpuppen gleichen, konstruieren sie Mißgeburten, die allesamt aussehen wie fehlgeschlagene Experimente aus dem Genlabor, nackt bis auf die obligatorischen Sportschuhe. Darin kann man durchaus einen kritischen Reflex auf eine Gegenwart sehen, die zunehmend menschliche Einzelteile, sei es auf molekularer, sei es auf organischer Ebene, nach

Jake und Dinos Chapman, *Bad Trips at the Folies-Bergère*, 1997, Fiberglas, Farbe, Haare, Sportschuhe.
Von Frivolität keine Spur, nicht einmal in der talmihaften Nachtclub-Fassung für Touristen, stattdessen ein Horrortrip aus dem Kindersexpuppenklonlabor der Chapman-Brothers.

Wunsch zusammensetzt. Daß dabei am Ende Monster entstehen, machen die Chapmans unmißverständlich klar; zugleich demonstrieren sie in drastischer Weise die Übersexualisierung unseres medial geprägten Menschenbildes. Seit der Serie ihrer *Tragischen Anatomien* kombinieren sie wie in Kopulationsposen miteinander verwachsene Halbmenschen, siamesische Pärchen von Kindergröße, oder auch größere Gebilde aus mehreren Rümpfen, Köpfen und Gliedmaßen. Stets besitzen sie infantile Gesichtszüge, aber ausgeprägte Geschlechtsmerkmale, riesige Brüste, erigierte Penisse und Vulven, die an den unmöglichsten Stellen sprießen und häufig Mund, Nase und Ohren ersetzen. Diese pornographische Reduktion spiegelt in plattester und zynischer Manier die Verrohungen einer Konsumgesellschaft, die schon Kinder dazu bringt, nur noch zweierlei Interessen zu hegen, Sex und Markenturnschuhe.

Robert Gober, *Untitled (Torso)*, 1991, Bienenwachs, Farbe, menschliches Haar, 61 x 39,5 x 30,5 cm (Hamburger Kunsthalle, Leihgabe Sammlung Scharpff).
Gober widmet sich den fremdbestimmten sozialen und biologischen Geschlechterrollen, dem als fremd erfahrenen Körper. Haptischer Reiz und Abscheu, Körper und Gegenstand, männlich und weiblich halten sich die Waage in diesem zwittrigen Rumpf, der zugleich nur ein in die Ecke gestellter Sack ist.

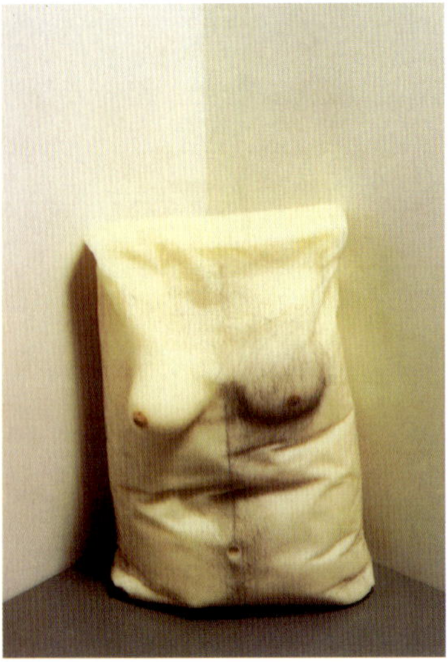

Weniger schrill und plakativ, subtiler und deshalb sehr viel nachhaltiger verstörend wirken die Skulpturen von **Robert Gober**. Sie reflektieren durchaus auch eine Verstörtheit des Künstlers, der in vielen seiner Werke ganz im freudianischen Sinne Kindheitstraumata aufarbeitet, die mit seiner unterdrückten Homosexualität zu tun haben und überhaupt mit der Reglementierung und Leugnung von Körperlichkeit. Diese manifestiert sich insbesondere in einem Hygienewahn, der in Gobers unzähligen Motivvarianten von Waschbecken, Ausgüssen und Abflüssen wiederkehrt. Sie sind Sinnbilder für die Orte des Übergangs, an denen das zu Verdrängende, Schmutzige in die Unsichtbarkeit befördert und fein säuberlich vom ordentlichen Leben im Tageslicht geschieden wird. Zu den prägenden Erinnerungen Gobers gehören neben den Problemen der geschlechtlichen Identität eine mit der bürgerlichen Familienidylle einhergehende bigotte Religiosität und latenter Rassismus. Doch das Verdrängte bricht sich Bahn, untergräbt förmlich alles, was Gober an skulpturalen Gegenständen und Environments schafft. Die hübsch ornamentierten Tapeten entpuppen sich bei näherem Hinsehen als Muster aus gekritzelten Genitalien oder ein Rapport von Gehängten, metallische Abflußrohre durchstoßen Madonnenstatuen, und überall tauchen Körperfragmente auf.

Beängstigend real ragt ein einzelnes Männerbein aus der Wand oder ein ganzer männlicher Unterkörper: Auch hier ist der biographische Bezug nicht zu leugnen, sind die Gipsabgußformen doch vom Körper des Künstlers abgenommen. Diese gipsernen Körperteile werden in Wachs nachgegossen, in akribischer Kleinarbeit mit echten Haaren versehen und in Teilen realistisch bekleidet, was ihre partielle Nacktheit noch verletzlicher, ja erbärmlicher aussehen läßt. Das ist an sich schon befremdlich genug, denn einerseits wirkt das Wachs als organisches Material mit den echten Haaren erschreckend lebensnah, andererseits läßt allein schon die Farbe eher die Blässe von Toten assoziieren. Wenn dazu dann noch die surreale Verschmelzung des fragmentierten Körpers mit unbelebten Gegenständen kommt, werden sowohl der enge autobiographische Rahmen als auch der wohlige Schauder eines Wachsfigurenkabinetts weit überwunden. Die Abflüsse tauchen dann als in den Körper eingeschraubte Öffnungen auf, die den Leib wie Schwären überziehen. Ein alltäglicher Gegenstand wie eine Kerze wird durch die schwarzen Männerhaare, die an ihrem Sockel sprießen, zu einem makabren Phallussymbol, und eine wächserne Mädchensandale mit einem Flor ebensolcher Haare im Fußbett weckt nicht nur Ekelgefühle, sondern beschwört Ahnungen von Kindesmißbrauch herauf. Geradezu zwanghaft wird alles mit Haut und Haaren überzogen, die Grenzen zwischen tot und lebendig, männlich und weiblich verwischen und machen einem beunruhigenden Gefühl des Ungeklärten Platz.

»Skulptur ist das, woran man stößt, wenn man zurücktritt um ein Gemälde zu betrachten.«

Ad Reinhardt

Auch zu den Hochzeiten der »Weltsprache Abstraktion« erwies sich die Skulptur stets als ein Refugium des Figürlichen; nie war sie in derselben Ausschließlichkeit vom Abbildlichkeitsverbot geprägt wie die Malerei. So nimmt es nicht wirklich Wunder, wenn heute, da Zeichnung, Fotografie und Malerei sich in zunehmendem Maße wieder dem Gegenständlichen und Figürlichen widmen, auch im Bereich des dreidimensionalen Gestaltens der Hang zur Figur, insbesondere der menschlichen, die abstrakteren Ausdrucksformen bei weitem überwiegt.

Superrealisten

Eine Extremposition vertreten dabei jene Künstler, die sich einer schon als Mimikry zu bezeichnenden Naturnähe der Darstellung bedienen, in der die Nachahmung das Vorbild an Detailgenauigkeit fast zu übertreffen sucht – oder sogar das mimetische Prinzip ganz über den Haufen werfen und das Ding an sich, das Naturgebilde als Kunst präsentieren.

Mit Fug und Recht könnte man auf jeden Fall die Chapman-Brüder und vielleicht sogar Gober zu dieser Gruppe von Künstlern zählen; deren Figuren sind jedoch plumpe Schaufensterpuppen im Vergleich zu den hyperrealistischen Arbeiten von **Ron Mueck**. Seine Menschenbilder fertigt er in unglaublich aufwendiger Handarbeit, die er als professioneller Puppenbauer gelernt hat: Nach einer ersten Maquette stellt der Künstler eine Plastik aus Ton her, von der die Gußform abgenommen wird. Diese wird mit gefärbtem Silikon oder glasfaserverstärktem Kunststoff ausgegossen und im abschließenden Arbeitsgang bemalt und behaart.

Anders als den hyperrealistischen Bildhauern der sechziger und siebziger Jahre, Duane Hanson und John de Andrea, geht es ihm jedoch nicht um die exakte Wiedergabe bestimmter sozialer Typen. Auch nicht um den komischen oder furchteinflößenden Überraschungseffekt, ausgelöst durch das Verwechseln des Künstlichen mit dem Lebendigen und durch das Erschrecken über die eigene Empfänglichkeit für solche

»Obwohl ich viel Zeit mit der Oberfläche verbringe, ist es doch das Innenleben, das ich einfangen möchte.«

Ron Mueck

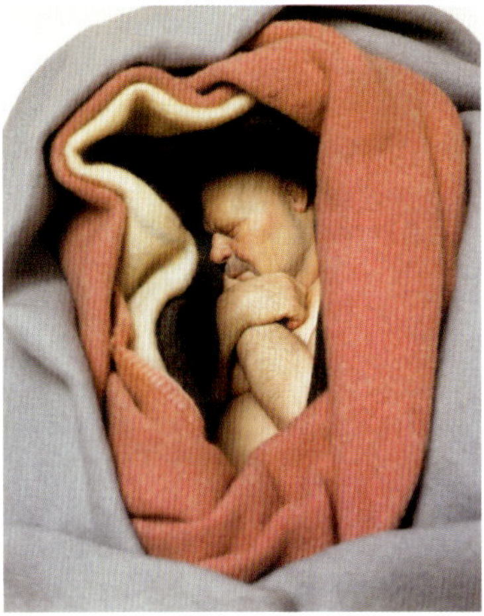

Ron Mueck, *Untitled (Man in Blankets)*, 2000, verschiedene Materialien, 43,1 x 59,7 x 71,2 cm (K21 Kunstsammlung Nordrhein-Westfalen, Düsseldorf, Sammlung Ackermans). Nicht größer als ein Kind im Mutterleib: Eng zusammengekauert, mit überkreuzten Armen und den Kopf in die linke Hand geschmiegt, ist auch die Haltung des schlafenden Mannes embryonal. Die haarigen Unterarme und fleischigen Hände, der kahle Schädel, Bartschatten, Falten und die angestrengt verkniffene Mimik lassen aber keinen Zweifel daran aufkommen, daß hier ein nicht mehr ganz junger Mann dargestellt ist. Vom Anheimelnden zum Unheimlichen ist es nur ein kleiner Schritt.

Täuschungsmanöver. Mueck erzeugt ganz andere Gefühle im Betrachter, sowohl verstörende, abstoßende und bedrohliche als auch kindliches Staunen und sogar Beschützerinstinkte. Denn die perfekte Simulation wird austariert mit ihrer vorsätzlichen Unterminierung durch die Maßstabsverschiebung: Nie sind Muecks Figuren lebensgroß, manchmal weichen sie nur leicht davon ab, aber häufig sind die Menschen winzig klein oder vollkommen überproportioniert. Meistens sind es Babys und Kleinkinder, die der Künstler zu monumentalen Figuren vergrößert, und erwachsene Menschen, die nur puppen- oder kleinkindgroß erscheinen. Die dadurch erzeugte Ambivalenz verleiht Muecks Skulpturen auch jene emotionale Spannung, die sie über die pure Faszination am handwerklichen Geschick des Künstlers weit hinaushebt.

Bei dem *Mann in Decken* ist das nicht anders. Geborgen in einer mehrschaligen weichen Hülle aus ineinandergeschlungenen Decken, liegt, wie in einer Höhle versteckt, ein nackter schlafender Mann von der Größe eines Säuglings. Wehrlos, schutzbedürftig, aber auch seltsam unentspannt, scheint die Skulptur mehr von der Sehnsucht nach Geborgenheit zu erzählen als von der Geborgenheit selbst; freudianisch gesprochen: von der Sehnsucht des erwachsenen Mannes nach Rückkehr in den Mutterschoß – und die vielfach gefältelten Decken in ihren zarten Pastelltönen verstärken diese Assoziation noch auf der formalen Ebene.

Ein solcher Grad an illusionistischer Naturnähe läßt sich nur noch dadurch überbieten, daß man die Dinge und Lebewesen selbst ausstellt, eine Methode, der sich **Damien Hirst** vielfach bedient. Anders als Mueck, der mit seinen Skulpturen in erster Linie den Eindruck eines lebendigen Wesens hervorrufen will, ist Hirst geradezu besessen vom Thema des Todes. Die ausgestopf-

Damien Hirst, *Mother and Child Divided*, 1993, Glas, Stahl, Plexiglas, Kuh, Kalb, Formaldehydlösung, glasfaserverstärkter Kunststoff, Silikon-Dichtungsmasse, 2 Teile à 190 x 322,5 x 109 cm, 2 Teile à 109 x 169 x 62 cm (Astrup Fearnley Museet for Moderne Kunst, Oslo). Die Trennung von Mutter und Kind als Akt der Grausamkeit sehr plastisch dargestellt und zugleich aufgehoben in formaler Strenge: das Paradox des möglichst lebensnah verbildlichten Todes. »Die Tatsache, daß man etwas aufzieht, um es umzubringen, das ist eine Art von Widerspruch, die mir gefällt« (Hirst).

ten Tiere, die er in seinen skulpturalen Installationen häufig verwendet, wirken paradoxerweise nicht nur weniger lebendig, sondern auch weniger echt als die Simulationen Muecks, obwohl es Hirst nach eigenem Bekunden darum geht »eine Realitätsnähe in der Kunst zu erreichen, die es so im Leben nicht gibt.« Zumindest erreicht er, daß sich der Ausstellungsbesucher mit Dingen konfrontiert sieht, die ihm in der Wirklichkeit nicht begegnen, oder die er üblicherweise aus dem Feld seiner Wahrnehmung verdrängt: Hirst zeigt tote Tiere, die, wie medizinische Präparate in Formaldehyd eingelegt, in gläsernen Vitrinen schweben, ganz oder in Segmenten; er beklebt Bilder mit echten Schmetterlingen, läßt in gläsernem Käfig lebendige Fliegen sich vom Kadaver eines Rinderschädels nähren; er konfrontiert uns mit Krankenhausbetten, Totenbahren, medizinischem Gerät und unendlichen Reihen von Arzneimitteln in verglasten und verspiegelten Regalen und Schränken. Obwohl Hirst proklamiert »Kunst ist wie Medizin. Sie kann heilen«, strahlen diese unendlichen Ansammlungen von lebensverlängernden Hilfskonstruktionen der pharmazeutischen Industrie doch nur eine Aura der Vergeblichkeit aus, eine aseptische Kälte und existentielle Trostlosigkeit.

Der Künstler tritt damit scheinbar das Erbe von naturkundlichen Museen und, blickt man noch weiter

> »Letzten Endes geht es um das Verlangen, ewig zu leben. Nur darum geht es in der Kunst.«
>
> Damien Hirst

zurück, jener Kunst- und Wunderkammern an, in denen Raritäten und Abnormitäten aus allen Bereichen der Natur gleichrangig neben den Erzeugnissen des menschlichen Erfindungsgeistes und der schönen Künste präsentiert wurden. Tatsächlich verfolgt Hirst aber weniger einen aufklärerischen Anspruch als vielmehr eine Taktik des Schocks, den er wohl als heilsamen verstanden wissen möchte. Es geht ihm darum, Verdrängtes mit aller Macht sichtbar und die Endlichkeit allen Lebens erfahrbar zu machen, diese Endlichkeit jedoch zugleich in seiner Kunst zu überwinden.

Wie ein ironischer Kommentar zu Hirsts eingeweckten Tieren erscheinen die *Misfits* von **Thomas Grünfeld**. Sie bestehen ebenfalls aus professionell präparierten Tieren, nur sind sie nicht in Formaldehyd eingelegt, sondern treten uns in sehr viel vertrauterer Form entgegen: freistehend, als ausgestopfte Wesen mit Knopfaugen. Insofern ist der Zugriff auf die Wirklichkeit, scheint es, noch direkter als bei Hirst. Die Verfremdung setzt hier an einem anderen Punkt an. Die Tiere, die Grünfeld zeigt, gibt es nicht, stets sind es Kombinationen mehrerer Arten, die nichts miteinander gemein haben; gruselig-komische Mischwesen, die in den besseren Varianten eine wenn schon nicht biologische, so doch formale Plausibilität gewinnen, so bruchlos gehen die verschiedenen tierischen Einzelteile ineinander über. Auf diese Weise entstehen Känguruhkranich, Eselbär, Flamingohund oder die Straussenkuh. Diese hochgezüchteten Luxusausgaben der Wolpertinger betreiben eine Gratwanderung zwischen Faszination und Ekel, Witz und Schrecken, zwischen dem, was problemlos als Skulptur durchgeht und der spießbürgerlichen Jagdtrophäe. Die grotesk

Thomas Grünfeld, *Misfit (Cow)*, 1997, präparierte Tierkörper, 170 x 190 x 75 cm. Sie sitzen in Nischen, stehen auf Sockeln oder schreiten uns ebenerdig im Museumsraum entgegen: Grünfelds überwirkliche *Misfits* sind nicht bloß falsch zusammengebaute Einzelgänger in der Kunstlandschaft, sondern so komische wie bedrohliche Kreuzungen aus der Tierversuchsanstalt.

deformierten Chimären erinnern zwar an Kinderbücher und -Spiele, bei denen man horizontal geteilte Bilder miteinander zu Phantasiefiguren kombinieren kann. Die Verfremdung kann man aber auch als nur leicht übersteigerte Wirklichkeit auslegen. Grünfelds hybride Monster sind nicht so weit entfernt von transgenen Mäusen ohne Fell oder mit menschlichen Ohren auf ihrem Rücken, als daß sie uns im Zeitalter der unbegrenzten genmanipulatorischen Möglichkeiten nicht auch das Gruseln lehren könnten.

Doch nicht nur Menschen und Tiere sind Objekte außerordentlicher Nachahmungsgenauigkeit, auch die Welt der Gegenstände gibt dafür einiges her. **Peter Fischli** und **David Weiss** sind wahre Meister im Aufstellen von Wahrnehmungsfallen. Aus dem äußerst anpassungsfähigen Material Polyurethan schnitzen sie maßstabsgerecht Gegenstände, zumeist völlig belangloser Natur, und bemalen sie so, daß man in den meisten Fällen nur am viel zu geringen Gewicht und nur manchmal an der etwas zu einheitlichen Oberflächenbeschaffenheit die nachgemachten von den realen Objekten unterscheiden kann. Bevorzugt stellen sie solche Gegenstände her, die ihnen in ihrem Atelier begegnen, also Werkzeuge, Farbeimer, Pinsel, Reinigungsmittel, Bretter, Behälter aller Art und Güte, aber auch Orangensafttüten, Zigarettenstummel und jenes Verpackungsmaterial aus Styropor, das aussieht wie mißratene Kartoffelchips. Das alles präsentieren sie mit vielen Gebrauchsspuren und so systematisch unsortiert, daß die Anordnung völlig zufällig wirkt.

Indem sie solche Materialanhäufungen im Ausstellungskontext eines Museums oder einer Galerie präsentieren, gewinnen sie zweierlei: Zum einen eine erhöhte Plausibilität, denn gerade in den Räumen, die der Kunst gewidmet sind, wird viel häufiger als anderswo gebastelt, umgebaut und neu gestrichen. Zum anderen eine Erwartungshaltung beim Betrachter, der zunächst denkt, daß das ja nur die Vorbereitung sein könne für die Kunst, die erst noch kommt. Diese Hoffnung auf die Zukunft sieht der Betrachter aber alsbald enttäuscht, und während die beiden Künstler sich heimlich ins Fäustchen lachen, muß er sich mit der gezeigten Banalität anfreunden. Dabei kann er sich mit der Erkenntnis trösten, daß das ganze Leben eine Baustelle ist und also auch die Kunst. Aber eigentlich fangen die Fragen hier erst an:

Peter Fischli/David Weiss, *Tisch*, 1992–93, Polyurethan, Farbe, 76 x 330 x 900 cm, Museum für Gegenwartskunst Basel, Detail.
Der Humor von Fischli/Weiss ist subversiv, weil er darauf zielt, sämtliche Kategorien außer Kraft zu setzen, solche der Wahrnehmung und die der Kunst. Wo fängt das Wirkliche an und wo das künstlich Gemachte, wo das Handwerk und wo die Kunst? Es bleibt schwer zu entscheiden, ob Fischli/Weiss eher an der Profanierung der Kunst arbeiten oder an der Ästhetisierung des Gewöhnlichen. Verknüpft sich damit am Ende gar ein Plädoyer für das künstlerische Do-it-yourself à la Beuys?

Wozu stellen Fischli/Weiss mit Werkzeugen und Farben Werkzeuge und Farben her, wozu dient diese simulierte Verdoppelung? Liegt die Kunst in der Kunstfertigkeit der Augentäuschung, im handwerklichen Geschick, beruht ihr Wert darauf, daß sie zwar so tut als ob, aber keinerlei Gebrauchswert hat, also in ihrer Zweckfreiheit? Kommt es auf den Charakter des Selbstgemachten an oder eher den der Selbstgenügsamkeit – daß die Kunst keine Weltentwürfe mehr präsentieren oder Ideologien bebildern muß, sich mit der Darstellung der Niederungen des Alltags begnügen kann, der nun einmal aus Scheuerlappen und O-Saft-Packungen besteht?

Geht es den beiden Künstlern um die Fragen nach Sein und Schein, Wahrnehmung und Wahrheit, darum, daß heutzutage alles unecht ist oder virtuell? Oder führen Fischli/Weiss, wie schon vielfach behauptet wurde – nur nicht von ihnen – einen kunstgeschichtlichen Schachzug gegen Marcel Duchamp, indem sie so tun, als würden sie dessen Readymade-Idee weiterführen und ein alltägliches Objekt nur aus seinem Zusammenhang reißen, um es durch Präsentation im Museum zum Gegenstand ästhetischer Wertschätzung zu erheben, diese Idee aber unterlaufen, indem sie den Alltagsgegenstand aufwendig selbst herstellen?

> »Je näher mein Werk dem Original kommt, desto bedrohlicher und kritischer der Inhalt.«
>
> Roy Lichtenstein

Für Fälscher ein gewohnteres Terrain als die Banalitäten des Alltags sind die Gefilde der Kunst. In ihrer kriminellen Ausformung als eine in betrügerischer Absicht gefertigte Kopie eines bereits existierenden Kunstwerkes oder, raffinierter, eines individuellen Stils erregt die Fälschung immer mal wieder die Gemüter, insbesondere der so Getäuschten. Hier interessiert uns aber die offenbar gemachte »Fälschung« als künstlerische Strategie. Um sie vom Straftatbestand zu unterscheiden, wird im Deutschen dafür gerne auf den englischen Begriff Fake ausgewichen, der ein breiteres Assoziationsspektrum besitzt und für deutsche Ohren von vornherein weniger verbrecherisch klingt (auch wenn er kaum etwas anderes bedeutet).

Die hier auftauchenden Künstler und Taktiken wurzeln allesamt in den achtziger Jahren. Das hängt sicher mit der Postmoderne-Diskussion dieser Zeit zusammen, aber auch mit dem starken Kommerzialisierungsschub, den die Kunst in jenen Jahren erfuhr, so daß auch der längst totgeglaubte Geniekult wiederbelebt wurde, weil er sich als eines der tauglichsten Marketinginstrumente erwies. Umso mehr waren die denkenden unter den Gegenwartskünstlern bestrebt, dieser Reduktion auf die Verkäuflichkeit des Markenzeichens etwas entgegenzusetzen.

Insbesondere **Sherrie Levine** trieb die Debatte um den Verlust der Autorschaft, der genuinen künstlerischen Original-Idee zu neuen Extremen. Sie schuf serienweise Werke »nach« Vorbildern, möglichst getreue Kopien, die sie im Titel aber stets als solche kennzeichnete. Immer waren es Werke arrivierter moderner Künstler, Gemälde von Miró oder Kandinsky, Zeichnungen von de Kooning oder Fotografien von Walker Evans. Sie verwendete dabei stets Reproduktionen der Originale als Vorlagen, um den Verlust an Originalität noch um eine Stufe weiterzutreiben. Es waren also immer Kopien von Kopien, was dem Betrachter unter anderem bewußt macht, daß unsere visuelle Kultur ganz wesentlich so funktioniert: Sie lebt von Bildern in ihrer reproduzierten Form, selbst Profis wie Kunsthistoriker kennen die meisten Werke nur aus Abbildungen und nicht aus eigener Anschauung. Beschreibt das ein Gefühl des Verlusts auf der Rezipientenseite, ist der Verlust an Originalität auf der Seite des Künstlers der weitaus schwerer wiegende, der auch für die unglaubliche Fülle an theoretischen Debatten zu Nachmoderne und Appropriation verantwortlich ist, die auf Levines Strategien gründeten. Dabei wurden Fragen

Sherrie Levine, *Buddha*, 1996, Bronzeguß, poliert, 48 x 41 x 36 cm.
Vom Original durchaus zu unterscheiden: Goldglanz statt Porzellan-Matt kennzeichnet diese anspielungsgesättigte Variation über ein Thema von Duchamp. Ist die Idee nur gestohlen oder schon transzendiert? Oder ist der Abklatsch des Readymades eine melancholische Denkfigur: wenn der Brunnen künstlerischer Einfallskraft versiegt, setzt die merkantile Ausbeutung des Werkes ein?

erörtert wie: Ist die Moderne als Phase der Kunstgeschichte wirklich abgeschlossen, die Zeit der Innovationen vorbei und kann, wer in der Ungnade der zu späten Geburt lebt, den heroischen Zeiten zu Beginn des zwanzigsten Jahrhunderts nur noch nachtrauern? Können Frauen am künstlerischen Status und Ruhm einer männlich dominierten Kunstgeschichte nur teilhaben, indem sie sich deren Werke auf quasi-räuberische Weise einverleiben? Gelingt damit die Demontage des Künstlerheros, oder wird dadurch nicht das Vorurteil von der Beschränktheit weiblicher Schaffenskraft bestätigt?

Der zitathafte, leere Charakter von Levines Arbeiten bleibt bestehen, gemäß der zeitgenössischen Vorstellung von der Unmöglichkeit eines direkten Zugriffes auf die Welt – da jedes Zeichen in unendlicher Reihung nur auf ein anders Zeichen verweist, ohne daß wir jemals an einen Ursprung gelangen. Diese postmoderne Variante vom Verlust der paradiesischen Unschuld verleiht allen Arbeiten Levines ihre Kühle und Distanziertheit. Aber da, wo Levine über die Fragen nach Originalität und Autorschaft hinausgeht und sich nicht auf die Herstellung exakter Kopien beschränkt, werden die Fragen, die sie aufwirft, komplexer und ihre Werke im herkömmlichen Sinne interessanter. Es geht ihr dann nicht mehr so sehr um Fragen des geistigen Eigentums, sondern in den Anverwandlungen an Vorbilder der klassischen Moderne um ironisch gebrochene Umdeutungen mit beinahe parodistischen Untertönen. Bestes Beispiel dafür ist eine ihrer vielen Variationen über Duchamps berühmtes Readymade, das von ihm *Fountain* genannte Urinoir. Levine nimmt diese Form, gießt sie aber in Bronze nach und verhält sich damit eher wie Pop-Artisten vom Schlage eines Jasper Johns, der so banale Gegenstände wie Bierbüchsen durch die Nachbildung in Bronze ironisch adelte. Indem Levine aber die Oberfläche so hochglänzend poliert, daß die kurvigen Konturen sich in den vielfachen Reflexen fast aufzulösen beginnen, kombiniert sie die Duchampsche Geste mit dem klassischen Skulpturbegriff und der handwerklichen Vorgehensweise von Constantin Brancusi, zwingt also die entgegengesetztesten Pole der Skulptur im zwanzigsten Jahrhundert zusammen. Die vollkommen unangemessen scheinende Benennung als Buddha lenkt unsere Aufmerksamkeit vollends auf die formalen Qualitäten des goldenen Pißbeckens, die tatsächlich den Umrissen sitzender Buddha-Statuen erstaunlich nahekommt. Bei soviel zusammengestohlenen Ideen scheint es angebrachter, von einer Accumulation- als von einer Appropriation Art zu sprechen – und die Erleuchtung ist garantiert.

> »Mein Werk ist kritisch. Ich verspotte die Institutionen, unsere Zivilisation, unsere Gewohnheiten, aber weshalb sollte ich mich gegen die Kunst wenden?«
>
> Guillaume Bijl

Guillaume Bijl scheint mit seinen Simulationen die Welt der Kunst hinter sich gelassen zu haben, er fälscht keine Kunstwerke, sondern die Wirklichkeit. In seinen »Transformations-Installationen« nimmt er alltägliche räumliche Situationen und baut sie so vollständig wie möglich in einer fremden, nämlich musealen Umgebung nach: Der Besucher findet sich plötzlich in einer Turnhalle wieder, im Bühnenbild für eine Fernsehquizshow, in einem Reisebüro, Auktionshaus, Eheberatungsinstitut oder Atomschutzbunker, steht unverhofft mitten in einem Fitnessstudio, Friseursalon oder der Abfertigungshalle eines Flughafens. Das ist zunächst äußerst irritierend, als Betrachter kann man des öfteren den Eindruck gewinnen, sich in der Tür geirrt, irgendwo die falsche Abzweigung erwischt zu haben. Dennoch haftet der verblüffenden Realitätsnähe etwas Seltsames an; all diese Räume wirken wie ausgestorben, wie die Kulisse für einen Film, der nicht mehr läuft. Das Fehlen von Menschen, das diese alltäglichen Umgebungen zum Stilleben gefrieren läßt, schafft erst die Distanz, die uns diese Klischees unserer Zivilisation mit neuen Augen sehen läßt. Manches Mal hintertreibt der Künstler selbst diese Erkenntnis, indem er Hinweisschilder plaziert, die alle nach dem Motto »Bin gleich wieder zurück« die Abwesenheit von Menschen, z. B. des Verkaufs- oder

Guillaume Bijl, *Acht historische Lederhosen*, 1998, Installationsansicht Kunsthalle Recklinghausen, Detail.
Farbiger Wandanstrich und schallschluckende Vorhänge, großformatige Tapetenbeschriftung, Vitrinen mit Dokumenten, aufwendige Präsentation in Kastenrahmen mit Messingschild und eine dramatische Spotbeleuchtung: Das reicht, um ernsthafte Zweifel aufkommen zu lassen, ob die Lederhosen von Stefan Zweig, Luis Trenker und Franz-Josef Strauß nun »echte« Museumsstücke sind oder nicht.

Schalterpersonals, als eine temporäre behaupten, und so den Betrachter noch unschlüssiger machen, ob da nicht doch vielleicht einst etwas passieren wird. Was auf eine etwas hinterhältige Weise den Besucher schließlich zur Einsicht auch in seine eigene Konditionierung bringen wird. Aber auch ohne Texttafeln lassen Bijls gebaute Stereotypen unsere Welt als eine bühnenhafte und seltsam streng geregelte erkennen, was durch die Kontextverschiebung ins zweckfreie Reich der Kunst, durch diesen eigentlich einfachen verfremdenden Eingriff schlagartig kenntlich wird.

Insofern unterscheidet sich Bijls Vorgehen doch beträchtlich von der Readymade-Methode Duchamps; ihm geht es eher um eine ins Kulturanthropologische gewendete Erkenntnis, um das Illusorische unserer banalen Wirklichkeitserfahrung und eine Art von »visueller, kritischer, archäologischer Erzählung.« Der Blick des Kulturtouristen, den wir plötzlich auf das Vertrauteste unserer Umgebung gewinnen, ist selbst wieder Thema einer ganzen Reihe von spezifisch musealen Installationen Bijls. Denn dieser Blick ist inzwischen genauso konsumorientiert und oberflächlich geworden wie unsere Alltagswahrnehmung, wir durchschlendern einen Supermarkt mit der gleichen Flüchtigkeit wie die Ausgrabungsstätte oder das

Museum. Durch ein Minimum an Inszenierung lassen wir uns davon überzeugen, daß das Präsentierte etwas Authentisches ist, das uns mit Ehrfurcht erfüllen und ein Gefühl kultureller Teilhabe vermitteln soll. So schafft es Bijl, eine frisch ausgegrabene Römerstraße zu erfinden oder das Sterbezimmer eines Wiener Komponisten, der nie gelebt hat, oder gar komplette Museumsinszenierungen, Dioramen über die Frühgeschichte der Menschheit, die Geschichte der Erotik oder eine Ausstellung über *Acht historische Lederhosen.* Damit entlarvt Bijl auch unsere bildungsbürgerliche Museumskultur als eine banale Angelegenheit und die »fragwürdige fetischistische Annäherung an historische Personen und ihre ›Hinterlassenschaft‹« (Bijl) als einen schlechten Scherz. Dank des Künstlers lernen wir darüber zu lachen.

Bis zur Ununterscheidbarkeit treibt **Res Ingold** das Verhältnis von Fiktion und Wirklichkeit in seinem allumfassenden Projekt, der von ihm gegründeten Fluggesellschaft *ingold airlines.* Deren virtuelle Existenz hat im Lauf der Jahre immer mehr reale Substanz angesetzt, ähnlich wie ein Baum Jahresringe. Der Kern ist die reine Idee der mimikryhaften Nachahmung einer Firma. Inzwischen hat sie verschiedene Existenzformen angenommen, wenn auch oft solche von flüchtiger Natur. So entstanden ein Hubschrauberlandeplatz in Berlin oder

> »Fliegen ist sexy. Unter dem Label einer Fluggesellschaft ist im Prinzip alles möglich, genauso wie es möglich ist, daß sich 300 Tonnen Metall in der Luft halten können.«
>
> Res Ingold

Sportflughäfen in Lappland und Slowenien, und nicht nur die Berliner Polizei nahm die Fiktion für bare Münze – immer wieder bewerben sich Stewardessen und Piloten bei *ingold airlines.* Inzwischen hat die Firma erheblich an Glaubwürdigkeit zugelegt, indem sie als Aktiengesellschaft an die Börse gegangen ist, »Geschäftsberichte« veröffentlicht oder »Versammlungen des ingold-airlines-Aktionärskonsortiums« veranstaltet. In einem »relaunch« des Unternehmens wurde die gesamte Corporate Identity umgekrempelt und eine Fremdfirma mit der Gestaltung eines neuen Erscheinungsbildes beauftragt. Seitdem tragen sämtliche Erzeugnisse von *ingold airlines,* von Falt- und Flugblättern, über die Anzeigenkampagnen und Merchandising-Artikel wie Uhren, Kugelschreiber und Anstecknadeln, bis zu den Flugzeugen selbst das rote Oval mit dem dicken weißen »i«.

In den Foto- und Textkombinationen, die in Form verschiedener Webeträger, als Plakate, Leuchtkästen oder in gedruckter Form als Broschüren und Bücher sowohl in Museen und Galerien wie auch an Flughäfen und anderen kunstfernen

Res Ingold, *ingold airlines connection kit*, 2000, Werbefoto aus dem *ingold airlines more than miles*-Programm, verschiedene Maße, Detail. Das neue Logo von *ingold airlines* besitzt selbstverständlich einen hohen Wiedererkennungswert. Darüber hinaus steht das »i« in der internationalen Sprache der Luftfahrt für Subjektivität, für die individuellen Angebote der Airline. Die Ähnlichkeit mit einem *icon*, also einem Bildzeichen am Computerbildschirm, vermittelt die Modernität des Unternehmens, und die Assoziationen an Flugzeugfenster und einen stilisierten Fluggast stellen sich wie von selbst ein.

Orten zirkulieren, manifestiert sich dabei immer wieder jene nachhaltig verunsichernde Doppelbödigkeit, die *ingold airlines* von allen anderen Fluggesellschaften abhebt. Einerseits werden dort mit technischem und wirtschaftschinesischem Slang angereicherte Neologismen lanciert, die neuartige Dienstleistungen anpreisen, wie *vip- und supplement service, liftax, official carrier, more than miles*. Widmet man sich den Detailbeschreibungen, stößt man allerdings auf so erstaunliche Dinge wie das »animal escorting für arktische Weinbergschnecken« oder den Vorschlag »daß man einen Flug zu Hause mitverfolgt und dabei die Zeit für andere Prioritäten frei hat«. Das zieht der Illusion oder unserem Glauben an sie im Handumdrehen den Boden unter den Füßen weg und läßt uns im Ungewissen schweben zwischen der Welt als Idee und Vorstellung und dem flachen Rollfeld der Realität.

Noch einen Schritt weiter geht das Künstlerkollektiv **NSK** (Neue Slowenische Kunst), das nicht nur eine eigene Firma gründete, son-

NSK, *NSK Garda Zagreb* (in Zusammenarbeit mit der kroatischen Armee), 10.12.2000, Iris Print, 140 x 100 cm. Das Zeichen des NSK-Staates ist keine modische Neuschöpfung, sondern ein an Bedeutug überreiches Symbol: Ein schwarzes Balkenkreuz auf weißem Grund, erinnert es, zumal in der Form als Armbinde, an das Hakenkreuz der Nationalsozialisten, aber zugleich an das christliche Ursymbol, an das Braunkreuz von Beuys und an Gemälde Malewitschs. Es ziert auch das Banner der NSK-Wachsoldaten, hier allerdings an einem fahrbaren Fahnenmast, der wiederum die Flüchtigkeit des Staatsgebildes vor Augen führt – oder als tragbares Feldzeichen erobernder Truppen zu sehen ist.

dern einen eigenen Staat. Sie selbst bezeichnen dieses Gebilde als einen »Staat auf Zeit« und tatsächlich bleibt er ein exterritoriales Gebilde, das sich nur gelegentlich manifestiert, in der Einrichtung einer Botschaft, in der Ausgabe von Reisepässen oder der fotografischen Dokumentation und Präsentation einer fiktiven eigenen Armee. Zwar werden die unbewaffnet in Kampfuniform posierenden Soldaten verschiedener europäischer Armeen immer genauestens nach ihrem Herkunftsland bezeichnet, aber durch das Tragen der stets gleichen Armbinde mit dem Abzeichen des NSK-Staates läßt sich nicht mehr erkennen, ob diese Soldaten die Armee eines neuen Staatenbundes repräsentieren, oder einer transnationalen militärischen Organisation wie beispielsweise der NATO zuzurechnen sind.

Genausowenig läßt sich entscheiden, welchen Status die Künstler beanspruchen, die ja im Namen schon die nationale Zugehörigkeit tragen, aber gerade durch dieses ideelle Staatsgebilde ihrer eigenen Imagination demonstrieren, wie obsolet die Klassifizierung von Kunst und Künstlern nach Nationalitäten eigentlich ist.

Auch wenn die Plakate keine eindeutige politische Aussage besitzen, ist ihnen dank der behaupteten militärischen Omnipräsenz doch eine latente Bedrohung eigen. Dabei ist die Haltung der Künstler ambivalent wie eh und je: 1984 schlossen sich die Musiker von Laibach, die Maler von Irwin und die Theatergruppe *Gledalisšče Sester Scipion Nasicas* zur NSK zusammen. Sie spielten in allen erdenklichen künstlerischen Sparten mit den Ausdrucksformen der Ideologie, jonglierten mit Symbolen und Insignien der Macht und zeigten sich von deren Faszination angesteckt. Der umfassende Anspruch künstlerischer Avantgarde-Utopien wurde zumindest auf formaler Ebene mit dem Totalitarismus der großen Diktaturen gleichgesetzt. So griffen NSK gezielt auf Formen faschistischer Ästhetik und kommunistischer Propaganda zurück, verschmolzen sie mit Aspekten der Volkskunst, der Ikonenmalerei und des Suprematismus – und lösten heftige Abwehrreaktionen aus. Dagegen wirken die heutigen Plakatserien harmloser, aber auch subtiler. Gerade das Verweigern einer eindeutigen Botschaft erzeugt ein tiefsitzendes Unbehagen im Betrachter, der nicht weiß, wie er sich dazu verhalten soll: Ist das Reklame für eine Militarisierung Europas oder Propaganda für die künstlerische Überschreitung nationaler Grenzen – dann aber mit militärischer Gewalt?

> »Jede Kunst ist Gegenstand politischer Manipulation [...], außer derjenigen, die selbst die Sprache dieser Manipulation spricht.«
>
> Laibach

»Ich will einfach ein inneres Bild realisieren. Wenn ich bestimmte Dinge durch Größenveränderung oder Farbveränderung fremd erscheinen lasse, dann ist das eine Seite. Auf der anderen Seite geht es für mich immer um die Frage, diejenige Farbe, Größe oder Form zu finden, die so etwas wie die Essenz von diesen Dingen festhält, wie sie mir in meiner Vorstellung schon vor Augen steht.«

Katharina Fritsch

Die gute Figur

Zurück zur Skulptur. Hier scheint es einfacher, Sein und Schein auseinanderzuhalten, Bild und Abbild, Fläche und Raum. »Natürlich muß ich mit den Gesetzmäßigkeiten der Skulptur arbeiten, aber eigentlich würde ich sie gerne vergessen und einfach dreidimensionale Bilder machen«, sagt **Katharina Fritsch** von sich. Tatsächlich besitzen ihre Skulpturen extrem bildhafte, ja geradezu graphische Qualitäten, die sie zu dreidimensionalen Zeichen im Raum machen. Sie ist in ihren figürlichen Plastiken immer so realistisch wie nötig und so abstrakt wie möglich, das heißt, sie reduziert die Abbildlichkeit so weit, daß wir das Dargestellte zwar sofort identifizieren, aber eher das Bild einer allgemeinen Vorstellung des betreffenden Gegenstandes vor Augen haben als das Ding selbst. Dazu dient Fritsch vor allem jener meist monochrome Farbauftrag in matten Tönen, der die Figuren von Kopf bis Fuß einfärbt, sowohl vereinheitlicht als auch flächig macht und geradezu entmaterialisiert. Wichtig ist aber auch das Tilgen alles Überflüssigen und Anekdotischen, die

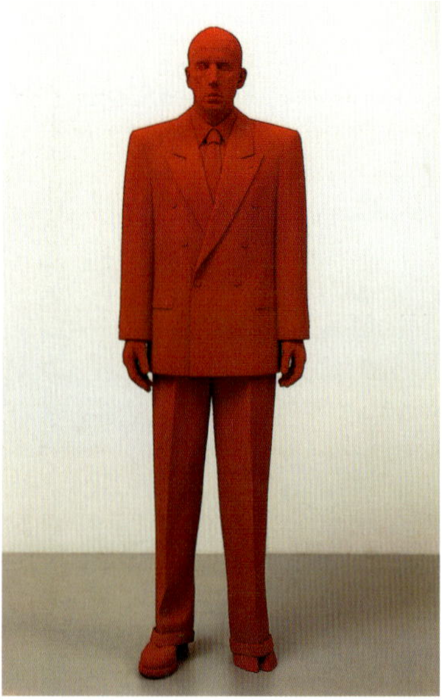

Katharina Fritsch, *Händler*, 2001, Polyester, Farbe, 192 x 59 x 40,6 cm (K21 Kunstsammlung Nordrhein-Westfalen, Düsseldorf, Sammlung Ackermans). Nicht unwichtig ist der Werkzusammenhang, dem der Händler entstammt: Als höllisch roter Geschäftemacher komplettiert er die Trias der »bösen Männer« (Fritsch) von Doktor und Mönch, die nach dem selben Modell entstanden: Der strahlend weiße Medizinmann ist der Tod höchstselbst, ein Skelett, das nur von seinem gestärkten Kittel aufrechtgehalten zu werden scheint. Der nach innen gekehrte Mönch ist von einem solch lichtschluckenden Schwarz, daß er förmlich ein Loch in den Raum schneidet, so undurchdringlich, daß man ihm von reiner Weltabgewandtheit bis zu den finstersten Machenschaften alles zutraut.

Reduktion auf die bildliche Essenz einer Figur, sei es nun eine Maus oder ein Mann. Dadurch verschwindet alles Handschriftliche und Individuelle, übrig bleibt eine Art Archetyp.

So wie die mit höchster handwerklicher Präzision hergestellten Skulpturen den Anschein von Mühelosigkeit erwecken, sind sie auch ansonsten von umfassenden Ambivalenzen geprägt. So wirkt der strahlend rote *Händler* in Anzug, mit Schlips und Kragen wie ein Ausbund an Seriosität. Männlich markant, mit leicht auseinander gestellten Beinen, die Schultern kastenförmig verbreitert vom Jackett und so steif wie seine Bügelfalten, strahlt er Stärke und Machtbewußtsein aus. Zusammen mit der aggressiven Farbe könnte man ihm auch ein gewisses Maß an Skrupellosigkeit unterstellen – eine im Geschäftsleben gern gesehene Charakterdeformation. Seitlich oder von hinten betrachtet sieht man jedoch auch, daß der Händler einen Pferdeschwanz trägt – sicheres Zeichen für windige Gesellen aus der Werbebranche, dem Kunstbetrieb oder dem Marktsegment der Drogendealer und Zuhälter. Und nicht nur das: Der Mann hat auch einen Pferdefuß, genauer den gespaltenen Huf des Bockes. So daß kein Zweifel mehr bestehen bleibt, das muß der Leibhaftige selber sein, der dem potentiellen Kunden nur nach einem trachtet: seiner Seele.

Geradezu klassisch nimmt sich dagegen die Figurenauffassung von **Stephan Balkenhol** aus. Seine Skulpturen, meistens Menschen, seltener Tiere, sind in der Regel miniaturisiert, nur in Ausnahmefällen monumentalisiert – beides aber jeweils in solchem Maße, daß keine Irritation auftritt. Auch wenn die farbige Fassung seiner Figuren realistisch ist, bleibt doch offenkundig, daß Balkenhol nicht nach einem vordergründigen Naturalismus strebt. Er selbst sagt, daß er die Farbe benutze, »um das Material ein Stück weit vergessen zu machen«. Das entspricht des Künstlers Sinn für Maß und Ausgewogenheit, denn ansonsten ist das Material Holz der alles dominierende Faktor in seinem Werk. Balkenhol holt seine Figuren nach einer Umriß-

»Ich will alles auf einmal: Sinnlichkeit, Ausdruck, aber nicht zuviel, Lebendigkeit, aber keine oberflächliche Geschwätzigkeit, Momentanität, aber keine Anekdote, Witz, aber keine Kalauer, Selbstironie, aber keinen Zynismus. [...] Die Figur soll über sich hinauswachsen, über sich und über andere Dinge erzählen, ohne sich zu verrenken und Grimassen zu schneiden.«

Stephan Balkenhol

Stephan Balkenhol, *Tanzende Paare*, 1999, Holz, Farbe, unterschiedliche Maße, Detail (Sammlung Museum für Moderne Kunst, Frankfurt am Main).
Die bei aller Zurückhaltung beruhigende Aura des Vertrauten verströmen alle Figuren Balkenhols. Das trifft auch auf die Gruppe der Tanzenden Paare zu, die auf der eng umgrenzten Kreisfläche ihrer Sockelsäulen tanzen und eine für Balkenholsche Verhältnisse extreme Beweglichkeit entfalten.

zeichnung auf dem Werkstück direkt mir der Motorsäge und anschließend mit Klöpfel und Stechbeitel aus dem Holz. Noch an den fertigen Figuren bleiben die Bearbeitungsspuren deutlich sichtbar, an Ecken und Kanten, Werkzeugspuren, Splittern und Rissen ist die Materialität mit Händen zu greifen. Diese jedem perfekten Oberflächenfinish zuwiderlaufende Haltung von Spontaneität, ja einer gewissen Roheit, macht die Figuren als Artefakte aus sich heraus so lebendig

Balkenhols Arbeiten in Variationen, das sein ganzes Schaffen durchzieht, läßt sich an Ensembles wie den *Tanzenden Paaren* besonders gut studieren. Unterschiedlichste Haltungen werden durchprobiert, verschiedene Positionen der Tänzer zueinander, der Figuren zum Sockel und die Beziehung der einzelnen Figuren zum Raum. Sie bilden keine geschlossene Einheit, es bleibt eine locker gefügte Ansammlung von Einzelskulpturen. Als Betrachter bewegt man sich durch diesen Säulenwald mit seinen anmutigen Miniaturtänzern wie einer der ihren auf dem Parkett, mal einem großen Pulk ausweichend, mal in weitem Bogen auf die vereinzelt stehengebliebene Tänzerin zu.

Neue Materialisten

Das Ausloten aller materiellen Möglichkeiten ist geradezu ein Topos in der Skulptur der Moderne. Die hier versammelten Künstler machen in unterschiedlichem Maße das Material zu ihrem Thema, immer ist es jedoch in sich bereits bedeutungstragend, weil es entweder einem schon bestehenden funktionalen Zusammenhang entrissen oder aus einem vollkommen kunstfremden Kontext in die Skulptur eingebracht wird.

Im Falle von **Beat Zoderer** sind das beispielsweise Hilfsmittel aus dem bürokratischen Alltag, Aktenordner, Klarsichthüllen, Gummibänder, Klebeettiketten, Millimeterpapiere oder Lochverstärkungsringe. Aber auch aus Wollfäden oder Würfelzucker fertigt er vielfarbige, streng geometrische Bildobjekte, die im Niemandsland zwischen Bild, Relief und Skulptur zu Hause sind. Sie schweben zwischen der starken Farbigkeit und strikten Geometrie der konkreten Kunst und einer anarchischen, oft recyclenden Materialverwendung, auf halbem Weg zwischen Max Bill und Kurt Schwitters. Dabei wird das Ordnungsstreben des Bürokraten mit der Regelhaftigkeit konstruktiver Kunst so zur Deckung gebracht, daß sich beide gegenseitig aus den Angeln heben. Der Ästhetik der konkreten Abstraktion wird zwar entsprochen, ihr universalistischer Anspruch allerdings nachhaltig in Frage gestellt durch die Trivialität des verwendeten Materials.

Gleiches gilt für Zoderers *Schnelle Säulen*. Hierbei handelt es sich um ineinander verflochtene dicke Schaumstoffbänder in ausgesucht häßlichen Farben, die zwischen Sockel und Decke geklemmt sind und in ihrem repetitiven Wellenmuster sowohl an Brancusis *Unendliche Säule* als auch an minimalistische Skulpturen denken lassen. Schnell mögen sie heißen, weil sie sicher relativ zügig herzustellen sind. Sie besitzen aber auch eine Eigendynamik, ein durch ihre Wellenbewegung suggeriertes zähes Fließen, das einem am ehesten in der Küche oder Konditorei begegnen könnte, von mäandernd gespritzten Sahneornamenten, Tortengußschichtungen oder Blätterteigformationen. Das heißt, daß es mit der Würde der Bauform »Säule« in diesem Falle nicht so weit her ist, wie es die Tradition will. Natürlich ist sie auch viel zu weich und elastisch, um eine stützende Funktion zu besitzen. Im Gegenteil: Hier trägt der Raum die Säule.

»Mir ist kein Material heilig, mir ist alles Material selig.«
Beat Zoderer

Beat Zoderer, *Schnelle Säule Nr. I und II*, 1997, Schaumgummistreifen, 5 cm stark, geflochten, Höhe 217 cm, Installationsansicht Museum Bellpark, Kriens/Luzern. Hier trägt der Raum die Säule und nicht umgekehrt, denn nur durch die Spannung zwischen Sockel und Decke kannn die Säule überhaupt ihre Form bewahren. Dieses komprimierte Ausdehnungspotential, ähnlich dem einer zusammengedrückten Sprungfeder, macht die schaumstoffigen Gummisäulen letztlich noch schneller.

Während Zoderer immer neue Materialien für sich entdeckt, entlockt **Peter Wüthrich** in ständig wechselnden Verfahren all seine Werke einem einzigen, ungewohnten Material: Büchern. Aus der selbstauferlegten Beschränkung gewinnt er schier unbegrenzte Gestaltungsmöglichkeiten. Wüthrich errichtet blockhafte Skulpturen aus riesigen Bücherstapeln oder einzelne Wände, die wirken wie die ruinösen Mauern einer untergegangenen Lesekultur. Besonders haben es dem Künstler jedoch die farbigen Deckel und Rücken der Bücher angetan. Er gruppiert sie, manchmal kunterbunt, häufig auch nach Farbfamilien sortiert, zu geometrischen Ensembles, die als gerasterte Wandbilder ebenso in Erscheinung treten können wie als ausufernde Bodenreliefs. Noch intakte Exemplare verwandelt er in miniaturhafte Stonehenge-Variationen, spitzwinklige Giebelhäuser oder modern anmutende Architekturstudien.

Peter Wüthrich, *Literarischer Himmel und Planeten*, 1999, Installation im Kunstverein Freiburg, Detail. Drei Tonnen blauer Bücher hat der Künstler zu seinem *Literarischen Himmel* gefügt, in einem Fließen verschiedener Blautöne von Türkis bis Kobalt – eher Farben des Meeres. Aber auch festen Boden kann man sich vorstellen, betrachtet man dieses Bücherfeld von oben, so sehr vermittelt der sich durch das endlose Blau schlängelnde Weg den Eindruck einer Flußlandschaft. Wasser, Erde, Himmel und darüber kreisende Planeten: Wüthrich zeigt, daß man aus Büchern ganze Welten errichten kann.

In seinen Foto- und Videoarbeiten haucht Wüthrich seinem Material in einer Art von animistischem Zauber sogar Leben ein. Bücher werden an der Leine geführt, Bücher flattern durch die Luft, lassen sich auf den Zweigen eines Baumes nieder, paaren sich im Gebüsch und auf freiem Feld oder überqueren in Herdenformation eine Straße. Es sind eben wahre Persönlichkeiten. Diese Überzeugung spiegelt sich auch in der großen Rauminstallation *Literarischer Himmel und Planeten.* Die Planeten sind die weißen Kugeln, die, an fast unsichtbaren Nylonfäden von der Decke hängend, zu schweben scheinen. Sie tragen nur Namen von Büchern, deren Helden jeweils den Titel abgeben, wie Winnetou, Heidi oder Moby Dick und bestehen selbstverständlich aus eben jenen Büchern. Aber nicht einfach in zusammengeknäuelter oder geschredderter Form, wie man als ganz normal Altpapier recyclender Betrachter vielleicht glauben möchte. Wüthrich hat die

Bücher zeilenweise auseinandergeschnitten und zu einer schier endlosen Langzeile verbunden, bevor er sie behutsam zur Kugelform aufgewickelt hat: Die Bücher sind also, theoretisch zumindest, noch lesbar. Und schweben wie Fixsterne über der Bodenskulptur aus tausendfachem Blau.

Peter Rösel, *Bromelia dubia*, 1997, deutsche Polizeiuniform, Damenunterwäsche, Plastiktopf, Plastikteller, Pappe, ca. 80 x 70 x 70 cm (Museum für Moderne Kunst, Frankfurt am Main).
Besonders ans Herz gewachsen ist die deutsche Polizeiuniform dem Künstler nicht – aber es gibt einfach kein besseres textiles Äquivalent für Gummibaum und Yuccapalme. »Ich porträtiere Pflanzen, bringe durch den Widerstand des mir unsympathischen Materials eine Physiognomie hinein, die sehr viel mit mir selbst zu tun hat, mit meiner Ambivalenz von Faszination und Ablehnung« (Rösel).

In seinen skulpturalen Arbeiten hat auch **Peter Rösel** ein einziges Thema: Pflanzen. Er verfertigt sie in oft erstaunlicher Ähnlichkeit aus Kleidungsstücken, wobei ihm eine Sorte Textilien besonders viel Stoff für seine Arbeiten gibt: die deutsche Polizeiuniform. Nun muß einem dieser Berufsstand gar nicht mal unsympathisch sein, es reichen ästhetische Gründe völlig aus, um der beige-grünen Tracht deutscher Ordnungshüter mit höchstem Widerwillen zu begegnen. Jedenfalls hegt auch der Künstler eigentlich eine tiefe Abscheu gegen diese Kleidungsstücke, aus denen er aber mit Trotz, Phantasie und in mühevoller Feinarbeit die exotischsten Gewächse näht. So gelingt es ihm beispielsweise, in einer großen Bodenskulptur einen Seerosenteich darzustellen – ein Sujet, das in der Kunst eigentlich für alle Zeiten reserviert schien als die Domäne von Claude Monet – indem er die Blätter aus den Polizistenjacken fertigt, die Blüten aus den weißen Mützen.

So verblüffend das Ergebnis ist, so wenig geht es Rösel um die glatte Täuschung: Häufig tauchen an seinen Pflanzen Knöpfe, Taschenklappen, Gürtelschlaufen oder Reißverschlüsse auf, die die Herkunft des Materials unmißverständlich klarmachen. In anderen Arbeiten verwendet er auch Feinrippunterhosen, Tarnstoffe oder Straßenkehreruniformen samt Reflektorstreifen: die perfekte Illusion kann sein Ziel nicht sein. Dagegen geht es dem Künstler sehr wohl um das Paradoxe, die Symbiose aus Anziehung und Abstoßung, gespiegelt im Widerspruch von künstlich und natürlich, von

»Dschungelpflanzen sind unglaublich resistent. Sie gedeihen auch im Büro.«

Peter Rösel

echten Uniformen und gefälschten Pflanzen. Dabei wird die Härte und saftstrotzende Glätte der fleischigen Sukkulentenblätter in der textilen Transformation weich, schlapp, trocken und staubig, wie in einem Sinnbild für die Domestizierung des prallen Lebens, der ungezähmten Natur in erstickendem Uniform- und Bürokratenmief. Und trotzdem bleibt von des Künstlers Faszination für die Pflanzen noch vieles erhalten, nicht zuletzt die erotischen Implikationen: Die männlichen Uniformen treiben oft weibliche Blüten und so gut wie immer bestehen die farbigen, zarteren Teile aus Unterwäsche.

Während Rösel uns ab und an ein X für ein R vormacht, das Exotische nimmt, um das Erotische herauszulesen, geht es **Yinka Shonibare** um den Begriff des Exotischen selbst. Dabei spielt für ihn das Material eine noch bedeutendere Rolle, das Medium ist tatsächlich die Botschaft: Gleich, ob er englische Aristokraten des achtzehnten Jahrhunderts, Figuren der Kunstgeschichte, Astronauten oder Außerirdische in seinen Skulpturen darstellt, alle besitzen sie die gleiche Art von textiler Oberfläche. Sie tragen jene schrill bunt gemusterten Batikstoffe, die auch der ungeübte Betrachter sofort als »afrikanisch« identifizieren wird. Das ist zwar auch ein biographisch zu begründender Reflex auf des Künstlers eigene Abstammung – er ist Engländer nigerianischer Herkunft – aber ein diesen Anlaß weit hinter sich lassender Kunstgriff. Diese bunten Stoffe, die Art ihrer Herstellung und sogar die Ornamentik stammen nämlich eigentlich aus Indonesien, von wo sie die Kolonialmacht der Niederlande nach Europa importierte. Von dort fanden sie über die Textilindustrie des britischen Empire Verbreitung bis in die englisch besetzten Gebiete Afrikas. Das heißt, noch im 19. Jahrhundert war diese Sorte Textilien in Afrika genauso fremd wie in Europa. Inzwischen wird aber nicht nur in der Fremdwahrnehmung von außen, sondern auch in der Selbstwahrnehmung vieler Afrikaner diese Art der Bekleidung als selbstbewußter Ausdruck kultureller Identität interpretiert. Damit verschwimmen mit einem Schlag die Grenzen zwischen dem Fremden und dem Eigenen, dem Authentischen, Ursprünglichen – was im Exotischen ja stets gesucht wird – und dem Nachgemachten, ja Gefälschten. Schließlich sind auch die ursprünglich handgemachten Stoffe längst industriell gefertigt und tun nur so als wären sie im aufwendigen Wachsdruckverfahren hergestellt.

Ebenso prägnant wie komisch bringt Shonibare das in der Familie seiner Außerirdischen auf den Punkt. Hier läßt sich nicht mehr zwischen Haut und Kleidung unterscheiden, die *aliens* besitzen einfach eine Oberflächenerscheinung, die anders ist – aber gänzlich unbedeutend im Verhältnis zu ihrer fremdartigen Gestalt. Diese seltsamen Wesen mit Fühlern, Schwellköpfen, Plattfüßen und Stengelbeinchen sehen wie eine comicartige Mischung aus Mensch und Insekt aus; aber selbstverständlich posieren *Mum and Dad* wie für's Familienalbum. Denn in Wahrheit erwarten wir von dem Fremden, daß es bitte nicht allzu fremd sein und sich wie wir verhalten möge, da haben auch Außerirdische sich gefälligst wie anständige Menschen zu benehmen.

Yinka Shonibare, *Alien Obsessives, Mum, Dad and the Kids, hier: Mum and Dad*, 1998, Textil, Maße variabel.
Was ist befremdender in einem mitteleuropäischen Museum? Ein afrikanisch gewandeter oder ein außerirdischer Besucher? Shonibare rückt das Exotische aus der eurozentrischen in eine weltumspannende Perspektive und zeigt den Exotismus als die angst- und lustbesetzte Sehnsucht nach dem Fremden, dem ganz Anderen, als ein in jeder Hinsicht Grenzen überschreitendes Phänomen.

Im Grenzüberschreiten sehr geübt ist auch **Wim Delvoye**, jedoch überschreitet er am liebsten die des guten Geschmacks und der *political correctness*. Das funktioniert durch die Konfrontation von Thema und Material, die einander stets aufs heftigste widersprechen.

Er stellt tätowierte Schweine aus, Handballtore mit pseudo-sakraler Glasmalerei an Stelle des Netzes (sinnigerweise mit dem Motiv des Heiligen Stephanus), malt Stadtwappen auf Schaufelblätter und Bügelbretter, zeigt pornographische Röntgenbilder, in Bergmassive gehauene Monumentalinschriften, die nur Küchenzettelnotizen sind (»Honey, Lasagna in the fridge, love you, C.«), aus Wurst und Schinken gebastelte Mar-

»Kunst ist ein Spiel mit Regeln, das man nur gewinnen kann, wenn man diese Regeln verändert.«

Wim Delvoye

morfußböden und Ornamentkacheln, deren Muster aus Kotwürsten gebildet werden. Hin und wieder bleibt es bei der bloßen Provokation durch Tabuverletzung. In den besseren Fällen macht Delvoye immerhin gute Witze, und manchmal gelingt es dem Künstler auch, tiefschürfende Fragen zur kulturellen Produktion von heute zu stellen.

So wie in seinem *Cement Truck*, einem in Originalgröße aus Holz gefertigten Betonmischlastwagen, der über und über mit geschnitzten Ornamenten bedeckt ist. Hier widersprechen sich Figur und Material ebenso wie Figur und Oberfläche: Das völlig nüchterne Baufahrzeug ertrinkt fast im geschnitzten Rankenwerk, einer überbordenden Ornamentik, die aller Modernität Hohn spricht, sowohl der glatten, funktionalen Form des Autos, als auch der Architektur, die aus dem Beton gebaut wird, den es transportiert. Einerseits scheint Delvoye also die moderne Doktrin vom verbrecherischen Ornament zu bestätigen – andererseits führt er eben jene verpönte Ornamentik wieder in die zeitgenössische Kunst ein, und man kann kaum umhin, die handwerkliche Meisterschaft und Raffinesse zu bestaunen, mit der das hölzerne Ungetüm gefertigt wurde. Aber das ist natürlich bloßes Kunsthandwerk, hat also im Bereich der hohen Kunst nichts verloren – oder doch? Die Schnitzarbeit stammt schließlich nicht von Delvoye selbst, sondern von indonesischen Kunstdrechslern und Holzschnitzern, die daran elf Monate gearbeitet haben. Insofern könnte man es als authentischen Ausdruck einer anderen Kultur ja noch durchgehen lassen – wenn sie doch bloß einen anderen Gegenstand mit ihrer Kunst veredelt hätten! Ist schon das handgeschnitzte Industrieprodukt, das neobarocke Prunkmöbel im Maschinen-Look ein Dorn im Auge des mo-

Wim Delvoye, *Cement Truck*, 1998–99, Teakholz, 325 x 225 x 670 cm. Flämischer Neo-Barock oder echt indonesisches All-Over? Delvoyes Zementmixer, »eine Allegorie für die Vermischung der Kulturen, die Teil unseres Alltags ist« (Delvoye), mischt Stile, Zeiten, Kontinente – und die Gefühle der Betrachter mit seiner geballten Ladung an Ornament und provokant politischer Unkorrektheit.

dernen Kunstbetrachters, so wird es noch schlimmer, wenn man den vom Künstler lauthals proklamierten Produktionsprozeß in die Betrachtung miteinbezieht. Delvoye hat im typischen Niedriglohnland Indonesien mehrere Menschen monatelang für sich schuften lassen und streicht anschließend den künstlerischen und monetären Mehrwert ein. Um auch noch die Umweltschützer gegen sich aufzubringen hat er seinen Betonmischer vorsichtshalber aus Teakholz herstellen lassen. Was bei der Erstpräsentation tatsächlich für helle Empörung beim Kunstpublikum sorgte, sollte eher zum Nachdenken darüber anregen, wie sehr diese Arbeits- und Produktionsweisen mit der Ausbeutung der sogenannten »dritten« durch die »erste« Welt in unserem Alltag gegenwärtig sind – nicht nur auf Baustellen.

Gegen Delvoyes geballte Paradoxien wirken die Skulpturen von **Hans Hemmert** geradezu erleichternd. Alles Problematische der zusammengezwungenen Gegensätze und Selbstwidersprüche löst sich in Luft auf. Denn das ist Hemmerts bildhauerisches Material: Luft. Nur um die geformte Luft sichtbar zu machen, gibt er ihr eine Hülle aus gelbem Latex. Das ist als materielle Neuerung in der Kunst an sich schon spannend genug, denn die wesentliche Eigenschaft von Latex ist seine Dehnbarkeit, die der Künstler nicht nur zur Ausdehnung seiner Skulpturen nutzt, sondern zur Ausdehnung des Skulpturbegriffes überhaupt. Hemmert fertigt riesige Ballons, die er in Räume sperrt, in Ecken drängt, aus Nischen hervorquellen läßt. Schon damit zeigen die Skulpturen, daß sie, ihrer Größe zum Trotz, jeder herkömmlichen Vorstellung von Monumentalskulptur Hohn sprechen. In ihrer etwas wabbeligen Weichheit besitzen sie keine Spur von Erhabenheit und nichts endgültig Festgefügtes; ihre temporäre Existenz ist ihnen schon vom Material vorgegeben – eines Tages wird das Latex porös, die Luft entweicht, die Form geht flöten. Insofern existieren Hemmerts Skulpturen auf Zeit stets an der Grenze zwischen Form und Formlosigkeit. Auch suggerieren ihre weichen Formen etwas Lebendiges, das über den Biomorphismus in

Hans Hemmert, *o.T. (Gelbe Skulptur passend zu Vesparoller)*, 1998, Latexballon, Luft, Künstler, Motorroller; Cibachrome 100 x 75 cm. In der Serie *Home Frame 2* hebt Hemmerts gelber Barbapapa nicht nur sein Baby in den Himmel, er klettert auch auf Leitern, schleppt Bierkästen, sitzt im Sessel oder, wie hier, auf einem Motorroller. Das bringt Bewegung in den statischen Skulpturbegriff – und alles wird gelb.

Skulpturen Arps oder Moores weit hinausreicht, man traut ihnen ohne weiteres ein gewisses Maß an behäbiger Eigenbeweglichkeit zu.

Diese dünnhäutige Schwellenexistenz seiner Ballonskulpturen weitet Hemmert nun in zweierlei Richtungen aus. Zum einen schafft er kurzzeitige Rauminstallationen, in denen er die herkömmliche skulpturale Perspektive vertauscht, innen und außen verkehrt und eine Art von begehbarer Raumplastik schafft: Dann wird ein Ballon so weit aufgeblasen, bis er ein ganzes Zimmer komplett ausfüllt und sich wie eine zweite Haut an alle vorhandenen Gegenstände, Wände und Decken schmiegt und jeden rechten Winkel, jede Ecke, jede Kante in eine Kurve oder Beule verwandelt: Alles wird rund. Diese Raumdurchdringung ist so fragil und technisch so aufwendig am Leben zu halten, daß nur der Künstler und eventuell ein Fotograf sie betreten können, um diesen ganz in gelbes Gummi gehüllten Raum in fotografischer Form festzuhalten und später als Leuchtkasten zu präsentieren.

Die andere Erweiterung macht noch deutlicher, daß Hemmert nie Skulpturen macht, die man irgendwo auf den Sockel heben oder im Raum abstellen könnte, sondern solche, die entweder mit dem Raum interagieren oder dem Menschen, stellvertretend dem Künstler selbst. Hemmert belebt seine Skulpturen, indem er in ihre Haut schlüpft, sie wie ein Puppenspieler von innen animiert und so in Beziehung bringt zu allen möglichen Gegenständen, Menschen und Situationen des Alltags. Wie bei den ähnlich gearteten performativen Skulpturen von Erwin Wurm läßt sich das nur in Form von Video oder Fotografie vermitteln. Bei Hemmert tritt jedoch der formale Aspekt durch den abstrakten Akteur und seine gleichbleibende Farbigkeit im spezifischen Hemmert-Gelb viel mehr in den Vordergrund. Daraus ergibt sich eine ganz eigentümliche Spannung zwischen dem extrem wandelbaren Gummi-Ei und den konkreten Gegenständen, die es jeweils neu definieren, um- und verformen.

Die gute Form

Natürlich könnte man auch **Thomas Rentmeister** ohne Probleme in die Gruppe der *Neuen Materialisten* einreihen: Mit seinen mehr oder minder skulpturalen Arbeiten aus Nuß-Nougat-Creme betritt er jedenfalls neue Bereiche der Eat-Art. Er schöpft, kleckert und verstreicht große Mengen von Nutella zu amorphen Haufen, cremigen Wirbelstrukturen, die eher flächig sind als skulptural, dank ihrer Zähigkeit zwar die Form bewahren, aber aufgrund ihrer Weichheit auch nie über ein gewisses Bodenniveau hinausgelangen. Auf diese Weise zelebriert er die vollkommene Formlosigkeit, den Urschlamm mit leichter Oberflächenkräuselung und fäkalen Assoziationen und verbildlicht die Unmöglichkeit, mit einem so weichen Material überhaupt ein dreidimensionales Gebilde im Raum zu schaffen.

Eine ähnliche Art von »Materialungerechtigkeit« prägt auch Rentmeisters monochrome Skulpturen aus Polyester. Obwohl das Material extrem hart und spröde ist, versucht der Künstler ihm möglichst weiche, runde, organische Formen abzugewinnen. Manchmal schlägt das Pendel dabei weit in Richtung Figuration aus, und Assoziationen an Wärmflaschen, keimende Bohnen oder comichafte Tierwesen wie gesichtslose Kraken und zweibeinige Frösche stellen sich ein. Aber selbst diese Gebilde lassen sich, wie die abstrakteren unter seinen Skulpturen, als reine Formen betrachten, als oberflächenorientierte Phänomene im Raum. Zwar suggerieren die fließenden Trop-

Thomas Rentmeister, *ohne Titel*, 2000, Polyester, 91 x 322 x 174 cm. Rentmeister verwendet seine Materialien trotz oder entgegen ihren Eigenschaften, um sie so künstlich wie möglich erscheinen zu lassen. »Die Objekte werden von mir – salopp gesagt – in Richtung Virtualität getrimmt, soweit es die Realität zuläßt« (Rentmeister).

»Das Wesentliche an meinen hochglanzpolierten Skulpturen aus Polyester ist in der Tat ihre Oberfläche. Mir wäre am liebsten, wenn ich alles darunter Liegende weglassen könnte und die Skulpturen wie virtuelle Hüllen oder unendlich dünne Seifenblasen im wirklichen Raum herumliegen würden.«

Thomas Rentmeister

fenformen stets eine Bewegung, gar eine mögliche Metamorphose der Skulptur, ihr stromlinienförmiger Charakter läßt aber eher an eine Herkunft aus dem Windkanal denken. Zusammen mit den glänzend glatten, spiegelnden Oberflächen verleiht ihnen das eine enorme Künstlichkeit. Letztlich ähneln sie ergonomisch designten Gebrauchsgegenständen ohne Funktion mehr als irgend etwas Lebendigem und beharren auf ihrem rein ästhetischen Existenzrecht als hoch artifizielle Fremdkörper.

Noch weitaus puristischer ist das Werk von **Anish Kapoor**. Seiner Selbstdefinition entsprechend »Ich bin ein Maler, der ein Bildhauer ist«, spielt die Farbe in vielen seiner Arbeiten eine wesentliche Rolle, allerdings nicht im Sinne eines farbigen Anstrichs, sondern von Farbe als reiner Materie, als Pigment. Damit überschüttet er beispielsweise reduziert geometrische Kleinskulpturen, bis sie unter dem matten Pulver kaum noch als Form auszumachen sind. In den verschiedenen Fassungen seines *Descent into Limbo* scheint man sogar nur einem einfachen schwarzen Quadrat oder Kreis am Boden gegenüberzustehen, aufgestreut aus schwarzem, pudrigem Pigment, das alles Licht schluckt. Die geometrische Form ist von solch vollkommener Schwärze, daß es einer ganzen Weile konzentrierter Beobachtung bedarf, bevor man überhaupt wahrnehmen kann, daß sich tatsächlich ein Loch im Boden befindet, genauer gesagt: eine negative Skulptur, deren Öffnung eben jene zuvor gesehene geometrische Form ist. Doch auch bei lange währender Betrachtung läßt sich die Binnenform nicht genau bestimmen. Man ahnt, daß sie eine räumliche Erstreckung in die Tiefe besitzt, aber da alles vom gleichen lichtlosen Schwarz überzogen ist, schwankt man beständig zwischen Schwindel vor einer als unendlich angenommenen Tiefe und der ursprünglichen Wahrnehmung einer völligen Raumlosigkeit.

»Ich möchte Skulpturen schaffen, deren Themen Glaube oder Leidenschaft, Erfahrungen jenseits materieller Belange sind.«

Anish Kapoor

Diese und ähnliche Dichotomien sind das eigentliche Feld von Kapoors Arbeiten. Dabei ist in jüngster Zeit die Frage der Räumlichkeit von noch größerer Bedeutung, und zunehmend sind die farbigen Formen spiegelnden Oberflächen gewichen. Das macht die Wahrnehmung der auf wenige geometrische Grundformen reduzierten Skulpturen oft noch schwieriger. Das beständige Umkippen zwischen positivem und negativem Volumen führt zu nachhaltigen Irritationen, die über die Verzerrungseffekte eines Spiegelkabinetts weit hinausgehen. Zwar sieht sich der Betrachter auch vor Kapoors Skulpturen vielfach gebrochen und deformiert, vor allem aber kann er von der spiegelnden Form selbst nicht mehr sagen, wo bei ihr oben und unten bzw. vorne und hinten ist; die Skulpturen Kapoors führen zu einem Sich-Verlieren, das tatsächlich alle materiellen Aspekte transzendiert. Dieses Anvisieren des Geistigen durch das Sinnliche läßt sich in Form der fotografischen Reproduktion kaum vermitteln – dennoch sei hier eine Abbildung zu *Suck* beigestellt, einer Edelstahlskulptur, welche die Sogwirkung schon im Titel trägt. Sie wölbt sich als flache Scheibe vom Boden empor, um sich in der Mitte zu einer kreisförmigen Vertiefung wieder herabzusenken. Fällt es schon schwer zu entscheiden, an welcher Stelle die konvexe in die konkave Wölbung übergeht, so läßt sich die Mitte der Skulptur gar nicht mehr ergründen – und tatsächlich verraten die Maßangaben, daß die Skulptur genauso tief ist wie ihr Durchmesser, also mehr als zweieinhalb Meter unter die Oberfläche des Fußbodens reicht. Der Grund dieses Trichters ist sehend nicht mehr auszuloten, und die Leere verkehrt sich in Fülle: »Ich sehe Leere nicht als leeren Raum im Sinne von ›nicht gefüllt‹, sondern als einen ›potentiellen‹ Raum – damit ist eine Idee von Ursprung, eine Vorstellung von Anfang gemeint« (Kapoor).

Anish Kapoor, *Suck*, 1998, Edelstahl, Durchmesser 270 cm, Tiefe 260 cm; Installationsansicht im cpac Musée d'art contemporain de Bordeaux.
Die Wirkung von Kapoors Skulpturen gründet ganz wesentlich in der direkten körperlichen Konfrontation, der sinnlichen Erfahrung, zielt aber letzten Endes auf Immaterielles. Wir sehen hier nur die perfekte spiegelnde Scheibe, gewölbt wie eine kreisrunde Quecksilberpfütze – tatsächlich aber ist sie ein Trichter, ein Nabel, ein Schlund, der bis zum Mittelpunkt der Erde zu führen scheint.

Dieses Kapitel firmiert unter einem unscheinbaren Begriff, umfaßt aber eine Fülle von dreidimensionalen Kunstwerken, die sonst nur schwerlich unter einen Hut zu bekommen wären. Häufig wird deshalb auf das Wort »Installation« zurückgegriffen – es hat aber den Nachteil, daß es alles bezeichnet, was man sonst nicht einzuordnen vermag in der Gegenwartskunst und außerdem den Künstler zum Klempner macht. Der aus der Mode gekommene Begriff des »Environment« träfe es da schon genauer, schließlich geht es in all den hier vorzustellenden Werken darum, den Betrachter zu umgeben, gar zu umzingeln, ihm ein Eintauchen zu ermöglichen, meist mit mehr als nur dem Sehsinn und nicht einfach in einer momentanen Konfrontation, sondern in einem zeitlichen Nacheinander: Zum Raum tritt dann die Zeit. Grundsätzlich lassen sich dabei zwei Vorgehensweisen feststellen: die der Neukonstruktion eines Raumes in den bestehenden hinein oder die fundamentale Transformation des vorhandenen. Stets ist es wichtig, daß der Betrachter das Kunstwerk in Umkehrung der üblichen Perspektive von innen erfährt, was nicht gleichbedeutend sein muß mit dem Verlust des kritischen Verstandes, aber doch ein Schwinden der Distanz mit sich bringt, eine oft direktere, sinnliche Beteiligung.

Farbraum

Ein Weg, sich den Phänomenen der Raum-Kunst zu nähern, führt über die Malerei, oder doch eine Kunst, die wesentlich als Organisation farbiger Flächen in drei Dimensionen gedacht ist. Ein singuläres Beispiel hierfür bietet **Leni Hoffmann**. Sie malt ihre Bilder nicht mit Pinsel und Farbe, sondern mit Knete. Mit diesem Werkstoff gestaltet die Künstlerin große monochrome, meist streng geometrische Flächen direkt auf Wände, Decken und Fußböden. Der Arbeitsprozeß ist dabei im Prinzip immer der gleiche: mit den Daumen wird das Plastilin in eine Form gebracht, die an die Rocaille des Rokoko erinnert, an Wirbel und Rosetten, und sich als ungerichtete All-over-Struktur über die gesamte farbige

Leni Hoffmann, *OCR*, 1996, Knete auf Wand und Fenster, Galerie Köstring/Maier, München.
Die Arbeit von Leni Hoffmann läßt sich nur schwer einordnen, sie ist gleichermaßen konzeptionell geprägte Kunst im öffentlichen Raum mit hohem demokratischen Anspruch, ein dreidimensionaler malerischer Konstruktivismus in der Tradition eines Theo van Doesburg und zugleich eine sehr spezifische Fortentwicklung von Color field painting und monochromer Malerei, die in ihrer Konzentration auf die Farbmaterie Räume neu definiert.

Fläche erstreckt. Dabei geht es Hoffmann nicht um das Ornament als solches, ihr Interesse besteht nicht darin, eine farbige Stuck-Applikation zur Zimmerverschönerung anzubringen. Ihr Ziel ist es, den direkten Zugriff zu wahren, eine Handschrift im wahrsten Sinne des Wortes, indem sie nämlich unzählige Male ihren Fingerabdruck hinterläßt, diesen aber durch die drehende Modellierbewegung ständig wieder verwischt. Zugleich ist es ihr wichtig, das Amorphe, Formbare und Veränderliche des Materials spürbar zu machen und eine Reliefwirkung der farbigen Flächen zu erzeugen.

Das Plastilin in kräftigen, bisweilen grellen Farbtönen, die nicht unbedingt handelsüblich sind, trägt Hoffmann beispielsweise auf Glasflächen von Türen und Fenstern auf, so daß nicht nur ungewohnte, sondern auch wechselnde Farbeindrücke entstehen, abhängig von den Lichtverhältnissen und je nachdem, von welcher Seite man die Fläche betrachtet. Unabhängig von dieser Einbeziehung der Transparenz ist auch die reliefierte Fläche an sich eine optisch höchst veränderliche: Je nach einfallendem Tageslicht entstehen Verschattungen, die nicht nur die Farbe, sondern den gesamten Charakter eines Werkes verändern können. Dabei ist es nicht von Belang, ob die Arbeit sich an der Fassade eines Museums, an einer Wohnzimmerdecke oder auf der Straße befindet, Hoffmann geht es stets um das Öffnen von Räumen. Das ist zum einen ganz buchstäblich zu nehmen, wenn sie Türen und Fenster aushängt, oder abgelegene Korridore bespielt statt der eigentlichen Ausstellungsflächen. Das heißt zum anderen, daß sie mit ihrer Kunst auch in den öffentlichen Raum hinausgeht, den Kontakt zu Betrachtern sucht, die sonst kaum mit ihrer Kunst in Berührung kämen.

> »Skulptur ist nicht mehr das, was sie einmal war. Was sie jedoch sicher zu sein scheint, ist eine Art Theater im Kunstraum.«
>
> Jessica Stockholder

Tatsächlich setzt Hoffmann auf Partizipation in einem direkten Sinn, denn gerade in den Bodenarbeiten wird der Betrachter unweigerlich auch zum Betreter, der seine Spuren hinterläßt und so die Arbeit allmählich verändert. Wichtig ist ihr dabei stets, daß ihre Arbeit als eine räumliche begriffen wird, sie möchte eben nicht einfach eine Wand bemalen, sondern die notwendige Sensibilität erzeugen, auch das vorher Unbeachtete wahrzunehmen.

Ebenso malerisch im Ansatz, aber weitaus skulpturaler arbeitet **Jessica Stockholder**. Dabei verwendet sie zwar auch ab und an Farbe, hauptsächlich jedoch starkfarbige Gegenstände und Materialien, die sie zu raumhaltigen Ensembles komponiert. Dabei geht sie nicht nur dezidiert auf die vorhandenen Ausstellungsräume ein, sie beschafft sich auch die Materialien erst vor Ort, sieht, was verfügbar ist, um in einem Wechselspiel aus Zufall, Improvisation und strenger Ordnung das Werk auch tatsächlich für den Ort entstehen zu lassen. »In gewisser Weise kann ich jedes Material verwenden; denn mein Werk handelt davon, wie Abstraktion und Materialität zusammentreffen« (Stockholder). Damit benennt die Künstlerin selbst einen wesentlichen Unterschied zu Materialskulpturen oder Assemblagen früherer Künstlergenerationen; sie verwendet die gefundenen Objekte kaum aufgrund ihrer ursprüng-

Jessica Stockholder, *Vortex in the Play of Theater with Real Passion: In Memory of Kay Stockholder*, 2000, Material-Container, Ytong-Bausteine, Holztische, Lego-Duplo-Bausteine, PVC- und Linoleumbodenbelag, Theaterscheinwerfer, Parkbank, Vorhang, Baumwollstoff, Spitze, Fell, Zeitungspapier, Acryl- und Lackfarbe; Installation im Kunstmuseum St. Gallen. Dieses dem Andenken der Mutter der Künstlerin gewidmete Raumbild spielt zwar auch auf deren eingehende Beschäftigung mit Shakespeare und dem Theater an, auf Erfahrungen der Kindheit und des Erwachsenwerdens, bleibt aber bei aller Theatralität eine kühl abstrakte Komposition in warmen Farben.

lichen Bedeutung, sondern um ihrer formalen, insbesondere farblichen Eigenschaften willen. Dabei ist das Spektrum der verwendeten Stoffe erstaunlich: Die Materialangaben ihrer Werke sind oft endlose Listen, reichen von Möbeln, Lampen, Haushaltsgeräten über Legosteine, Baustoffe und Textilien aller Art bis zu Obst und Gemüse. Die überbordende Mikrostruktur erschließt sich jedoch erst nach und nach, im Durchschreiten ihrer Räume, und wird von der übergreifenden farbigen Makrostruktur zusammengefaßt, wobei jeder Blickwinkel aufs neue einen anderen, aber verhältnismäßig geschlossenen Bildeindruck vermittelt.

Abstrakte Prinzipien kennzeichnen die Räume von Stockholder, der Gegensatz von Chaos und Ordnung, von Masse und schwebender Leichtigkeit und vom Überspielen all dieser Gegensätze wie auch der Grenzen der Gegenstände durch die überspringenden, überfließenden Farbverläufe. Dennoch läßt sich nicht leugnen, daß Stockholder ihr Material auch assoziativ, erzählerisch, ja theatralisch einsetzt, ein Eindruck, den nicht zuletzt ihre poetischen Werktitel belegen.

Erfahrungsraum

Daß der Mensch im Mittelpunkt steht, werden viele Künstler für sich und ihre Werke in Anspruch nehmen wollen, selten trifft es jedoch so sehr zu wie für die Arbeiten von **Ernesto Neto**. Hier steht der Mensch nicht nur, er sitzt oder liegt auch in den Gebilden, die der Brasilianer vorzugsweise aus Nylonstrümpfen konstruiert. Deren extreme Elastizität nutzt er beispielsweise für unförmige, gepolsterte Körperkostüme, die zwischen Kleidungsstück und Sitzmöbel angesiedelt sind, jedenfalls durch diverse Schlupflöcher und geringes Gewicht tragbar sind und als mobile Skulpturen auch getragen werden sollen. Oder aber Neto fertigt aus diesem Textil mit entsprechenden Schaumstoffpolsterungen und farbigem Licht begehbare weiche Höhlen, uterale Wohnlandschaften, in die man sich als Besucher buchstäblich versenken kann. Am spannendsten werden seine Arbeiten jedoch, wenn er sie in

»Ich bin nicht dafür, daß man eins gegen das andere ausspielt, ich sage nur, daß wir eine neue Balance von Kopf und Leib finden müssen.«
Ernesto Neto

Ernesto Neto, *O Bicho*, 2001, Textilien, Gewürze, ca. 5 x 12 x 12 m, Installationsansicht Arsenale, 49. Biennale von Venedig.
Netos hängende Gewürzgärten schweben nicht nur zwischen Decke und Boden, sondern auch zwischen Wald und Säulenarchitektur, erinnern an Knochen, innere Organe, Elefantenfüße oder Stalaktiten – und verströmen alle Wohlgerüche des Morgenlandes.

raumfüllende architektonische Dimensionen ausweitet: Auch hier geht es dem Künstler um ganz unmittelbare, sinnliche Erfahrungen, deutlicher wird so jedoch das formale Potential, das in seinen dehnbaren Raumformen liegt.

Neto spannt große Flächen und enge Schläuche aus Nylon, häufig von der Decke aus, bringt das Gewebe allein durch Gewichte aus Gips und Blei, durch Einschnürungen und Zugseile in die gewünschte Form und erreicht so organische Architekturen, die an Zeltkonstruktionen gleichermaßen erinnern wie an die vegetabilen Bauten von Antoni Gaudí. Der Betrachter kann sie betreten in Tunneln und Gängen, durch sie hindurch oder unter ihnen hinweg gehen, erfährt so ganz unmittelbar das Wechselspiel von Zug und Last und die veränderlichen Anteile an Transparenz in den gedehnten Teilen und Blickdichte an den weniger gespannten Stellen. Zusätzlich arbeitet Neto mit gezielter Lichteregie oder aber, wie im Falle des venezianischen Raumes, mit einer Fülle an farblichen und olfaktorischen Reizen: Hier füllte er die vertikalen Nylonschläuche mit Gewürzen wie Kurkuma, Nelken und Cumin, so daß der Betrachter auch durch verschiedene Geruchszonen wandelte und sich die weißen Formen von ihren Enden aus zunehmend nach oben hin verfärbten, während die hängenden textilen Ausstülpungen durch das Gewicht sich allmählich immer weiter absenkten, als wären es hängende Pflanzen oder Stalaktiten in einer Tropfsteinhöhle. Der Aufforderung des Künstlers, »Wir sollten mehr durch unsere Poren denken, nicht nur mit dem Gehirn«, war so leicht Folge zu leisten.

Nicht nur einen, sondern gleich mehrere Siebenmeilenschritte weiter in Richtung der direkten körperlichen Selbsterfahrung geht **Carsten Höller**. Mit einem kompletten Biologiestudium und einer Habilitation zur Geruchskommunikation bei Insekten in der Tasche ist es naheliegend, daß der Künstler im Grenzgebiet zwischen naturwissenschaftlichem Selbstversuch und sinnlichem Kunsterfahrungsraum operiert. Der Besucher seiner Ausstellungen ist immer zugleich Leiter des Experiments und Versuchskaninchen. Oft kann der Betrachter hemmungslos seinem kindlichen Spieltrieb frönen, manches Mal hat man aber auch das Gefühl, zum Spielball des Künstlers zu werden. So stellt Höller beispielsweise mit den unterschiedlichsten Mitteln Situationen her, die fundierten wissenschaftlichen Erkenntnissen zufolge Glücksgefühle beim Menschen auslösen: Er zeigt einen Film, in dem ein Vater sein Kind in die Luft wirft und wieder auffängt, liefert eine Karussellkonstruktion, in der man liegend und mit ausgebreiteten Armen unter der Decke kreisend »fliegen« kann, eine Delphinpuppe mit langen Wimpern darf gestreichelt werden, er bietet eine geräuschisolierte Schlittenfahrt an oder einen Raum, in dem man im Licht förmlich badet.

Auch Wahrnehmungsexperimente führt Höller vor, in denen die gefilmten eigenen Körperbewegungen minimal zeitversetzt auf einem Bildschirm wiedergegeben, vom Gehirn aber zur Gleichzeitigkeit synchronisiert werden, oder eine Wand mit Hunderten von Glühbirnen, die in einer solchen Frequenz blinken, daß man selbst bei geschlossenen Augen der hypnotischen, bilderzeugenden Wirkung nicht entrinnen

»Glück ist ein Hauptmotiv für alles Tun. Wenn die Menschen bewußter mit ihm umgehen, tragen sie zur Verbesserung der Kultur bei.«

Carsten Höller

Carsten Höller, *Upside Down Mushroom Room*, 2000, Austellungsansicht Fondazione Prada, Mailand.
Die Welt steht Kopf, Decke und Fußboden hat der Künstler gezielt vertauscht, nebenbei auch noch die Maßstäbe eklatant verschoben: Wie lange muß man sich in diesem Raum wohl aufhalten, um sich selbst als kopfüber an der Decke hängendes Menschlein zu fühlen? Fliegenpilze, in der richtigen Dosierung eingenommen, sorgen bekanntlich für höchst anregende Rauschzustände. Diese Exemplare hier sehen allerdings schwer nach einer Überdosis aus.

kann; auch halluzinogene Drogen sollen auf seinen Ausstellungen schon gesichtet worden sein.

Manchmal scheint dabei das ausschließlich evolutionsbiologisch bestimmte Menschenbild des Künstlers ein wenig eingeschränkt, der Besucher seines wissenschaftlichen Rummelplatzes auf einen Pawlowschen Hund reduziert, aber zumindest geben seine Versuchsanordnungen ungewohnte Einblicke in Funktionsweisen unseres Wahrnehmungsapparates. Höller liefert uns eine Fülle von schönen Eindrücken, entlarvt sie aber zugleich in ihrer funktionalen Zwangsläufigkeit, indem er zeigt, wie konditioniert und manipulierbar wir auf einer fundamentalen körperlichen, perzeptiven Ebene sind. Er tut das durchaus mit aufklärerischem Anspruch, denn nicht selten sind seine Wahrnehmungsfallen darauf ausgelegt, heftigen Widerspruch auszulösen, was Höller mit Diskussionsveranstaltungen und Symposien produktiv zu machen sucht.

Technische Apparaturen verwendet auch **Olafur Eliasson**, der spielerische Charakter seiner Räume und die vielfältigen Sinneseindrücke sind ähnlich wie bei Höller, allerdings geht er weniger von Erkenntnissen der Naturwissenschaften im strengeren Sinne aus als von der Naturbeobachtung. Hinzu kommen als wesentliche Elemente Mittel und Methoden der Optik, die dazu dienen, die gemachten Erfahrungen zu reflektieren. Denn so sehr die Versuchsanordnungen Eliassons

»Sich selbst sehen zu sehen ist gefährlich für den Staat.«

Olafur Eliasson

den Betrachter gefangen nehmen können, so sehr geht es dem Künstler doch um eine analytische Sicht auf seine Kunst und die Welt.

Fast immer simuliert Eliasson mit verhältnismäßig einfachen technischen Geräten Phänomene der Natur: Er konstruiert künstliche Wasserfälle, inszeniert einen dauerhaften Sonnenuntergang in Form einer riesigen gelben, beleuchteten Scheibe vor der Fassade eines Hochhauses, er erzeugt künstlichen Nebel und Regenbögen im Museum, errichtet Eisflächen, einen Teich mit Entengrütze und hölzernem Laufsteg oder windige Korridore. Immer geschieht das jedoch so, daß die Illusion gleichzeitig, oder in kurzem zeitlichem Abstand, erzeugt und gebrochen wird, es ist wie beim guten alten Verfremdungseffekt des Herrn Bertolt Brecht. Es wird etwas vorgeführt und gleichzeitig die Art der Vorführung ausgestellt; in Eliassons Fall durch die sichtbar gemachten technischen Apparaturen wie Scheinwerfer, perforierte Wasserschläuche oder Gruppen von Ventilatoren.

Daß das, was der Künstler ausstellt, meistens elementare Naturphänomene sind, hat sicher mit seiner isländischen Herkunft zu tun – schließlich werden auf dieser rauhen Insel die Wirkkräfte der Natur besonders deutlich sichtbar. Eliasson geht es aber nicht darum, diese Erfahrungen eins zu eins in den Museumsraum zu übertragen oder Naturphänomene zu romantisieren, im Gegenteil: Indem er diese Phänomene künstlich erzeugt, gelingt es ihm, uns erst in Schwärmerei ob des Naturschauspiels zu versetzen und uns dann im Handumdrehen klar zu machen, daß es sich eben um ein Schauspiel handelt. Damit zeigt er, daß nicht nur »Landschaft« sondern bereits Naturwahrnehmung ein sozio-kulturelles Konstrukt ist, etwas von Menschen Erdachtes oder Gemachtes – also ver-

Olafur Eliasson, *The Mediated Motion*, 2001, Ausstellung im Kunsthaus Bregenz, eine von vier Etagen.
Der Abenteuerspielplatz scheint nicht weit, doch der Anspruch des Künstlers liegt auf anderem Niveau. Die hölzerne Hängebrücke dient nur dem Zweck des Perspektivwechsels, überbrückt weder Fluß noch Tal, läßt aber den Weg durch den Nebel noch natürlicher erscheinen. Dabei ist alles künstlich. Eliasson übertrifft die Arbeit der Landschaftsgärtner früherer Jahrhunderte und baut lehrreiche Spaziergänge durch Naturphänomene im Museumsraum nach, womit er zeigt: auch unser Bild von Natur ist nur ein menschengemachtes.

änderbar ist. Und genau dieser Veränderbarkeit innezuwerden, darauf kommt es Eliasson an, weil er in diesem Bewußtsein das Potential auch für gesellschaftliche Veränderungen sieht.

Lichtraum

Einen ganz und gar puristischen Umgang mit Licht pflegt **Mischa Kuball.** In dem Bestreben, allein mit Licht einen Raum plastisch zu gestalten, umzugestalten und zu modellieren stellt er sich in die Tradition von ZERO, letzten Endes auch von Moholy-Nagy. Er erweitert deren Ansätze jedoch um eine zeichenhafte, kommunikative Ebene, die oft Bezug nimmt auf sehr konkrete gesellschaftliche Orte, Räume und Situationen. Das bekannteste Beispiel hierfür ist sicher Kuballs singuläre Arbeit *refraction house*, bei der er die Synagoge in Stommeln von innen so grell erleuchtete, daß das Licht wie in einer Explosion das ganze Gebäude überstrahlte. Damit wurde sowohl die seltsame Gepflogenheit von nächtlich mehr oder minder gekonnt ausgeleuchteten Sehenswürdigkeiten in Frage gestellt, die Vorstellung was sehenswert und was sichtbar ist, als auch ganz unmittelbar und assoziativ das Leuchten eines Feuers heraufbeschworen und so an die brennen-

Mischa Kuball, *Space / Speech / Speed*, 1998, 3 Spiegelkugeln, 3 Textdias, 3 Diaprojektoren, Zentrum für Internationale Lichtkunst, Unna. Lichtzeichen und sprachliche Zeichen kollidieren; die projizierten Worte lösen sich auf in Licht und Geschwindigkeit und definieren den Raum, so daß über die sinnliche Wahrnehmung genau jene im Titel benannten Begriffe erfahrbar werden, die kognitiv nicht mehr erfaßt werden können.

den Synagogen in Deutschland in der sogenannten »Reichskristallnacht« erinnert.

Weniger stark metaphorisch und historisch befrachtet, aber dennoch zeichenhaft verwendet Kuball das Licht auch in den meisten anderen seiner Rauminszenierungen, in denen er Raumgrenzen aufhebt und überspielt, den Raum als Volumen aber dennoch durch seine Manipulationen erst erfahrbar macht. Wie zum Beispiel in der Arbeit *Space / Speech / Speed*, in der auf drei große Spiegelkugeln in einem ansonsten völlig dunklen Raum drei Textdias projiziert werden – je ein Begriff des Titels pro Kugel –, die fragmentarisch, nur als Lichtpunkte wahrnehmbar, von den facettierten Spiegeln tausendfach zurückgeworfen werden. Die Begriffe des Titels werden, obgleich nicht zu entziffern, doch sinnlich erfahrbar. Zwei der drei Kugeln drehen sich mit hoher Geschwindigkeit und malen so ein rasendes Muster aus Lichtpunkten über Boden, Decke und Wände, definieren sowohl einen Raum, der viel größer wirkt als der tatsächlich vorhandene, als auch eine Vorstellung von Geschwindigkeit. Sie tun das nicht zuletzt per Kontrast, denn die dritte Kugel – ausgerechnet die, auf welche das Wort *speed* projiziert wird – steht still. Damit wirft Kuball die Frage auf, wie sehr der Sprache als Bedeutungsvermittlerin zu trauen ist, ob sie nicht in einer hochgradig beschleunigten Informationsflut völlig unterzugehen droht. Daß wir es bei dieser Kommunikationsproblematik mit universalen Phänomenen zu tun haben, wird ebenfalls anschaulich: Die Discokugeln sind wie Himmelskörper anzusehen, die aureolenumloderte Schattenkreise an die Wand werfen, wie Bilder einer Sonnenfinsternis. Zugleich schreiben sie den Sternenhimmel an Wände, Boden und Decke und lassen das Licht durch den Raum tanzen zu einer unhörbaren Sphärenmusik.

Begriffliches und Sprache kommen bei **Kazuo Katase** nur in den Titeln seiner Werke vor. Dort allerdings machen sie deutlich, daß seine betörend suggestiven Raumsituationen einen weiten geistesgeschichtlichen Hintergrund haben, eine synkretistische Verbin-

»Das Licht definiert für mich einen kommunikativen Ort. Das Licht ist per se schon eine Information.«

Mischa Kuball

Kazuo Katase, *Ort-Raum: Das blaue Haus (die gefangene Zeit)*, 1996, Filterfolie, Seile, Wachs, doppelseitiger Leuchtkasten, einer von zwei Räumen im Museum Wiesbaden.
Wie sein ganzes Werk gründet auch dieser Raum Katases auf der Verschränkung zahlreicher Paradoxien: Das zweckentfremdete Kerzenmaterial Wachs, das zum Nachtlicht verkehrte Tageslicht, das überstrahlt wird vom Leuchtkasten im Mittelschiff, dessen Motiv die Negativumkehrung eines Mädchens mit verbundenen Augen zeigt: Ein lichtwerfender Schatten, ein im Dunkeln tappendes Kind als Quell des Lichtes.

dung von deutscher Romantik mit aristotelischer Begrifflichkeit und zen-buddhistischer Anschauung. Die vom Künstler so genannten *Ort-Räume* bedienen sich weniger, reduzierter, immer wiederkehrender Motive, wie Schale, Kugel, Haus, Tisch und Stuhl, und des Themas der polaren Gegensätze zwischen Schwarz und Weiß, Tag und Nacht, Schatten und Licht. Mit diesen wenigen Elementen gelingt es Katase, jeden ihm zur Verfügung stehenden Raum auf zauberische Weise in einen Traum-Raum zu verwandeln. Dazu dient ihm in der Hauptsache sein »Markenzeichen«, das blaue Licht: Mittels spezieller Filterfolien deckt er alle Fensteröffnungen eines Raumes ab und verwandelt so das einfallende Sonnenlicht in eine Art von gedämpftem Mondlicht. Es macht nicht nur den Tag zur Nacht, sondern die in ihm badenden Gegenstände schattenarm und schwerelos.

Dabei geht es Katase bei aller romantisch eingefärbten schlichten Schönheit nicht um eine diffuse Form esoterischer Meditationsräume, eher um einen aus lauter Paradoxien geborenen Denkraum, eine poetisch erzeugte Klarheit des Augenblicks. Davon zeugen auch die präzisen, sparsamen Setzungen in *Das blaue Haus (die gefangene Zeit)*. Sicher neigen wir schnell dazu, jeden kreuzgratgewölbten Raum als einen sakralen zu betrachten; aber erst durch die kataseblaue Einfärbung erhält der Museumsraum seine weihevolle Atmosphäre. Die Gewölbe selbst gewinnen an Leichtigkeit, werden vom steinernen zum luftigen Himmelsgewölbe, von dem, kreuzförmig angeordnet, die Formation der Schaukeln hängt: So unbewegt, daß man die Stille wie einen eingefrore-

nen Moment in der Zeit wahrnimmt. In der Flucht des Mittelschiffes schwebt als Ziel im Raum und als Quelle des Lichtes ein Leuchtkastenbild in Negativumkehrung. Es zeigt die Figur eines Mädchens mit verbundenen Augen, auf einem hohen Sockel balancierend, von dem es keinen Schritt tun könnte, ohne herunterzufallen. Der prekäre Moment, die Unmöglichkeit der Bewegung, das weder Vor- noch Zurückkönnen steht in krassem Gegensatz zu den Schaukeln, deren Bretter wie eine Stufenfolge in die Zeit der Kindheit scheinen, aber unbenutzbar sind: sie bestehen aus schimmernden, zerbrechlichen Wachstafeln.

»Ich bin gegen die Pseudomoral und die Pseudoreligiosität. Mich interessiert die Tradition, die mit dem jetzigen Moment zusammenstößt.«

Kazuo Katase

Klangraum

Für den Klang, der einen Raum erst konstituiert, und zwar ausschließlich im Kopf des Zuhörers, interessiert sich **Janet Cardiff**. Die Hauptrolle spielt dabei das gesprochene Wort, seine Dauer in der Zeit und sein Vermögen, Zeitabläufe zu vergegenwärtigen, Erinnerung und Phantasie so anzuregen, daß sie das visuell Wahrgenommene nicht nur beeinflussen, sondern völlig dominieren. Soviel Zweifel an der Bedeutung des Gesichtssinns ist im Bereich der bildenden Kunst beinahe ein Sakrileg und deshalb auch geeignet, den Kunstbetrachter – anders als beispielsweise den gewohnheitsmäßigen Hörspielkonsumenten – besonders zu beeindrucken.

Für Cardiffs *walks*, die ähnlich wie Audioführungen im Museum funktionieren, bekommt der Besucher ein tragbares Abspielgerät und einen Kopfhörer und bewegt sich nach akustischen Anweisungen auf von der Künstlerin vorgegebenen Wegen durch Innenräume oder im Freien. Verblüffend ist dabei, wie genau es Cardiff gelingt, die Geschwindigkeit des Zuhörers so zu beeinflussen, daß er die Orte auch immer dann vor Augen hat, wenn die Erzählstimme davon spricht. Jedoch beschränkt sich die Geschichte vom Band in der Regel nicht auf eine erzählte Handlung, es treten auch vielerlei Geräusche hinzu, die so gut zur jeweiligen Umgebung passen, daß man immer wieder zweifelt,

Janet Cardiff und George Bures Miller, *The Paradise Institute*, 2001, Audio, Video, verschiedene Materialien. Das wahre Kino ist im Kopf, denn das Hauptinteresse der Künstlerin gilt der Dynamik des Klanges in Raum und Zeit, der Macht des gesprochenen Wortes und der Phantasie, die über die bloßen Bilder triumphieren. »Ich interessiere mich dafür, inwieweit Hören unsere Wahrnehmung der tatsächlichen Welt beeinflussen kann« (Cardiff).

ob sie nun »wirklich« waren oder nur vom Band gekommen sind.

Wie die Künstlerin selbst sagt, ist sie fasziniert davon, »die Wirkung eines ganzen Filmes bloß mit ein paar Worten auszulösen«. Deshalb auch sind ihre Erzählungen eher fragmentarisch, rätselhaft und ziemlich kurz. Das trifft auch auf die gemeinsam mit George Bures Miller produzierte Arbeit *The Paradise Institute* zu. Das Werk kombiniert einen inszenierten Raum und einen reduzierten Film von nur zehn Minuten Länge mit drei Schauspielern und einer Tonspur. Die Zuschauer sitzen in einem plüschigen Miniaturkino mit nur siebzehn Sitzen und blicken in einen kleinen Raum, in dem das Modell eines großen Lichtspielhauses steht, über dessen Leinwand der Film flimmert. Das Modellkino scheint die Fortsetzung des Zuschauerraumes zu bilden, perfekt wird die Illusion jedoch erst durch den wieder per Kopfhörer übermittelten Klang, der in einem großen Kino (dem Delphi- Filmpalast in Berlin) aufgezeichnet wurde. Außer den Stimmen der Schauspieler finden sich auf der Tonspur auch ganz viele Geräusche eines nur akustisch anwesenden Riesenpublikums – der größte Täuschungseffekt gelingt regelmäßig mit dem aufgenommenen Handyklingeln – so daß sich visuelle und akustische Wahrnehmung sowohl ergänzen als auch widersprechen. Zudem kollidiert der Klang mit dem tatsächlichen Raum, in dem der Zuschauer sich befindet: die Grenzen zwischen den verschiedenen fiktionalen Ebenen und der »Wirklichkeit« werden immer poröser, jeder ist mit der Geschichte in seinem eigenen Kopf alleine, und sicher ist nur, daß das Wesentliche unsichtbar ist.

Maschinenraum

Auch viele der Räume und Skulpturen von **Rebecca Horn** sind von Klängen und Geräuschen erfüllt. Nie werden jedoch bei ihr Augen oder Ohren getäuscht, immer können wir die Erzeugung der seltsamen Musik genauestens beobachten. Nicht die akustische Anwesenheit körperlich abwesender Menschen wird uns suggeriert, sondern im Gegenteil die Abwesenheit alles Menschlichen entschlossen vorgeführt. An seine Stelle ist das Mechanische getreten, eine Vielzahl kleiner Maschinen und Apparate. Sie vermitteln allerdings weniger den Eindruck einer Herrschaft der Roboter, viel eher sind es puppenartige Automaten, nicht vom Aussehen her, aber in ihrem Bemühen, menschliche Bewegungen in ihrer unvollkommenen, ruckhaft mechanischen Weise nachzuahmen.

In dieser ihrer Unvollkommenheit sind sie auch viel besser geeignet, Menschenrollen zu übernehmen, stellvertretend für sie Horns Räume zu beleben – wenn auch stets auf eine etwas gespenstische Art. Im *Turm der Namenlosen* türmen sich ineinander verkeilte, altmodisch hölzerne Leitern zu einem fast schon architektonischen labyrinthischen Gebilde, einer hölzernen Treppenflucht in Richtung Himmel – wie eine Kreuzung aus Jakobsleiter und dem Baugerüst des Turms von Babel. An ihm scheinen unzählige Geigen emporzuklimmen, die sich, von automatischen Gestängen getrieben, selber spielen, angeleitet von einem unsichtbaren Dirigenten, einem ebenfalls maschinell bewegten, im Raum schwebenden Taktstock. Dem Ergebnis nach zu

Rebecca Horn, *Turm der Namenlosen*, 1994, Wien, verschiedene Materialien, Detail. »Wien war im Untergrund bevölkert von Kriegsflüchtlingen, und diese Geflohenen hatten sich verkrochen in Hauseingängen und U-Bahn-Schächten. Aber überall war die Energie einer Musik anwesend. Diese Menschen mußten sich irgendwie artikulieren – nicht mehr in einem Schrei, nicht mehr in Sprache, sondern durch Musik. Dies war die einzige Form, ihren Schmerz auszudrücken« (Rebecca Horn).

> »Die Welt ist voller weißer Räume, in denen man Ideen erfinden oder variieren kann.«
>
> Rebecca Horn

urteilen, ist er seiner Aufgabe kaum gewachsen, denn die Hervorbringung des Streichorchesters ist äußerst disharmonisch, eher geräuschhaft kakophonisch als musikalisch. Schönklang zu produzieren ist auch nicht im Sinne der Künstlerin: Für sie sind die Geigen Stellvertreter eines sonst nicht artikulierten Schreis – ganz konkret der zur Zeit der Erstinstallation die Stadt Wien überflutenden Kriegsflüchtlinge aus dem zerfallenden Jugoslawien. Es ist also nicht zu weit hergeholt, das Sich-Auftürmen der Leitern als eine im Chaos erstarrte Fluchtbewegung nach oben zu deuten, der gegenläufig eine andere Bewegung antwortet: Vom barocken Kuppelgewölbe hängt ein riesiger gläserner Trichter, aus dem schwarzes Wasser in steter Regelmäßigkeit tropft, acht Meter tief in ein kreisförmiges Becken fällt und wie ein Metronom die verfließende Zeit mißt, unerbittlich wie die berüchtigte chinesische Wasserfolter.

Während Horn mit ihren skulpturalen Eingriffen etwas in den Raum baut und ihn dadurch verwandelt, baut **Jason Rhoades** schon eher den ganzen Raum um. Seine Arbeiten sind auch weniger eine Skulptur oder überhaupt ein Werk im herkömmlichen Sinn als ein *work in progress*, ein unabgeschlossener, permanenter Prozeß. Wenn Horns Ideal das des Automaten ist, der auf zauberische Weise belebten toten Puppe oder Prothese, bei der das Uhrwerk aber immer sichtbar bleibt, dann ist Rhoades Zielvorstellung das *perpetuum mobile*, etwas einmal Geschaffenes, das sich selbst am Leben erhält, eine Maschine nicht als das Bild von etwas Lebendigem, sondern die Maschine als das Leben selbst. Seine Arbeiten sind zwar stets bis zur völligen Überfrachtung symbolisch aufgeladen, aber selten direkt bildhaft. Das klingt kompliziert und ist es auch. Rhoades errichtet aus einer unüberschaubaren Flut von Materialien Raumeinrichtungen, die auf den ersten Blick vollkommen zufällig zusammengewürfelt scheinen, ein Wust von mechanischen und elektrischen Gerätschaften, Gerüsten, Lampen und Kabeln, Möbeln, Eimern, viel buntem Plastik und etlichen Teilen, die einfach nur wie Abfall aussehen.

> »Ich habe mir das perfekte Kunstwerk oder die perfekte Kunsterfahrung immer so vorgestellt, als würde man drei unmögliche Sachen jonglieren, einen Elefanten, ein Bierglas und etwas Salz.«
>
> Jason Rhoades

Jason Rhoades, *Perfect World*, 1999, Deichtorhallen Hamburg.
Die perfekte Welt entpuppt sich mit ihren 1800 Quadratmetern zunächst einmal als oberflächenglänzende, echt amerikanische Gigantomanie. Aus dem unkontrollierten Wuchern des quasi-architektonischen Dschungels gelangt man aber mit dem Hebekran ins verlorene Paradies des väterlichen Nutzgartens im zweiten Stock. Die Architekturutopie von Buckminster Fuller scheint etwas aus dem Ruder gelaufen, aber aus der glücklichen Kinderzeit wehen zum Trost Fetzen von Abba-Melodien herüber.

Diese von Spielfreude und Entdeckertrieb in Schwung gebrachten und am Laufen gehaltenen, scheinbar chaotischen Akkumulationen sind eine quasi-evolutionäre Angelegenheit, deren Form sich zwar beständig ändern kann, die aber nichtsdestoweniger äußerst präzise geplant sind und für den Künstler fast so etwas wie Weltmodelle darstellen; Ausschnitte eines Gedankengebäudes, zu dem man als Betrachter in jeder Hinsicht nur begrenzten Zutritt hat.

In besonderem Maße trifft das zu auf *Perfect World*, die Ausstellung in den Deichtorhallen Hamburg, bei der man nie sicher sein konnte, ob sie nun gerade auf- oder abgebaut wurde. Das lag natürlich vor allem daran, daß sie hauptsächlich aus hochglanzpolierten Gerüstbauteilen bestand, die dem ganzen Komplex das Aussehen einer Designer-Baustelle verliehen, obwohl eindeutig klar war, daß die Röhrenverstrebungen viel zu zahlreich und verschränkt waren, um rein funktionalen Charakter zu besitzen. Durch dieses Gestängegewirr konnte man sich als Fußgänger zu ebener Erde bewegen und nur ab und an auf wie zufällig liegengelassene Gegenstände stoßen, Lappen, Teppiche, Eimer, aufblasbare Plastikungetüme, abgestürzte Crashtest-Dummies. Diese schienen herabgefallen zu sein aus den höheren Regionen: aus einer Vielzahl dreieckiger Holzplatten wurden über Wochen hinweg eine Zwischen- und eine obere abschließende Ebene konstruiert, über die man mit entsprechendem sportlichen Geschick hätte hinweglaufen können – hätte man als Zuschauer Zutritt dazu gehabt. Der aber blieb einem verwehrt. Nur ab und an war es möglich, mit einer Hebebühne zur oberen Etage zu gelangen, von wo aus man wie auf einem Aussichtsturm einen Überblick über das dort wachsende Bild gewinnen konnte. Eine fotografische Nachbildung vom Kräuter- und Gemüsegarten von Jason Rhoades' Vater im Maßstab 1:1 wurde dort Stück um Stück ausgebreitet. Nachdem zuvor jeder Quadratzentimeter mit der Kamera festgehalten worden war, wurde er während der Ausstellung am Computer auf lange Papierbahnen ausgedruckt und nach und nach ausgebreitet wie ein gigantisches Puzzle. War man nun von der öffentlichen in die Privatsphäre geraten, von der kalten, aber wirklichen Welt der Technik in die schöne simulierte Natur, oder gar aus einem seltsam undurchdringlichen Zwischenreich in den Garten des Paradieses?

Wahnzimmer

Eine einzige fortwährende Baustelle ist auch **Gregor Schneider**s einzelgängerisches Werk. Während Rhoades jedoch künstliche Paradiese errichtet, baut Schneider an seiner privaten Hölle. Isolierung und Isolation sind wesentliche Themen, Techniken und, so läßt sich spekulieren, Endzweck seiner architektonischen Eingriffe. Die nimmt er hauptsächlich in seinem *Toten Haus ur* vor, einem ganz gewöhnlichen mehrstöckigen Mietshaus in Nachkriegsbauweise, das in Rheydt bei Mönchengladbach steht. Um Mißverständnissen vorzubeugen, muß an dieser Stelle erwähnt werden, daß der Name des Hauses sich schlicht auf die abgekürzte Adresse bezieht, das u steht für Unterheyderner Straße, das r für Rheydt. Dort also baut Schneider im Alleingang alte Zimmer um und neue ein, mauert Wände auf, zieht Zwischendecken ein; das Haus ist in permanenter Umwandlung begriffen. Die Spuren werden vom Künstler jedoch restlos beseitigt, alle Zimmer so hergerichtet, daß sie vom vorherigen Zustand oder den benachbarten Räumen nicht zu unterscheiden sind. Allerdings ist aus den Räumen, Treppenhäusern und Fluren beinahe jedes Leben gewichen, nur rudimentäre Spuren von Bewohntheit werden hie und da sichtbar; spärliches, altes Mobiliar, ein verwaister Besen, ein einzelner Müllsack. Diese vereinzelten Hinweise auf menschliche Anwesenheit verstärken noch das Gefühl der Leere; als sei der Bewohner vor kurzem ausgezogen oder gestorben, vermitteln diese Räume zuallererst ein tiefes Gefühl der Beklemmung.

Gregor Schneider, *Totes Haus ur*, 2001, Deutscher Pavillon der 49. Biennale von Venedig. Da sein *Totes Haus ur* nur selten für Besucher zugänglich gemacht wird, baut Schneider einzelne Zimmer, die so ansprechende Namen tragen wie *total isoliertes Gästezimmer* oder *das große Wichsen*, aus und an anderer Stelle auf. Obwohl man, traut man den Äußerungen des Künstlers, Zweifel daran hegen muß, ob ihm am Ausstellen seines Hauses überhaupt gelegen ist: »Ausstellen ist immer ein Abtöten der Arbeiten. Wir scheitern alle an unseren Ansprüchen. Nach der Ausstellung bin ich wieder allein.«

Man könnte es vielleicht auch schlicht als langweilig empfinden, den vertrauten deutschen spießbürgerlichen Mief zu durchwandeln, der einem aus den meistens engen Räumen entgegenschlägt. Aber Schneiders gebaute Déjà-vus haben mindestens einen doppelten Boden, wenn nicht mehrere. Nicht nur, daß man beim Erkunden des Hauses möglicherweise die Tür zu einem Zimmer öffnet, das man gerade verlassen zu haben glaubt oder in einem anderen Stockwerk schon einmal gesehen hat – was alleine schon Grund genug wäre für einen klaustrophobischen Alptraum erster Güte. Die Fallen lauern auch anderswo: Viele Türen führen ins Nichts, Korridore enden vor Mauern, und

»Ich komme aus einer expressiven Ecke. Der Schrei war für mich als extremer menschlicher Ausdruck immer ganz wichtig.«

Gregor Schneider

Fenster, vor denen eine sonnenbeschienene Gardine im Wind zu wehen scheint, werden nur von elektrischem Licht und Ventilator verschönert, in Wahrheit sitzen sie direkt vor einer weiteren Wand. An solchen Details kann der Besucher unmittelbar sehen, daß etwas nicht stimmt mit seiner Umgebung, doch viel mehr gilt es zu erspüren, denn die meisten von Schneiders Eingriffen bleiben unsichtbar. Wieviele Schichten seine Zimmerwände haben, weiß er oft selbst nicht mehr, zu häufig werden sie durch Isoliermaterialien oder Bleischichten ergänzt; als Besucher bemerkt man nur die schallschluckende dumpfe Atmosphäre. Anderes entzieht sich der Wahrnehmung noch mehr: eine Decke bewegt sich unmerklich langsam auf und ab, ein Zimmer rotiert sogar um sich selbst, ohne daß man es merken kann – wenn man lange genug mit dem Hinausgehen wartet.

Beinahe wie ein ironischer Kommentar auf Schneiders geballte deutsche Düsternis wirkt die Raumfolge des Schweizers **Christoph Büchel** im Wasserturm der Lokremise in St. Gallen. Nicht daß seine Zimmer besonders anheimelnd wären, gemütlich gar oder zu längerem Verweilen einladen, aber immerhin besitzen sie neben einer Atmosphäre auch Farbe, Leben und eine solche Vielzahl von narrativen Details, das sich jeder Besucher seine eigene Geschichte daraus zusammenbasteln wird – sofern er ungefähr zur selben Zeit und im gleichen Kulturkreis groß geworden ist wie der Künstler.

Im alten Gemäuer des ehemaligen Wasserturms hat Büchel eine Folge von Zimmern eingerichtet, die alle reichlich verwahrlost aussehen, aber eher wie gerade noch bewohnt und jüngst verlassen, nicht wie bei Schneider leergefegt und nur von Leichen im Keller und Gespenstern hinter verschlossenen Türen bevölkert. Die Einrichtung dieser Bruchbude scheint überwiegend vom Flohmarkt zu stammen und verströmt den leicht angegammelten Charme einer helvetisch eingefärbten 70er-Jahre-Idylle. Neben einem komplett eingerichteten Wohnzimmer mit Couch, Sessel, Fernseher, Stereokompaktanlage, Berberteppich und scheußlichen Kristallkugelhängelampen, in dem allerdings zahlreiche Eimer und Töpfe auf ein ziemlich undichtes Dach hinweisen, gibt es immer wieder Nischen und Kammern voller Gerümpel. Im staubigen Keller steht eine elektrische Heimorgel, in einer anderen Etage stößt man auf ein Gartenhaus mit moosbewachsenem Eternitdach, das wunderbar alpenländisch rustikal eingerichtet ist. In der Kochnische stehen ein Zweiplattenherd und eine Mikrowelle auf dem Kühlschrank – eigentlich steht die ganze Einrichtung auf der Schwelle zum Bewohnbaren.

Wichtig ist jedoch, daß man sich als Besucher nur wie auf einem Trimm-dich-Pfad durch diese Zimmerflucht bewegen kann. Büchel hat einen Abenteuerspielplatz der kollektiven Erinnerung errichtet, den man nur über steile Stiegen und Leitern, an Feuerwehrstangen, rutschend, kriechend und krabbelnd durchmessen kann. Die abstruseste Stelle ist – neben der Rutschstange zum Klo – sicherlich der silberne Opel Manta GT/E. Man erreicht ihn von oben, durch einen hölzernen Schacht, durch den man über das Schiebedach ins Wageninnere gelangen kann. Auf der Beifahrerseite fehlt das Bodenblech, so daß man weiter auf Treppen und Leitern nach unten in die Abgründe der Vergangenheit tauchen kann. Das alles ist so nah an der Wirklichkeit, daß es leicht ins Banale umschlagen könnte. Trotz des Vergnügens, das man ohne Zweifel beim Meistern dieses Hindernisparcours gewinnen kann, bleibt ein Gefühl des Unbehagens an der eigenen Heimat und Geschichte: was wir alles an Altlasten um uns aufgetürmt haben, als Erinnerung mit uns schleppen, geht schon auf keine Kuhhaut mehr.

Christoph Büchel, *The House of Friction (Pumpwerk Heimat)*, 2002, Außenmaße 19,3 x 7,8 m, Wasserturm der Lokremise St. Gallen, Sammlung Hauser und Wirth. Heimat als Hindernisrennen durch eine abgetakelte Bruchbude: Wir turnen durch unsere Vergangenheit und stellen fest, in welch erbärmlichem Zustand sich alles befindet, was uns einst ein Gefühl der Zugehörigkeit vermittelte, freuen uns aber trotzdem über jedes Wiedersehen mit dem guten, alten Bekannten.

> »Bestimmte Wörter sind nicht gut, wenn man ein Kunstwerk beschreibt – Wörter wie ›sentimental‹, ›romantisch‹, ›poetisch‹ und ›hübsch‹. Aber das sind meine Lieblingseigenschaften überhaupt.«
>
> Jack Pierson

Die Beschäftigung bildender Künstler mit Sprache und Schrift ist beinahe so alt wie die Moderne, und seit den ersten Collagen der Kubisten waren es immer auch die öffentliche Schrift der damals noch neuen Reklamebuchstaben im Stadtraum auf der einen Seite und die gefundenen Worte und Typographien aus Zeitungen und Zeitschriften auf der anderen, die die Künstler dazu anregten, sich mit dieser Materie zu befassen. Beides dominiert auch heute noch die bildkünstlerische Herangehensweise an sprachliche Phänomene, obwohl noch unzählige andere Möglichkeiten existieren.

Poesie und Plastik

Betont gewöhnlich und alltäglich geben sich die plastischen Buchstabenbilder von **Jack Pierson**. Ihre poetische Qualität gewinnen sie einerseits über die nur kurz angedeuteten, meist sehr gefühlsbetonten Inhalte, andererseits durch ihr erinnerungsgesättigtes Äußeres: Pierson verwendet ausschließlich gefundene Plastikbuchstaben, die er alten Reklametafeln, kaputten Kinowerbekästen und ähnlichen, typisch amerikanischen Straßenbeschilderungen entnimmt. Alle tragen sie deutliche Gebrauchsspuren, die man mal als etwas ramponierten Charme bezeichnen kann, manchmal eher schon als pittoresken Verfall. Das verleiht Piersons Wortgebilden einen nostalgischen Grundton, der sich gut verträgt mit seinen von Eros und Melancholie geprägten Minimalbotschaften. Doch beläßt er es nicht bei Pathos und Patina aus zweiter Hand. Seine wie Erpresserbriefe aus den unterschiedlichsten Schrifttypen zuammengepuzzelten Buchstabenbilder sind alles andere als zufällig arrangiert. Selbst wenn sie linear in einer Reihe an die Wand gebracht werden, beharren die unterschiedlichen Farben und Größen der Buchstaben doch auf einer Selbständigkeit, die das Lesen erschwert und es dem Betrachter ermög-

Jack Pierson, *LOST*, 1994, Metall und Plastik, unterschiedliche Maße.
Just another four-letter-word – persönliche Botschaften im anonymen Deckmantel öffentlicher Schrift.

licht, sie als farbig gestaltete plastische Einheiten wahrzunehmen, noch bevor sie sich zur Bedeutung eines Wortes oder Satzes fügen. Häufig ordnet Pierson sie auch in Diagonalen an, kreuzförmig oder in anderen geometrischen Konfigurationen, die deutlich machen, daß es ihm auch um die Bildhaftigkeit des Ensembles geht.

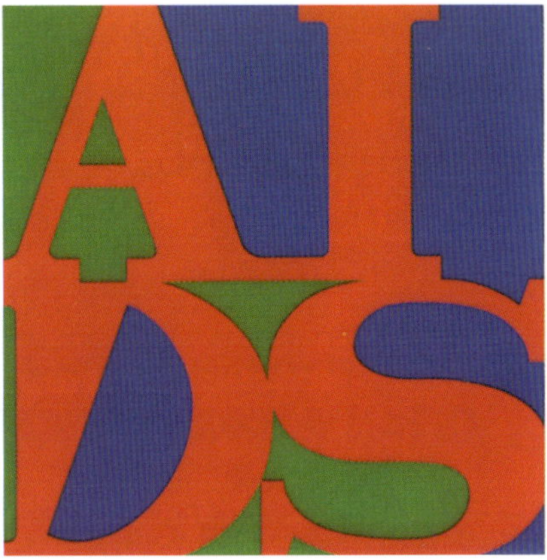

General Idea, *AIDS* , 1987, Siebdruck auf Papier, 76 x 76 cm. Was von der Liebe übrig blieb: Eine listige Transformation, der es gelang, zunächst die Kunst- und schließlich die übrige Welt mit einem signalhaften Markenzeichen zu infiltrieren, das bei aller gewollten Ambiguität einem zunächst totgeschwiegenen Phänomen von Krankheit, Tod und sozialer Stigmatisierung ein »Gesicht« gab, bis es nicht länger zu übersehen war.

Paradebeispiel hierfür ist sicher *Lost*, das zeigt, wie viel Anspielungsreichtum in solch vermeintlich banalen Schriftbildern stecken kann. Ganz eindeutig nimmt Pierson mit seinen im Quadrat angeordneten vier Buchstaben nämlich Bezug auf das berühmte rot-blau-grüne LOVE-Gemälde des Pop-Artisten Robert Indiana. Das allein mag schon ausreichen, um den in Piersons Relief benannten Verlust zu konkretisieren. Wenn man dann noch in Betracht zieht, daß er sich – insbesondere in seinen fotografischen Arbeiten – als prononciert homosexueller Künstler gibt, liegt die Vermutung nahe, daß er auf Indianas Bild über den Umweg von General Ideas bitterböser Variante anspielt, die das originale L-O-V-E in ein alarmierendes A-I-D-S umwandelten und in unzähligen Medien und Variationen über den ganzen Globus verbreiteten. Die Klage um die verlorene Liebe bekommt so plötzlich einen über die persönliche Trauer weit hinausreichende politische Bedeutung.

Schachteln und Sätze

Ken Lum verwendet ganz ähnliches Material wie Pierson, aber er beschreitet den umgekehrten Weg: Statt sich der Reste von vorhandenen zu bedienen, baut Lum sich seine eigenen Reklameschilder, in der Art jener großformatigen Kunststoffkästen, wie sie in Nordamerika zuhauf am Straßenrand stehen und die Landschaft verunzieren. So wie er früher mit seinen

Ken Lum, *Jim & Susan's Motel,* 2000, Plexiglas, pulverbeschichtetes Aluminium, Plastikbuchstaben, Lack, 152 x 167,5 x 5 cm. Was aussieht wie ein x-beliebiges Schild am Straßenrand, ist in Wirklichkeit ein ganzer Roman, zu dem Lums Bildkasten das Cover liefert und die Inhaltsangabe. Von Reklame keine Spur: Hier wird vor allem um Verständnis geworben.

Text-Foto-Kombinationen Firmenschilder, Logos und Anzeigentypografie fälschte, jongliert Lum auch hier virtuos mit visuellen und sprachlichen Klischees, um zunächst eine perfekte Illusion zu erzeugen, die er dann beinahe unmerklich unterläuft. Diese reinen Schriftbilder seiner Werbekästen wirken im Ausstellungszusammenhang zunächst wie einfache Readymades, die allenfalls für den europäischen Betrachter noch einen leicht exotischen Reiz besitzen, ansonsten aber wie fabrikneue, authentische Gebrauchsgegenstände wirken. Nur am unteren Ende der Tafeln kippt die nüchtern werbende Anpreisung für Geschäfte unterschiedlichster Art jeweils in eine persönliche Mitteilung um. So steht beispielsweise auf dem Schild für *Amirs Neu- und Gebrauchtwarenladen* »Ausverkauf / Alles muß raus / Ziehe zurück nach Eritrea«. Die winzigen narrativen Details, die Lum hier einschmuggelt, lösen jeweils eine solche Flut von Assoziationen aus, daß sie in der Lage sind, eine ganze Erzählung ins Rollen zu bringen, die auch sämtliche anderen Informationen des Schildes in ganz neuem Lichte erscheinen läßt: Namen, Farbgebung und Art des Gewerbes fügen sich zu einem schlüssigen Bild. Häufig verweist es auf die schwierigen Verhältnisse ausländischer Mitbürger in einer multikulturellen Gesellschaft – wofür Lum als chinesischstämmiger Einwohner Vancouvers besonders empfänglich ist –, genauso gut aber kann es auch von ganz gewöhnlichen privaten Katastrophen erzählen, wie *Jim & Susan's Motel.* Auch hier sind Typographie und Text, das flaggenähnliche Design und die Farben so aufeinander abgestimmt, daß wir keinen Moment an der Existenz dieses Motels zweifeln. Die Andeutung einer Geschichte bleibt genauso klischeehaft wie die Beschreibung der

Motelausstattung mit »Kochnische, Kabelfernsehen, Hallenbad, sauberen und gemütlichen Zimmern« – reißt aber ein Loch in die Illusion der glatten Reklameoberfläche, durch das schockartig die Wirklichkeit dringt.

Wenn wir uns bei Lum die Geschichten aus seinen spärlichen Andeutungen zusammenreimen können, so müssen wir uns die Sätze in **Peter Zimmermann**s Schachtel-Arbeiten zusammenbuchstabieren. In diesen Kartonansanmmlungen sind die Texte aber nicht nur schwerer zu finden, sondern auch erheblich schwerer zu verstehen, da es sich meistens um höchst abstrakte kunsttheoretische Abhandlungen handelt. Dabei ist selten oder nie zu erkennen, ob die Texte vom Künstler stammen oder von anderen Autoren – im Zweifelsfall ist aber eher das Zitat als die Norm anzunehmen, weil es der grundlegenden Arbeitsform von Zimmermann entspricht. Was die Texte so hart an die Grenze der Lesbarkeit führt, ist der Umstand, daß der Künstler sie in Häppchen aufteilt und diese Häppchen in jeweils in sich schlüssigen, aber äußerst unterschiedlichen Gestaltungsformen und Typographien als Siebdrucke auf mehrere Poster, Plakate oder eben Pappkartons verteilt. Stets bedient er sich dabei existierender Formen des Graphik- bzw. Produktdesigns, deren äußere Gestalt er perfekt nachahmt, aber mit kom-

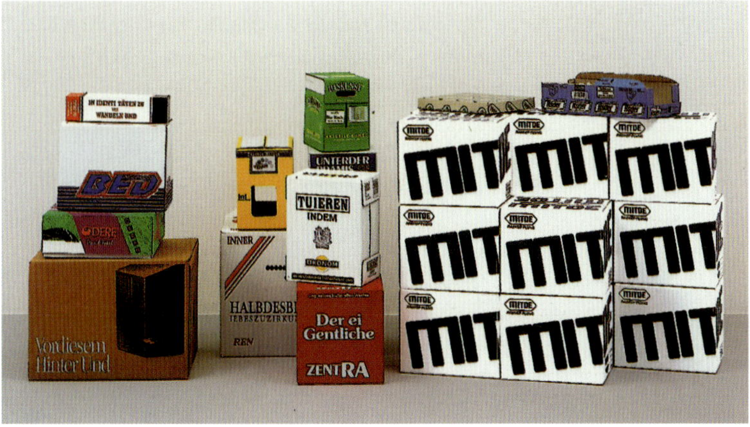

Peter Zimmermann, *Wechselkurse*, 1993, Siebdruck auf Karton, Maße variabel.
Das ist zwar ein Schachtelsatz, aber kein Anschauungsmaterial in Sachen Grammatik. Zimmermann ködert uns mit dem Look von Fruchstsaft- oder Wermutkartons und anderen wiedererkennbaren Typographien aus dem Supermarkt – aber die Schachteln sind leer, die Inhalte, die er uns andreht, sind nur auf der Oberfläche vorhanden, hochphilosophischer Natur und bloß fragmentarisch zu entziffern, um so »... innerhalb des Betriebes zu zirkulieren.«

> »Zunächst vollzieht sich die Verschachtelung der Welt im Denken. [...] Das Bedürfnis, Gedanken dingfest zu machen, produziert so auf einfache Art und Weise ein Außen und ein Innen, eine Hülle und einen Inhalt. Die Zentralperspektive veranschaulicht dieses Bestreben für den Betrachter. Sie ist eine Schachtel, die die Fiktion einer geordneten Welt erlaubt.«
>
> Peter Zimmermann

plett andersartigen Inhalten füllt. Er betreibt also eine Art von Anti-Graphik-Design, denn die Textgestaltung auf der Oberfläche ist zwar in sich stimmig und korrekt, aber vollkommen komplementär zum Text, der mitten im Wort umbricht, die Schrifttype oder gar den Karton wechselt. Komplett entziffern läßt sich der fortlaufende Text also nur, indem man jede Schachtel aus nächster Nähe und von allen Seiten betrachtet und dann auch noch alle Kartons in der richtigen Reihenfolge nachbuchstabiert.

Das macht Zimmermann jedoch nicht aus der puren Lust am Versteckspiel oder um den Betrachter zu quälen, sondern um seine komplexen Denkansätze zu Kunst und Text zu vermitteln. Ist die Kunst reine Oberfläche? Eine Ansammlung von leeren Hüllen ohne Inhalt? Ist die Bedeutung unabhängig vom Trägermaterial, als quasi frei flottierend zu denken? In jedem Fall sind Zimmermanns Texte, so man sie denn entziffern kann, hochgradig selbstreferentiell und vermitteln auf der sprachlichen Ebene noch einmal, was das Werk als Ganzes schon materialiter behauptet: »Im Grunde genommen sind alle Gegenstände doppelt vorhanden. Auf der einen Seite als Funktionsgegenstände, auf der anderen als Anschauungsobjekte.« In ihnen wird die »unüberschaubare Komplexität auf ein handhabbares Maß zurückgeführt.« Dennoch bleibt der Zweifel an jeglicher Systematik, insbesondere der Ordnungsfunktion von Sprache unüberhörbar. Ist die Ordnung wichtiger oder das zu Ordnende, die Kunst oder ihre Kategorisierung?

Marken und Zeichen

Auch **Daniel Pflumm** setzt beim Graphik-Design an, bei der Gestaltung von *corporate identities* mittels Bildmarken und Schriftzeichen. Dabei geht er noch einen Schritt weiter als Zimmermann: er nimmt nicht bloß existierende Logos und füllt sie mit gänzlich neuem Gehalt, er eignet sich existierende Firmenzeichen an, entfernt die Schriftzüge, beraubt sie damit ihres Inhalts und läßt sie so stehen, als Bild gewordenes Leer-

zeichen. Daß er sich auf die Kunst der Werbung bezieht, daran läßt die Wahl seines Mediums keinen Zweifel, denn Pflumm bedient sich fast ausschließlich des Leuchtkastens, dem allen künstlerischen Verwendungen zum Trotz doch der Geruch seiner werbetechnischen Herkunft spürbar anhaftet. In dieser Form präsentiert er seine Motive und tritt so in Idealkonkurrenz zu Konzernen und ihren Werbestrategen. Diese entleerten Logos sind zwar Zeichen ohne konkrete Bedeutung, lassen aber eine Fülle von Ausdeutungen zu. Je nach Bekanntheitsgrad des ursprünglichen Zeichens – und dem Grad der Verfremdung durch den Künstler, der auch Farben vertauscht, Formen verzerrt oder bereinigt – ergibt sich eine Art Rätselbild, bei dem der geübte Kunde entweder nur Befriedigung im Wiedererkennen findet, oder aber mit Schrecken feststellt, wie sehr er konsumistisch konditioniert ist, daß ihm Markennamen vor dem inneren Auge erscheinen, nur weil er bestimmte farbige Formen sieht. Darüber hinaus gibt es eine Fülle von Zeichen, die Pflumm selbst erfindet, die nur aussehen, als wären sie leere Logos. Spätestens hier stellt sich ein Wust miteinander konkurrierender Assoziationen ein: Sind es Verkehrszeichen, Warnschilder, besonders schicke Lampen, handelt es sich um »die gute Form« im Sinne des Produktdesigns oder eher um ein Bild aus der Kategorie neo-geometrische Abstraktion?

Daniel Pflumm, *ohne Titel,* 2001, Leuchtkasten, 52, 5 x 153 x 15 cm (Samlung Boros, Wuppertal). »Hier könnte Ihre Werbung stehen« könnte hier stehen. Das Fehlen der Schrift ist so deutlich in Szene gesetzt, daß man sich nichts anderes in dieser weißen Raute vorstellen kann. Die ausgestellte Leerstelle in Form des äußerst werbetauglichen Mediums Leuchtkasten ist inzwischen selbst schon wieder zum Markenzeichen geworden, dem von Daniel Pflumm.

»Was wie der Aufbruch in die unendliche Weite gestalterischer Vielfalt klingt, ist zugleich die Erschließung neuer Ressourcen für den Warenkreislauf. Die ästhetische und die ökonomische Zirkulation sind einander kurzgeschlossen.«

Olaf Nicolai

Diese Ambivalenz ist Pflumms eigentliches Ziel. Neben dem kritischen Impuls, der ihn sicher motiviert und dazu bringt, die globale Marktdominanz einiger weniger Großkonzerne, die unseren Alltag visuell fest im Griff haben, durch seine minimale Radier-Aktion in Frage zu stellen, besteht auf Seiten des Künstlers auch eine erhebliche Faszination für dieses Zwischenreich von Design und Kunst, Zeichensetzung und Marktstrategie.

Ein mindestens ebenso spannungsvolles wie widersprüchliches Verhältnis zur globalisierten Marktwirtschaft neoliberaler Ausprägung prägt auch die Kunst von **Olaf Nicolai**. Er interessiert sich insbesondere für die Fun- und Freizeitgesellschaft, also die kulturellen Oberflächenphänomene des neuen Turbokapitalismus, deren normative ästhetische Kraft er in gleichem Maße zu bewundern wie zu kritisieren scheint. Diese zwischen reiner Affirmation, strategischer Aneignung und Reduktion auf die pure Oberflächlichkeit schwankende Haltung entspricht ziemlich genau der Pop-Art Warholscher Prägung, kann daher heute nur noch als Zitat durchgehen. Das harmoniert aber hervorragend mit der grundlegend eklektizistischen Grundhaltung Nicolais, der Identität überhaupt nur als etwas Selbstgebasteltes, als zusammengerührten Cocktail verstanden wissen will. Also springt er ungerührt durch die Stile und Epochen der Moderne, balanciert auf der Grenze zwischen Kunst und Design und beschäftigt sich vorwiegend mit Konsumzwang und Markenfetischismus. Indem er alles, neben vorgefundenen Formen und Stilen auch ganz konkrete Werke der Kunstgeschichte, möglichst auf seine Oberfläche reduziert oder zum ornamentalen Zeichen eindampft, erhält er viele flache Bildkürzel, die wie Icons auf einem Computerbildschirm übereinandergeschoben werden können; sozusagen am Bilder-Mischpult gesamplet, gescratcht und remixed.

Das Vergnügen des Betrachters verliert Nicolai dabei aber nie aus den Augen: sei es, daß er ein barockes Gartenlabyrinth aus grünen Plastikbesen nachbaut, einen Markenturnschuh zur Hüpfburg aufbläst, oder ein Torwandschießen im rosaroten Warhol-Tarn-Look inszeniert.

So ist es nur konsequent, daß er sich auch der Werbewelt im engeren Sinn annähert. Anders als Pflumm konstruiert er mit seinen Leuchtkästen *Enjoy Survive I + II* Reklameschilder, die eine eigene, neue Werbebotschaft enthalten: Überlebe und genieße! So wie jeder Leuchtkasten in seiner Verbindung von Op- und Pop-Art in den Komplementärkontrasten gelb/violett bzw. blau/orange gehalten ist, bilden auch die beiden Begriffe den denkbar größten Widerspruch. Nicolais Kästen lassen sie nacheinander im Wechselspiel aufblinken, so daß sie noch mehr den Charakter eines Spielautomaten gewinnen, einer Glücksspirale oder des Rades der Fortuna: mal gewinnt der Genuß die Oberhand, mal das schiere Überleben. Natürlich läßt Nicolai offen, ob er diesen steten Wechsel im ewigen Kreislauf des Glücks als philosophische Erkenntnis gelesen haben will, als eine imperative Handlungsanweisung oder nur als einen Werbeslogan, der uns weismacht, daß dieser fundamentale Widerspruch zu versöhnen wäre.

Olaf Nicolai, *Enjoy Survive I + II*, 2001, Leuchtkästen, je 210 x 25 cm.
Rund und bunt, in grellen Farben, haben Nicolais Lightboxes die Verführungskraft von riesigen Lutschern; ihre leuchtenden konzentrischen Kreise erinnern aber mehr noch an den hypnotisierenden Blick der Schlange Kaa aus Disneys Dschungelbuch. Dieser schielende Doppelblick aus den farblich so gar nicht zusamenpassenden »Augen« will uns zugleich zwei Dinge schmackhaft machen, das Überleben und das Genießen.

»Solange es sich nicht verkauft, ist es keine Kunst.«

General Idea

Wenn die Kunst beständig für sich wirbt, muß sie sich letzten Endes auch verkaufen – ein Faktum, das allzu gerne von Künstlern totgeschwiegen und von Kritikern wie Konsumenten verdrängt wird. Dabei ist eine Kunst ohne Markt überhaupt nicht vorstellbar, schon gar nicht mehr, seitdem sie nicht länger ausschließlich in höherem Auftrag auf Bestellung gefertigt wird. Natürlich gibt es für den Umgang mit der Käuflichkeit, mit der Kunst als Handelsware diverse Strategien seitens der Künstler. Eine Möglichkeit, sich damit produktiv auseinanderzusetzen ist das Multiple, dem unser kurzer Exkurs vornehmlich gelten soll.

Ein Multiple ist zunächst einmal ein Auflagenobjekt, ein in potentiell unendlicher Stückzahl, eher ohne als mit Handarbeit des Künstlers gefertigter Kunstgegenstand, der eigens für diesen Zweck der seriellen Fertigung konzipiert wurde. Ziel des Multiples ist es, die tendenziell elitäre Tätigkeit des Kunsterwerbs zu demokratisieren und dem Tanz um das goldene Kalb des einzig wahren Unikats, jenem mystisch-merkantilen Gehabe um das originale Kunstwerk endgültig den Garaus zu machen. Es geht um eine möglichst große Verbreitung von Kunst, weshalb die Auflagenhöhe des Multiples im Idealfall unbegrenzt und sein Preis verhältnismäßig niedrig sein sollten.

Im Prinzip besitzt es damit den Status einer Druckgraphik, nur daß es deren Tendenzen zu kostengünstiger Herstellung und hoher Auflage noch verstärkt und zusätzlich den Aspekt der künstlerischen Handschrift möglichst weitgehend zu tilgen sucht: Was zählt ist die Idee.

Gelegentlich wird das demokratische Ideal des Multiples allerdings vom an sich berechtigten Gewinnstreben der Künstler selbst unterlaufen – was aber nur gelingen kann, wenn sie schon zu Lebzeiten berühmt genug sind, um eine Selbstvermarktung im großen Stil zu betreiben. Früher war das Paradebeispiel dafür Keith Haring, der sich aktiv dafür einsetzte, daß seine Strichmännchen auf unzähligen Postern, T-Shirts, Krawatten, Buttons und Kondomen vertrieben wurden.

»Kunst ist eigentlich nichts für die große Masse in dem Sinne, daß sie für alle erhellend ist. Natürlich sind der berühmte Dürer-Hase und die Sixtinische Kapelle für alle da, aber die Mehrheit empfindet Kunst als rätselhaft.«

Georg Herold

Heutzutage läuft ihm in dieser Hinsicht höchstens Yoshitomo Nara den Rang ab, der sich für die Verbreitung seiner Motive in allen nur erdenklichen Formen ebenso naiv begeistern kann wie Haring, auch wenn er die Kommerzialisierung seines Werkes so weit in die Kitschzone treibt, daß man ihm wohl schon einen Schuß Selbstironie zubilligen muß.

Das ist überhaupt das größte Problem des Multiples, sich abzugrenzen von den diversen Formen cleveren Marketings und vom Edelkitsch aus der Design-Boutique. Ein gutes Beispiel hierfür gibt der beliebte Bildträger Armbanduhr ab. Dieser wird mit all unseren Lieblingen aus Kalendern und Postkartenständern bedruckt, die sich dagegen nicht mehr wehren können; auch die eben erwähnten Herren Haring und Nara erfreuen sich großer chronometrischer Verbreitung. Sinn machen diese briefmarkengroßen Bildchen am Handgelenk nicht – aber sie sind hübsch bunt und dekorativ und mehren Ruhm und Kontostand. Wenn sich dagegen jemand ernstlich Gedanken um eine Armbanduhr als Multiple macht, kann das Ergebnis mehr als nur sinnvoll sein, wie **Marie-Ange Guilleminot** beweist. Ihre *Hiroshima Watch* besitzt ein weißes Zifferblatt auf dem in feinen schwarzen Strichen die Zeiger in der Position von 8:15 Uhr gedruckt sind – dem Zeitpunkt, an dem die erste Atombombe über der japanischen Stadt explodierte. Die eigentlichen Zeiger der Uhr sind ebenfalls weiß, also nur an ihren Schatten abzulesen und immer weniger deutlich sichtbar als das Menetekel »8:15«. Und zweimal am Tag, wenn die laufenden Zeiger die starren verdecken, ist das Zifferblatt gänzlich weiß und sonst nichts mehr zu sehen. Das Gedenken hat keinen darstellbaren Ausdruck, nur 120 Schrecksekunden täglich, in denen die Zeit stillzustehen scheint.

Genauso schlicht in schwarz und weiß, noch eine Spur unscheinbarer vielleicht, aber mit einem gehörigen Maß an geradezu hinterhältigem Humor kommt das bekannteste Multiple von **Ottmar Hörl** daher. Es besteht aus einer schlichten schwarzen Kunststoffdose,

»Nachdem ich das Zeug gemacht hatte, das man ›Kunst‹ nennt oder wie auch immer, ging ich in die Geschäftskunst. Ich wollte ein Kunstgeschäftsmann sein oder ein Geschäftskünstler. Gut im Geschäft zu sein ist die faszinierendste Art von Kunst.«

Andy Warhol

Ottmar Hörl, *Unschuld*, 1997, Tafelseife in Kunststoffdose, ca. 5,5 x 8,3 x 3,2 cm, Auflage: 82 Millionen Exemplare. Praktisch, praktisch: Tatsächlich könnte man das schmucke Stück in seiner stabilen Plastikverpackung als Reiseseife überallhin mitnehmen, als ständigen Begleiter. Nur benutzen sollte man es tunlichst nicht, sonst platzt der Traum von der wiedererlangten Unschuld wie eine Seifenblase.

in der sich ein Stück weißer Seife befindet, auf das in Blockbuchstaben das Wort »Unschuld« geprägt ist. Das vermeintliche Angebot an jedermann, seine Hände in Unschuld zu waschen, hat allerdings einen schwerwiegenden Haken. Jeder, der davon Gebrauch macht, tilgt die Seifenschrift und erreicht damit das Gegenteil von dem, was er wollte: Er hält in seinen sauberen Händen etwas, das ihn fortan nur noch an den Verlust der Unschuld erinnern wird. So ist das höchst paradoxe Seifenstück, das zugleich ein Schriftstück ist, nur zu betrachten, nicht zu benutzen, obwohl es doch förmlich danach schreit, verwendet zu werden. Diese Art von symbolischem Waschzwang ist seit Pontius Pilatus weit verbreitet, aber es gibt Orte, Zeiten und Menschen, die dafür ein besonderes Faible an den Tag legen. Also hat Hörl sein Multiple nicht einfach in hoher Stückzahl produziert – die Auflagenhöhe entspricht genau der Bevölkerungszahl Deutschlands; womit der Künstler unmißverständlich deutlich macht, wen er mit seinem Sonderangebot einer Kollektiv-Unschuld im Auge hat.

Für manchen Betrachter mag dieser Denkanstoß zu viel Witz enthalten, um ihn ernst nehmen zu können, dennoch geht Hörls Auflagenobjekt jenen entscheidenden Schritt zu weit, als daß man ihm das böse Schmähwort vom »Gartenzwerg für Intellektuelle« anhängen könnte, das für das Multiple schon früh geprägt wurde. Aber natürlich kann man auch mit dem massentauglichen Medium einer multiplizierten Kunst subtiler umgehen und hochkomplexe Sachverhalte vermitteln. Ein herausragendes Beispiel hierfür bietet der von der kanadischen Künstlergruppe **General Idea** entworfene *PLA©EBO Pin*. Er zeigt eine zweigeteilte Pillenform in grün und blau, die in Versalien den Schriftzug »Placebo« trägt, wobei das »C« von einem roten Kreis hinterfangen wird. Daß ein Placebo eine im Prinzip leere Hülle ist, eine Tablette, die nur so tut, als enthalte sie einen medizinischen Wirkstoff, kann als bekannt vorausgesetzt werden. Hingegen muß man mit dem Werk von General Idea wenigstens ein kleines bißchen vertraut sein, um in der Farbkombination blau-rot-grün bereits eine eindeutige Botschaft zu entdecken. Es sind dies die Farben ihres berüchtigten AIDS-Logos – somit enthält diese kleine bunte Ansteckpille schon einiges an Inhaltsstoffen: Was 1991 sicher noch virulenter war als heute, aber leider noch immer nicht seine Aktualität eingebüßt hat, ist der Umstand, daß Millionen von HIV-Infizierten mehr oder minder mit Placebos abgespeist wurden und die pharmazeutische Forschung nur zögerlich anlief, weil die Epidemie ja nur ein soziales Randgruppenphänomen zu sein schien. Noch immer ist kein Mittel gefunden, um AIDS heilen zu können, und wenn wir nach Afrika schauen, wird deutlich, wie sehr im Falle von AIDS noch mit Placebos operiert wird. Erst vor ganz kurzer Zeit wurden nämlich die lizenzrechtlichen Bedenken einiger weniger pharmazeutischer Großunternehmen zumindest soweit zurückgeschraubt, daß sich jetzt auch ein paar von den ärmsten Ländern Medikamente zur AIDS-Behandlung leisten können, wenn auch noch lange nicht in annähernd ausreichendem Maß. Insofern ist das rote »C«, das nichts anderes ist als General Ideas verschönerte Fassung des Copyright-Zeichens, ein fast schon prophetisch zu nennender Bestandteil ihres pharmazeutischen Cocktails. Ursprünglich zielte es vorrangig auf eine eigene Werkserie mit gemalte Variationen über das Copyright-C. Diese bescheidene Anstecknadel stellt also auch noch die Frage nach dem Urheberrecht, in der Kunst und außerhalb, danach, ob nicht das Multiple nur der Ersatz ist für ein »richtiges« Kunstwerk und zugleich, ob so ein »richtiges« Stück Kunst nicht vielleicht auch bloß ein Placebo ist, ein hübsches Ding mit Stellvertreterfunktion, das höchstens durch Autosuggestion eine Wirkung entfalten kann.

Anstecknadeln und Buttons sind als besonders preiswerte Ob-

General Idea, *PLA©EBO Pin*, 1991/96, Lack auf Anstecknadel aus Metall, 1,5 x 4 x 1,5 cm; Auflage unbegrenzt, bislang produziert in einer ersten Edition von 300 und einer zweiten mit 295 Exemplaren.
Leicht zu schlucken, aber mit erheblichen gedanklichen Nebenwirkungen. Diese Pille ist nicht einfach ein zuckersüß ironisches Minimal-Art-Bonbon, sondern ein höchst anspielungsreiches Werk-Konzentrat, ein Kommentar auf die Ohnmacht der Wissenschaft angesichts von AIDS und die paradoxeste aller möglichen Arten, nach der Wirksamkeit von Kunst zu fragen.

»Ich bin interessiert an der Verbreitung von physischen Vehikeln in Form von Editionen, weil ich an der Verbreitung von Ideen interessiert bin.«

Joseph Beuys

jekte eine verbreitete Form des Multiples, aber immer auch mit dem Risiko behaftet, zum puren Fan-Artikel zu regredieren, zu einem weiteren Fall von Selbstvermarktung. Obwohl es andererseits schon wieder als beinahe subversiver Akt gelten kann, sich der Formen der Musik- und Sportindustrie oder politischer Parteien und Interessenverbände zu bedienen und sie mit rein künstlerischen Inhalten zu füllen. In jedem Fall tendiert das Multiple häufig dazu, eine Form von öffentlicher Kunst zu werden, als Poster, Aufkleber und Flagge, Schmuck oder Kleidungsstück Gestalt anzunehmen. Das entspricht dem grundlegenden demokratischen Ideal einer multiplizierten Kunst, die gegen das Unikat gerichtet ist und auf einen möglichst großen Wirkungsradius zielt. Steigern läßt sich das nur noch, indem man sich der gleichen Mittel und Medien bedient, sie aber nicht günstig verkauft, sondern verschenkt. Auch diese, manchmal mit der häßlichen Vokabel des »giveaways« belegte Taktik hat Entsprechungen im PR-Bereich und verwandten Branchen, wo Werbeträger als kostenlose Dreingaben gerne verschenkt werden.

Besondere Ausprägung und geistige Durchdringung erfuhr diese künstlerische Strategie im Schaffen von **Felix Gonzalez-Torres**. In seinen Stapelarbeiten formiert sich stets eine große Anzahl von bedruckten Papierbögen zum Äquivalent einer quaderförmigen, minimalistischen Bodenskulptur. Die Blätter tragen jeweils das gleiche Motiv, sehr zurückhaltende Schwarzweißfotografien, kurze Texte, sind monochrom oder nur mit einem Trauerrand versehen. Die Stapel sind dafür gedacht auseinandergenommen zu werden, jeder Besucher kann und soll sich einen Bogen vom Stapel nehmen. Das Werk existiert also in einer höchst flüchtigen Form, einer der beständigen Veränderung, Zerstreuung, auch Zerstörung. Dabei insistiert Gonzalez-Torres darauf, daß der Eigentümer des Werkes nicht nur das Recht, sondern auch die Pflicht hat, den Stapel jeweils zur von ihm vorgegebenen Idealhöhe aufzufüllen, notfalls indem er die Plakate nachdrucken läßt.

Zumindest die Idee vom Privatbesitz an einem Kunstwerk wird damit praktisch zunichte gemacht: der Eigentümer geht nur eine beständige Verpflichtung zur Verteilung ein, und jeder Betrachter ist zugleich potentieller Besitzer eines Teilstückes dieses Kunstwerks.

Diese Auflösung des Werkes besaß für Gonzalez-Torres allerdings noch sehr viel mehr Bedeutungsschichten als nur die der Partizipation und Distribution. »Wenn man die Papiere vom Stapel herunternimmt und der Stapel verschwindet, dann halte ich das für eine sehr schöne und treffende Metapher für den Körper, der ständig verfällt und sich auflöst. Es ist ein ständiges Weggehen. [...]Von den meisten Menschen bleibt nach dem Tod nur Papier übrig – Fotos, Bücher, Briefe und solche Dinge. Das war's.«

Im Wissen um sein Schicksal als HIV-positiver homosexueller Künstler erhalten diese Arbeiten auch einen deutlichen autobiographischen Bezug. Noch direkter wird der körperhafte Aspekt seiner Werke in den hoch ästhetischen Bonbonaufschüttungen. Fast immer waren sie einer bestimmten Person gewidmet, Freunden und Liebhabern zumeist, nicht selten verstorbenen. Diese Widmung kam nicht nur im Titel zum Ausdruck, sondern in der Entsprechung des Gewichts der Süßigkeiten mit dem Körpergewicht des jweiligen Menschen. Auch hier ist der Betrachter aufgefordert, sich nach Belieben bei den Bonbons zu bedienen – bis auch diese Erinnerungsskulptur verschwunden ist und wieder neu errichtet werden muß. Das löst vielfältigste Assoziationen aus: Es ist ein Akt des Sich-Herschenkens, Metapher der körperlichen Hingabe; das Verzehren trägt deutlich erotische Untertöne und jedenfalls viel eher eucharistische als kannibalische Züge. Das Werk verschwindet nie, es löst sich nur eine Zeit lang auf in seine Einzelteile – was bleibt, ist eine süße Erinnerung.

Felix Gonzalez-Torres, *Untitled (Portrait of Ross in L.A.)*, 1991, Bunte Bonbons in Zellophan, unendlicher Vorrat, Idealgewicht: 79,4 kg, Maße variabel.
»Sweets for my sweet'st, sugar for my honey ...« Der Geliebte ist in Süßigkeiten aufgewogen – und zum Verschenken bestimmt.

»Kunst im öffentlichen Raum« ist ein verhältnismäßig neuer Terminus, einerseits praktisch, da vielseitig verwendbar, andererseits auch etwas ungenau; er umfaßt so unterschiedliche Phänomene wie Skulpturenparks, Landschafts- und Gartengestaltungen, soziale Interventionen, Denkmale, Kunst am Bau, viele Formen von ortsspezifischer Kunst ebenso wie alle ausschließlich medial existierenden Kunstwerke, theoretisch sogar all jene Sparkassenspringbrunnen und Fußgängerzonenverschönerungskugeln, denen man meistens jeden Kunstcharakter absprechen muß. Letztlich läßt sich darunter also alles subsumieren, was sich als Kunstwerk nicht auf die Existenz in geschlossenen Ausstellungsräumen beschränkt und zugleich öffentlich zugänglich ist.

Reklame – wofür?

Im Raum der Stadt befaßt sich die öffentliche Kunst natürlich auch mit dem, was ihr Erscheinungsbild wesentlich prägt, mit den verschiedenen Formen der Werbung. So gut wie ausschließlich auf Schrift und Sprache beschränkt sich dabei **Jenny Holzer** in ihrer Arbeit. Dabei können die Buchstaben jedoch die unterschiedlichsten materiellen Qualitäten annehmen und die verschiedensten Oberflächen besetzen; sie werden in Zeitschriften, auf Plakate, Mützen und T-Shirts gedruckt, in Stein gemeißelt, als Fernsehspot ausgestrahlt, erscheinen auf LED-Anzeigetafeln oder als Projektionen auf Plätzen und Gebäuden. Obwohl sie damit inzwischen Museen in aller Welt erobert und medial gesehen die reine Werbewelt schon längst verlassen hat, ist Holzers bevorzugtes Arbeitsgebiet doch der öffentliche Raum geblieben. Dort bewahren ihre meist floskelhaft kurzen Sätze auch viel mehr von ihrem Irritationspotential, insbesondere dann, wenn man als Betrachter unvorbereitet auf sie stößt und sie ihrer äußeren Form nach mit anderen Werbesprüchen verwechseln kann. Inhaltlich ist das selten möglich. Es sind Formulierungen, die wie Spruchweisheiten daherkommen, sich als Slogan tarnen oder aber narrativen Charakter anneh-

> »Diese Typen, die an der Straßenecke eine Seifenkiste aufstellen, draufsteigen und gewaltige Reden über Gott und die Welt schwingen – die waren genauso mein Vorbild wie die Konzeptkunst.«
>
> Jenny Holzer

men, wenn auch stets nur sehr elliptischen. Manches Mal entlarven sich die Sprüche von selbst als Pseudoweisheiten (»Männer sind von Natur aus nicht monogam«, »Die Zukunft ist doof«), manchmal scheinen sie auch die Selbstironie der Künstlerin zu belegen (»Dumme Phrasen allenthalben«).

Holzer versteht sich letzten Endes aber als eine politische Künstlerin, und entsprechend ernst ist es ihr mit anderen Textserien, die sich insbesondere den Themen Krieg und Gewalt widmen, wie *Under A Rock*, *War* und *Lustmord*. Diesen letztgenannten Textblock griff sie 1996 wieder auf für ihre Arbeit *KriegsZustand*. Obwohl aus ganz konkretem Anlaß, nämlich als Reaktion auf die massenhaften Vergewaltigungen und Mißhandlungen von Frauen im Krieg in Bosnien entstanden, ist der Text zeitlos genug, um auch zu anderen Zeiten an anderen Orten nichts von seiner aufrüttelnden Wirkung einzubüßen. Holzer beschreibt in bisweilen krassen Formulierungen und extremer Nahsicht die Schändung einer Frau aus den Perspektiven des Täters, des Opfers und eines zuschauenden Dritten. Die Textbruchstücke vermitteln aber nicht nur einen schier unerträglich direkten Eindruck von der Gewalt gegen Frauen, sondern von der Obszönität des Krieges überhaupt. Deswegen war es mehr als passend, daß sie diese Texte in drei aufeinanderfolgenden Nächten auf das Völkerschlachtdenkmal in Leipzig projizierte. Mit dieser lichten Überschreibung des klotzig klobigen Riesenbauwerks, einem phallischen Ungetüm des Nationalstolzes, das in seiner Geschichte immer wieder als Kulisse für machtbeflissene Herrschaftsinszenierungen herhielt, gelang

Jenny Holzer, *KriegsZustand*, 1996, Laserprojektion am Völkerschlachtdenkmal, Leipzig.
Das Völkerschlachtdenkmal in Leipzig wurde mit hundertjähriger Verspätung als ein kolossales historistisches Schutz- und Trutz-Konglomerat samt Stummelturm und Wasserbecken am Vorabend des Ersten Weltkrieges eingeweiht. Holzers flüchtige Laserinschrift überwindet die monumentale Einschüchterungsarchitektur, indem sie die Gewalt gegen Frauen und die Obszönität jeden Krieges zur Sprache bringt.

es Holzer in einer flüchtigen, antiheroischen Geste das kriegerische Monument quasi aufzuheben. Es wurde zu einer Projektionsfläche degradiert und von der in horizontalen wie vertikalen Bändern auftauchenden Schrift in grellem Grün oder strahlendem Rot, die sich im Wasserbecken vor dem Turm spiegelte, in seiner wuchtigen Schwere visuell aufgelöst. Die von den Militärstrategen stets totgeschwiegenen Leiden der Zivilbevölkerung in Zeiten des Krieges traten aus dem Schatten einer quasi-kultischen, politisch opportunen Heldenverehrung ins helle Laserlicht, als flammendes Menetekel.

Kunst am Bau und rund um die Welt

Im Gegensatz zur flüchtigen Erscheinung einer Leuchtschrift oder bald überklebten Plakatwand war lange Zeit die Kunst im öffentlichen Raum eine besonders dauerhafte, ja für die Ewigkeit errichtete, insbesondere dann, wenn sie sich mit der Architektur verschwisterte. Eine spezifisch deutsche Errungenschaft ist dabei die »Kunst am Bau«, die, einer inzwischen überholten Verordnung entsprechend, an jedem öffentlichen Gebäude vorhanden sein und einen bestimmten Prozentsatz der Bausumme kosten muß. Im Gerangel um die Kompetenzen an so einem Bauwerk, zwischen Bauherr, Architekt, Künstler und diversen Gremien, kam dabei so häufig Kompromißkunst heraus, daß der Begriff fast schon zum Synonym für mittelmäßige Kunstwerke werden konnte. Erst in der jüngsten Vergangenheit hat sich das Image der »Kunst am Bau« etwas gebessert, aber noch immer sehen sich Künstler mancherorts zu bloßen Dekorateuren schon längst geplanter oder bereits vorhandener Gebäude degradiert: das zu schaffende Werk darf nicht zu teuer sein, nirgends anecken, niemand erschrecken, soll sich in die Umgebung gut einfügen ...

Einen offensiv ironischen Umgang mit diesen oft restriktiven Ausgangsbedingungen pflegt die Künstlergruppe **inges idee**, die sich auf Projekte im öffentlichen Raum spezialisiert hat. Für das Rathaus von Heiden-

inges idee, *Piercing*, 2001, Rathaus der Stadt Heidenheim/Brenz, Edelstahl, 2,4 m Durchmesser.
inges idee tritt den Beweis an, daß Piercing an den unvorhergesehensten Orten auftauchen kann. Anders als die ubiquitären Nabelschaustücke ist der Ring im Rathaus kein bloßes Modeobjekt, und der wenig schöne, aber solide Betonbau läßt auch nicht fürchten, daß er allzuschnell welkt, so daß man das Piercing schon bald wird schamhaft verstecken müssen. Die Frage bleibt: wer schmückt sich womit? Das Rathaus mit Kunst, die Stadt mit einem Rat oder umgekehrt – und wo genau befindet sich eigentlich der öffentliche Raum?

heim entwarfen sie eine in jeder Hinsicht glatte Skulptur aus poliertem Edelstahl, einen Ring von knapp zweieinhalb Metern Durchmesser, der genau jenem Ideal der belanglos dekorativen Abstraktion zu entsprechen scheint, das von Stadtoberhäuptern offenbar gern gesehen wird. Durch eine minimale Verschiebung des Ortes gelang inges idee allerdings ein maximaler Bedeutungswandel: Statt wie üblich die Skulptur auf dem Rathausvorplatz aufzusockeln oder inmitten von geranienbepflanzten Blumenkübeln abzulegen, wurde der Ring an der Ecke der Fassade im siebten Stock angebracht und zwar so, daß er die Fassade tatsächlich durchstößt, in der einen Mauerseite verschwindet und auf der anderen Hauswand wieder zum Vorschein kommt. Wäre das Gebäude nicht so gesichtslos, könnte man sich den Ring auch als einen Ohrring vorstellen, so aber bleibt keine andere Deutung übrig als die im Titel angesprochene: das Haus ist *gepierct*. Was als Kunst am Bauch inzwischen schon geradezu langweilig geworden ist, besitzt als Kunst am Bau noch das ihm ursprünglich innewohnende provokative Potential. Den Begriff des »Bauschmucks« so wörtlich zu nehmen und damit dem Rat der Stadt kollektiv ein Zeichen der Verwegenheit zu verpassen, ist nicht nur in der schwäbischen Metropole Heidenheim ebenso gewagt wie reizvoll. Tatsächlich wird mit dieser ironisch subversiven Geste aber die Frage gestellt, welches die Aufgabe von Kunst am Bau heute noch sein kann – und man kann über den verzierenden Charakter hinaus in dem Ring von inges idee auch eine hoch symbolische Durchdringung des Baukörper sehen, einen bildhauerischen Akt, der den Innenraum der Verwaltung mit dem Außenraum der Stadt selbst verbindet.

Auch die Arbeit von **Elisabeth Brockmann** am Dresdener Albertinum läßt sich als »Kunst am Bau« im ganz herkömmlichen Sinne apostrophieren, wenngleich ihre Verwendung des Mediums Lightbox alles andere als gewöhnlich ist. Die Künstlerin hat über die gesamte Fassade des Gebäudes sechs großformatige Leuchtkästen verteilt, die auf die Funktion des Albertinums unmißverständlich aufmerksam machen. Das Gebäude beherbergt den neueren Teil der staatlichen Kunstsammlungen, also hat Brockmann prominente Beispiele der in der Sammlung vorhandenen Porträtgemälde genommen, die Gesichter in Nahsicht fotografiert und als Diatransparent in ihre Leuchtkästen eingesetzt. So werden die »Bewohner« des Hauses auch bei verschlossenen Türen und mit einbrechender Dämmerung weithin sichtbar. Das wäre vielleicht nur eine besonders gelungene Form von wortloser Reklame, hätte die Künstlerin nicht die Fotos der gemalten Gesichter jeweils mit einem Foto des Fassadenabschnitts überblendet, an dem die Lightbox schließlich installiert wurde. So daß im Ergebnis die Gesichter nicht so sehr aus Fenstern zu blicken scheinen, sondern direkt durch die massiven Steinmauern hindurch, die sich aufzulösen scheinen im Licht, zu einer durchlässigen Membran werden, durch die die porträtierten Gestalten gespenstergleich ganz mühelos ins Freie treten. Die Durchdringung von Innen und Außen ist also nicht nur metaphorisch, sondern unmittelbar sinnlich nachvollziehbar.

Besonders suggestiv wirkt die Verschmelzung von Architektur und Bild an der Stelle, wo Brockmann ein eigenes Motiv in die geisterhafte Porträtgalerie eingeschmuggelt hat. Sie hat einen Schaufensterpuppenkopf »porträtiert«, dessen Kinn über den architektonischen Binnenrahmen hinausragt, während andere Partien des Gesichts von eben diesem Rahmen überschnitten zu werden scheinen. Das verstärkt im ersten Moment nur das illusionistische Element, aber die Gleichung des Vor und Dahinter geht nicht ganz auf; letztlich bleiben alle räumlichen Schichten innerhalb des Bildes durchscheinend und seltsam körperlos. Das korrespondiert mit dem zwiespältigen Eindruck, den der Kopf des Models erweckt: Einerseits wirkt das Gesicht höchst lebendig, von der etwas maskenhaften, makellosen Glätte eines Fotomodells eben, mit Rouge auf den Wangen, dem feuchten Glanz auf manchen Stellen der Haut, insbesondere auf den vollen Lippen des geöffneten Mundes, der zum Sprechen anzusetzen scheint. Aber der leicht schielende Blick aus den strahlenden Augen ist eine Spur zu starr, die Haut ein wenig zu ebenmäßig, so daß der Eindruck einer leblosen Puppe die Oberhand gewinnt. Dieses Verwirrspiel, das das Model als Bewohner eines Zwischenreiches ausweist, weder männlich noch weiblich, nicht tot, nicht lebendig, verleiht dem Bild den Charakter des Unheimlichen. Plötzlich erscheint auch der Titel in ganz neuem Licht: Bedeutet das *keep in view* nur eine Aufforderung, die Kunst im Auge zu behalten? Soll es eher eine Mahnung sein, die Gespenster der gemalten Vergangenheit nicht aus den Augen zu lassen oder umgekehrt uns bedeuten, daß die von Tausenden Blicken abgewetzten Bewohner des Albertinums ihrerseits Betrachter geworden sind und von ihrer hohen Warte aus die zwergenhaften Stadtspaziergänger im Auge behalten?

Elisabeth Brockmann, *Keep In View*, 2002, sechsteilige Installation am Albertinum, Staatliche Kunstsammlungen Dresden, *# 3: Model*, Leuchtkasten, 2,24 x 2,17 m. Brockmann verschafft mit ihren bündig in die Wand integrierten Leuchtkästen eigenen und fremden Porträts einen glänzenden Auftritt, verschränkt nicht nur Realitätsebenen, sondern Werbung und Kunst, Malerei und Architektur und macht die Grenzen zwischen der Stadt und dem Museum durchlässig, ja durchsichtig.

»Der Wasserkasten ist schließlich so etwas wie die Amphore des 20. Jahrhunderts.«

Wolfgang Winter

Transparenz, architektonischer Bezug und ortsspezifisches Arbeiten sind auch die wesentlichen Charakteristika der Skulpturen von **Wolfgang Winter** und **Berthold Hörbelt.** Ihre Arbeiten sind in den allermeisten Fällen nur für eine temporäre Aufstellung konzipiert, zwar auf den jeweiligen Ort bezogen, aber eben nicht als künstlerische Zutat zu einem Gebäude, sondern selber Kunst als Bau. Nicht ihre einzige, wohl aber mit Abstand ihre bekannteste Aktivität ist die Errichtung sogenannter *Kastenhäuser,* begehbarer Skulpturen aus leeren Getränkekisten, im offiziellen Jargon FTK (für »Flaschentransportkasten«) abgekürzt abgekürzt.

Die Künstler benutzen diese Pfandkästen allerdings nicht für ein Statement in Sachen Recycling und Verpackungsverordnung, sondern verwenden sie als seriell hergestelltes Baukastenmodul. Das läßt Erinnerungen an kunsthistorische Debatten der Moderne aufleben, ein wenig um das Readymade, mehr noch um die Frage nach Serialität in der Kunst, die hier ein direktes Äquivalent zur industriellen Serienproduktion darstellt, aber eigentlich kommt es den Künstlern auf etwas ganz anderes an. Offensichtlich ist, daß man Winter/Hörbelt ohne weiteres zur Gruppe der »Neuen Materialisten« rechnen könnte. Neben den Getränkekästen bauen sie ihre architektonischen Skulpturen aus gebogenen Gitterrosten, aus Scobalit (einem durchscheinenden Well-Plastik), einzelne Werke gibt es aus PKW-

Wolfgang Winter / Berthold Hörbelt, *Kastenhaus 740.10*, 1997, Info-Pavillon vor dem Münsteraner Schloß anläßlich der *Skulptur.Projekte* in Münster 1997. Die erste Zahl gibt die Gesamtsumme der verbauten Kästen, die zweite die »Geschoßhöhe« in Getränkekisten an. Durch Gewindestangen sind die Kastenstapel mit Decken- und Fußbodenplatte verspannt. In ihren geschwungenen organischen Formen erinnern sie ein wenig an die fünfziger Jahre, harmonieren aber auch aufs Trefflichste mit der barocken Schloßarchitektur.

Rückleuchten *(Gretel wird gehänselt)* oder vietnamesischen Plastiktabletts und Dachlatten *(Hanoi City Teahouse)*, und nicht zuletzt haben die beiden einen eigenen neuen Werkstoff erfunden, eine Art Kunstharz auf der Basis von Knochenleimgranulat, das sie *HOEWI 301* nennen. Diese Aufzählung verdeutlicht, welch wichtige Rolle die Transparenz in ihrer Arbeit spielt.

Betritt man eines ihrer Kastenhäuser, wird das sofort und unmittelbar anschaulich, am besten bei intensiver Sonneneinstrahlung. Das Wechselspiel zwischen dem dämmrigen Licht, das durch die durchscheinenden Flächen der verschiedenfarbigen Kästen dringt, und dem Muster der direkt durchbrechenden Sonnenstrahlen, die sich die zahlreichen Löcher und Durchbrüche in der Konstruktion zunutze machen, ergibt einen erstaunlichen Effekt, dem Innenraum einer farbig durchfensterten Kirche nicht unähnlich. Jedenfalls sind sich Winter und Hörbelt auch dieser Eigenschaft ihres Wundermaterials bewußt – in vielen Fällen installieren sie künstliches Licht, so daß sich der Effekt im Dunkeln umkehrt und die Kastenhäuser wie Laternen wirken.

Zeigt das die formalen Qualitäten ihrer Skulpturen und daß sich ihre Bauten nicht im bloßen Materialwitz erschöpfen, geht es Winter/Hörbelt doch auch ganz wesentlich um »die Schnittstelle zwischen Autonomie und Anwendbarkeit.« Denn immer sind ihre Kastenhäuser benutzbare Räume, sie dienen als Gartenhaus, Ruheraum, Treffpunkt, Info-Pavillon, Kino oder Bushaltestelle. Natürlich stehen sie in keiner direkten Konkurrenz zur Architektur, denn beispielsweise Winterfestigkeit kann man ihren perforierten Gebäuden beim besten Willen nicht unterstellen; für die bisher angestrebten temporären Nutzungsformen erweisen sie sich aber häufig als ideal: als mobile Bauten sind sie eine der zunehmend nomadischen Existenzform unserer Zivilisation angepaßte architektonische Alternative, die zugleich die Autonomiekonzepte der Moderne in produktiven Zweifel zieht.

Architektonisch, funktional und Mobilität verheißend sehen auch die verschiedenen Bestandteile

»Wir versuchen darüber hinaus auszuloten, inwieweit Skulptur eine soziale Dimension haben kann – und zwar nicht im Sinne von Sozialarbeit und Helfersyndrom.«

Wolfgang Winter

von **Martin Kippenberger**s *Metro-Net* aus. Während sie die beiden ersten Begriffe nur behaupten, bestätigen sie den dritten gleich doppelt. Aber eins nach dem anderen. Kippenbergers Großprojekt einer weltumspannenden U-Bahn erweitert die Idee des Ortsspezifischen quasi auf einen globalen Maßstab, ist schon von der Konzeption her unabschließbar und im wesentlichen ein Gedankenexperiment. Dennoch hat es verschiedentlich Gestalt angenommen, und manches Mal schien die Verwirklichung gar nicht mehr so unwahrscheinlich. Nacheinander entstanden so von 1993 bis 1997 Eingänge zu U-Bahn-Stationen auf der Kykladeninsel Syros, im kanadischen Dawson City, in Leipzig, Kassel und New York und dazugehörige Lüftungsschächte in Münster, Hollywood und, posthum, anläßlich der 50. Biennale in Venedig.

Dabei kann unterschieden werden zwischen den tatsächlich dauerhaft für einen Ort geschaffenen pseudofunktionalen Architekturen und den transportablen. Eine fest installierte Form in Beton und Gußeisen hat beispielsweise der U-Bahn-Eingang auf der griechischen Insel Syros, in solch öder Abgeschiedenheit gelegen, daß man am Fuß der Treppe, hinter der immer verschlossen Türe, viel eher den Eingang zur Unterwelt vermuten könnte. Demgegenüber betont der Lüftungsschacht, wie er in Münster zu sehen war, die Vorläufigkeit; seine eigene und die des Gesamtprojektes. Als autonome Skulptur mitten ins Grün der Parklandschaft gesetzt, sah es zunächst so aus, als warte das graue Ungetüm darauf, endgültig im Boden versenkt zu werden, so daß nur noch der Gitterrost an der Oberseite des Quaders und – in einiger Entfernung – die Mündung des Abluftrohres aus dem Erdboden ragen, so wie es in Los Angeles und Venedig der Fall ist. Trotzdem unterstrich Kippenberger den illusorischen Effekt, indem er mit Ventilatoren und Zuggeräusch aus der Konserve in Intervallen den Eindruck einer tatsächlich vorbeiratternden U-Bahn hervorrief. So konnte man sich einerseits die unterirdische Verkehrsanbindung als wirklich vorstellen, andererseits aber

»Ich kann mir nicht jeden Tag ein Ohr abschneiden.«

Martin Kippenberger

Martin Kippenberger, *Metro-Net. Subway Around The World*, 1997, transportabler Lüftungsschacht, Stahlblech, 2 Ventilatoren, CD-Player, 1,2 x 4 x 0, 5 m (mit Ansaugrohr: 5,09 m), Aufstellung an der Kreuzschanze Münster anläßlich der *Skulptur.Projekte* in Münster 1997.
Was aussieht wie eine minimalistsche Skulptur mit Wurmfortsatz ist in Wahrheit ein Bestandteil von Kippenbergers weltumspannendem U-Bahn-Projekt. Bewußt setzt er hier seinen Lüftungsschacht in direkte Konfrontation zu Münsters literarischer Lokalheroin Annette von Droste-Hülshoff und einem überholten Begriff von Skulptur als Parkzierde. Hier die natur- und heimatverbundene Dichterin, dort das vorgebliche Industriefertigteil, das den Mief der großen weiten Welt entläßt.

auch die Skulptur als mobiles Einsatzgerät an verschiedenen Orten denken. So wie es mit dem U-Bahn-Eingang geschah, der zur gleichen Zeit in Kassel auf der documenta zu sehen war, auf dem Rasen schräg in den Himmel ragend, und wenig später in einer Aluminiumkopie in einer New Yorker Galerie gezeigt wurde. Allerdings hätte er in den originalen Abmessungen kaum in den Raum und schon gar nicht durch die Türen der Galerie gepaßt, also wurde er zuvor systematisch zerbeult.

So gelang es Kippenberger, sein Projekt auch als völlig autonome Skulptur zu präsentieren, jetzt sichtbar ohne Funktionsmöglichkeit – was neben den selbstzerstörerischen Untertönen auch eine programmatische Aussage enthält vom Verlust der Zweckhaftigkeit und der sozialen Bezüge der Kunst, sobald sie in die Enge des Kunstbetriebes gepfercht wird. Auch wenn Kippenberger seinen Wunsch nicht verwirklichen konnte, auch noch den typischen U-Bahn-Mief als synthetisches Parfum herstellen zu lassen, besitzen die Bestandteile seines globalen Metro-Netzes genug Wirklichkeitsnähe, um als plastische Metaphern für weltumspannende Märkte, Transport- und Informationswege zu dienen. Kippenbergers »Unvollendete« stellt so die Frage, wieviel Bodenhaftung die Kunst braucht, wie sehr sie ortsgebunden sein kann, vor allem aber die Forderung, daß der Geist in Bewegung bleiben muß.

»Das ästhetische Verständnis auch der intellektuellen Eliten schiebt die Vorliebe für das Edle, Wahre, Schöne wie eine Endmoräne vor sich hin. Auch wenn wir uns mit den Opfern identifizieren, suchen wir im Bild gerne nach der Würde. Alles, bitte nur nicht die bloße Wirklichkeit. Auch das Vergessen ist wirklich.«

Jochen Gerz

Denkmal – Mahnmal

»Das Wesentliche ist unsichtbar« schwebt als unausgesprochenes Motto sowohl über Kippenbergers *Metro-Net* als auch über allen hier vorgestellten Denkmälern. Damit ist schon von vornherein klar, daß das Denkmal, obwohl eine der ältesten und ehrwürdigsten Formen von Kunst im öffentlichen Raum, eine radikale Umwertung und Neugestaltung erfahren hat, was mit den geschichtlichen Verwerfungen des 20. Jahrhunderts im allgemeinen und der deutschen Geschichte im besonderen zusammenhängt. Denn während das herkömmliche Denkmal immer einer Art von Heldenverehrung dient und neben seiner Erinnerungsfunktion auch eine positiv besetzte kollektive Identifikationsfigur bereitstellt, ist uns Deutschen die Lust auf Helden und deren Verehrung im vergangenen Jahrhundert gründlich verleidet worden. Insbesondere dann, wenn es um gesamtstaatliche Denkmale und um die jüngere deutsche Geschichte geht, gibt es wenig zu verherrlichen, es geht um die Erinnerung an mindestens einen Weltkrieg und die Opfer der Gewaltherrschaft unter den Nationalsozialisten, also mußte ein neuer, antiheroischer Typus von Denkmal gefunden werden. Dafür waren der Begriff des Mahnmals und eine unverbindliche Abstraktion das richtige Passepartout – aber eine künstlerische Praxis, die versuchte, sich der Unmöglichkeit der Verbildlichung des Unvorstellbaren bzw. der Verbildlichung der Erinnerung überhaupt zu stellen, führte erst in jüngster Vergangenheit zum Begriff des Gegen-Denkmals und zu neuen Formen des Gedenkens.

Jochen Gerz hat gleich mehrere solcher Gegendenkmäler geschaffen, einige davon in Zusammenarbeit mit seiner Frau Esther Shalev. Beim Mahnmal gegen Faschismus, das von 1986–1993 in Hamburg-Harburg stand, wurde eine zwölf Meter hohe Stahlstele errichtet, deren Bleiummantelung von Bürgern und Besuchern der Stadt mit einem Stahlstift beschrieben werden sollte, so wie man sich in Unterschriftenlisten, Gäste- oder Kondolenzbücher einträgt. War der erreichbare Teil der Säule vollständig beschrieben, wurde sie um knapp anderthalb Meter im Erdboden versenkt. Nach sieben Jahren verschwand so die Stele endgültig von der Erdoberfläche, so daß heute nur noch Texttafeln an ihr Vorhandensein erinnern: »Denn nichts kann auf Dauer an unserer Stelle sich gegen das Unrecht erheben.« Das Mahnmahl war gerade nicht auf Permanenz angelegt, sondern betonte das Prozessuale. Der Gedanke, daß Sich-Erinnern der Aktivität bedarf, gewann so flüchtige künstlerische Form und anhaltende Wirkung – zumindest bei denen, die am Prozeß der allmählichen Absenkung beteiligt waren.

Noch einen Schritt weiter ging Gerz mit seinem *Mahnmal gegen Rassismus,* bei dem von vornherein nichts zu sehen war. Dennoch brauchte es ein Jahr heimlicher nächtlicher Arbeit und mehrerer Jahre bürokratischen Hürdenlaufs, bis es in seiner endgültigen Form verwirklicht werden konnte. Zusammen mit Studenten der Saarbrücker Kunsthochschule und in Kooperation mit den jüdischen Gemeinden in Deutschland wurde in mühevoller Recherche eine Liste aller vor 1933 in Deutschland existierenden jüdischen Friedhöfe erstellt. 2146 Namen wurden zusammengetragen, die nach und nach auf Pflastersteine eingraviert wurden, die vom Platz vor dem Saarbrücker Schloß stammten. Das geschah ohne Auftrag und deshalb zunächst nachts. Daß die Arbeit im Verborgenen fortschreiten konnte, liegt auf der Hand: Die Steine

Jochen Gerz, *2146 Steine – Mahnmal gegen Rassismus*, 1990–93, Saarbrücken.
Die Idee bleibt lebendig, daß unter dem Pflaster etwas liegt: wenn schon nicht der Strand, dann das unter den Teppich Gekehrte, wie die Namen aller ehemals bestehenden jüdischen Friedhöfe in Deutschland.

wurden auf ihrer Unterseite graviert und wieder an ihren ursprünglichen Platz eingefügt, so daß nur das Wissen um die Veränderung überhaupt die Wahrnehmung des Pflasters beeinflussen kann. Diese Taktik der Präsenz durch Verschwinden-Lassen ist dem Gegenstand natürlich mehr als angemessen. Auch die meisten jüdischen Friedhöfe in Deutschland sind verschwunden und ihr Fehlen ist es, an das erinnert werden soll.

Dieser grundlegend anti-ästhetische Dreh, ein Denkmal zu schaffen und es zugleich unsichtbar zu machen, das Oberste zuunterst zu kehren und ein Kunstwerk zu produzieren, das davon lebt, mit Füßen getreten zu werden – der Gedanke war so neuartig, daß es, als das Projekt publik wurde, einige Zeit brauchte, bis es im Nachhinein von offizieller Seite abgesegnet und zum Auftragswerk erklärt wurde. Diese Anerkennung schlug sich dann sogar in der Umbenennung des Platzes von »Schloßplatz Saarbrücken« in »Platz des unsichtbaren Mahnmals« nieder. So daß es immerhin einen Fingerzeig von außerhalb des Werkes gibt, der auf seine unsichtbare Existenz verweist.

In gewisser Weise knüpft der Entwurf von **Rudolf Herz** und **Reinhard Matz** zum gesamtdeutschen Holocaust-Denkmal an die Strategien und Überlegungen von Gerz an, in puncto Unsichtbarkeit und wegen des unmittelbaren Gegenwartsbezuges. Ihr Vorschlag besteht aus zwei Teilen. An dem für das Mahnmal vorgesehenen Platz in Berlin sollte nichts zu sehen sein außer einer Hinweistafel. Denn, wie die beiden Künstler argumentieren, nicht nur die Vorgaben der Wettbewerbsjury, sondern allein schon Lage und Dimension des Grundstückes zwingen zu einer monu-

Rudolf Herz / Reinhard Matz, *Überschrieben. Mahnmal für die ermordeten Juden Europas*, 1997.
Der Entwurf von Hertz/Matz richtet sich gegen die zentralistische Erinnerung, die man auch an Volksvertreter delegieren kann. Ganz unmittelbar und körperlich spürbar bewirkt das Aufbrechen der glatten Asphaltierung ein Wachrütteln des Autofahrers – zum Gedenken an die Ermordung der Juden Europas.

mentalen Ausdrucksform, die sie auf jeden Fall vermeiden wollen. Mit dieser Verweigerungsgeste entziehen sie dem geplanten Denkmal die Möglichkeit der Alibifunktion, die ihm zurecht immer wieder unterstellt wird – es kann keine repräsentative künstlerische oder architektonische Geste geben, die als Monument einer negativen nationalen Kollektividentifikation dienen und zugleich als gebauter Schlußstrich unter die deutsche Vergangenheitsbewältigung gelten soll. Wie die anderen ungewöhnlicheren Mahnmalsvorschläge im Wettbewerb – zu nennen ist hier beispielsweise das Projekt *Bus Stop* von Renata Stih und Frieder Schnock, das anstelle eines gebauten Artefakts einen Busbahnhof mit regelmäßigen Fahrten zu den bereits existierenden KZ-Gedenkstätten vorsah – hatte er also keine Chance.

»Wenn man das Gedenken ernst meint, muß daraus eine veränderte Praxis für die Gegenwart entstehen.«
Rudolf Herz

Auf dem vorgeschlagenen Hinweisschild in Berlin wäre auf den sichtbaren Teil verwiesen worden: mitten in Deutschland, genauer gesagt am Kilometer 334 der Bundesautobahn 7 südlich von Kassel, sollte ein Kilometer der Fahrbahn mit grobem Granitkopsteinpflaster ausgelegt werden. Die Geschwindigkeit für diesen Streckenabschnitt wäre auf 30 Stundenkilometer zu drosseln. Hinweisschilder in Form der üblichen blauen Autobahntafeln sollten auf den Anlaß dieser Verlangsamung hinweisen. Dieser Vorschlag wäre extrem kostengünstig zu realisieren gewesen, insbesondere da das Berliner Grundstück hätte verkauft werden können. Der Erlös sollte in eine Stiftung überführt werden, die sich ausschließlich der Unterstützung verfolgter Minderheiten widmet.

Dieser Teil des Mahnmals, obwohl integraler Bestandteil des Vorschlages, wird gerne übersehen, weil er letztlich der noch unbequemere ist, nämlich Verantwortung für die Gegenwart und Verpflichtung für die Zukunft bedeutet und außerdem mit ästhetischen Kriterien überhaupt nicht zu fassen ist. Um so vehementer wurde die Diskussion um den sichtbaren Teil geführt. Indem Herz/Matz das Gedenken an die Shoah mit einem Stück Autobahn verquicken, rühren sie bewußt gleich an mehrere Tabus: Zum einen will der deutsche Autofahrer sein angestammtes Biotop nur ungern mit den Nationalsozialisten in Verbindung gebracht sehen – obwohl natürlich jeder weiß, daß der Autobahnbau eine Idee Hitlers war. Seltsamerweise eine, die meist als das einzig positive Erbe jener Zeit betrachtet wird, obwohl es nicht nur eine propagandistisch ausgeschlachtete Arbeitsbeschaffungsmaßnahme ungeheueren Ausmaßes war, die letztlich auch unter dem Gesichtspunkt des Truppentransports vorangetrieben wurde, sondern in späteren Jahren zunehmend von Zwangsarbeitern ausgeführt wurde. Da Herz/Matz sich außerdem der typisierten deutschen Autobahnschilder bedienen, um auf ihr Mahnmal hinzuweisen, okkupieren sie gedanklich jedes Schild im gleichen weiß-blauen Design und jeden Kilometer deutscher Autobahn. Noch schlimmer dürfte allerdings sein, daß sie die freie Entfaltung des deutschen Autobahnbenutzers für eine oder zwei Minuten beeinträchtigen würden – auch wenn gerade die gewonnene Langsamkeit jenes Innehalten zum Gedenken ermöglichen soll.

Das ist von den Künstlern durchaus als Test gedacht, wieviel die Deutschen tatsächlich opfern würden, um sich an die Verbrechen der Nazizeit zu erinnern – wieviel Unbequemlichkeit sie dafür in Kauf nähmen. »Die Frage ist, was ist das tatsächlich Ärgerliche? Die zwei oder drei Minuten Zeitverlust, die unser Gedenkvorschlag kostet, oder der Holocaust? Was ist unerträglicher?«

Das einzig stichhaltige Argument gegen diese Form der Erinnerung besteht darin, daß sie eine erzwungene ist – man kann diesem Stück Autobahn nicht ausweichen, es höchstens »weiträumig umfahren«. Erinnerung und Gedenken seien freiwillige Akte, die nicht von oben oktroyiert werden könnten. Dem halten Herz/Matz entgegen, daß auf die »schöne Freiwilligkeit« nicht zu bauen sei. Immerhin hätten sie mit ihrem Autobahnkilometer im Schnitt 40 Millionen Autofahrer im Jahr erreicht – und nicht bloß ein paar Berlintouri-

Rachel Whiteread, *Mahnmal für die jüdischen Opfer des Naziregimes in Österreich 1938–45*, 1996/2000, Judenplatz, Wien, Beton, 10 x 7 x 3,8 m.
Déjà-vu: Ein negativer Raum mit leeren Bücherregalen aus Beton – das gab es doch schon mal? Aus dem Mahnmal für die Opfer der NS-Zeit wird so unversehens ein Denkmal künstlerischer Chuzpe und Ignoranz.

sten und Staatsoberhäupter, die in der Hauptstadt pflichtschuldigst eine »Kranzabwurfstelle« besuchen.

Wie schwierig noch immer die Errichtung solcher Mahnmale zum Thema der Judenverfolgung und des Faschismus ist, zeigt auch das Beispiel von **Rachel Whiteread**. Sie erhielt 1996 den Auftrag, ein *Mahnmal für die jüdischen Opfer des Naziregimes in Österreich* zu entwerfen, aber es dauerte mehr als vier Jahre, bis es 2000 endlich errichtet werden konnte. Die permanente, überwiegend politisch motivierte Verzögerung der Verwirklichung des Mahnmals war an sich schon skandalös, ein Skandal ist aber auch die Skulptur selbst.

Einmal mehr handelt es sich bei ihr um eine Negativform, jedoch entspricht sie noch eher der Tradition eines herkömmlichen Denkmals, weil sie in massiver Betongestalt, auf flachem Sockel auf dem Wiener Judenplatz errichtet wurde. Dessen Dimensionen angemessen verzichtet das Mahnmal auf jede Monumentalität: Es zeigt den Abguß eines imaginären Bücherzimmers, wie es sich durchaus in einem der angrenzenden Bürgerhäuser befinden könnte, mit kassettierten Doppeltüren, einer Stuckrosette an der Decke und ringsum, vom Boden bis zur Decke, von Bücherregalen umgeben. Dieser Raum ist wie ein Handschuh von innen nach außen gestülpt und nicht zu betreten. Das nicht einsehbare Raumvolumen vermittelt den Eindruck, von etwas ausgeschlossen zu sein, auch Gefühle des Verlustes sind unabweisbar. Insofern könnte man sagen, daß Whiteread eine angemessene Form gefunden hat, die Erinnerung an die vertriebenen und ermordeten Juden Wiens zu verbildlichen: Die großbürgerliche Umgebung und die Zugehörigkeit zu ihr sind darin ebenso aufgehoben wie der hohe Stellenwert, den das Symbol der Bibliothek gerade für eine Buchreligion wie das Judentum spielt.

Daß sich die Künstlerin auch in ihrem sonstigen Arbeiten ausschließlich des Abgußverfahrens bedient, um Skulpturen aus Gips, Gummi oder Kunstharz von »negativen« Räumen herzustellen, ist legitim. Daß sie allerdings, schon in der Phase zwischen Entwurf und Fertigstellung des Mahnmahls, das Motiv der negativen Buchregale begann in unzähligen Variationen durchzuspielen, mit Taschenbüchern und Folianten, in schwarzen und farbigen Versionen, meistens aber in weißem Gips, als Ausstellungsstück in Venedig oder Liverpool und sogenannte »ortsspezifische« Installation in Münster, diskreditiert Whitereads Mahnmalsidee doch erheblich. Ihre angebliche Bedeutung und Gedankenschwere verflüchtigt sich in formelhafter Wiederholung; dann sind die leeren Regale nur leere Regale und künden von irgendeinem diffusen Gefühl von Verlust oder dem Konkurs einer Buchhandlung. Tatsächlich ist es aber die Künstlerin, die hier Konkurs anmeldet, indem sie ihre eigenen Ideen verrät – sofern es überhaupt ihre sind. Bei jemandem, der so ungeniert abkupfert wie Whiteread bei Bruce Nauman und dessen Negativ-Raum-Abgüssen aus den 60er Jahren, erscheint es denkbar, daß sie auch in diesem Falle »Anleihen« macht bei Ideen anderer Künstler. Im besten Fall könnte man ihr Ahnungslosigkeit unterstellen.

In Berlin nämlich entstand schon 1993–1995 **Micha Ullmans** *Mahnmal gegen die Bücherverbrennung*, das in jeder Hinsicht verblüffende Ähnlichkeiten mit Whitereads Wiener Betonkubus aufweist. Der Anlaß ist nicht der gleiche, aber doch ein sehr verwandter, sollte sich doch auch im Falle der Nationalsozialisten Heinrich Heines Ausspruch bewahrheiten, daß da, wo man Bücher verbrennt, über kurz oder lang auch Menschen verbrannt werden. Zum mahnenden Gedenken an dieses Fanal schuf Ullman eine Leerstelle, eine Bibliothek der verschwundenen Bücher. Bezug nehmend auf die quadratische Rasterung des gepflasterten Bebel-Platzes hat Ullman eine begehbare quadratische Glasplatte von nur 1,20 Meter Seitenlänge in den Boden eingelassen. Durch sie hindurch kann man in einen sehr viel größeren, unterirdischen Raum blicken, in dem, permanent von Neonschein erhellt, ringsum leere Bücherregale aus weißem Beton stehen. Das ganze Ausmaß des Raumes läßt sich aber eher ahnen als wirklich sehen, man muß als Betrachter schon einige Verrenkungen auf sich nehmen, um auch in die hinteren Winkel der *Bibliothek* spähen zu können und zumindest bei Tag gerät dabei immer wieder ganz unversehens das eigene Spiegelbild in den Blick. Ullman läßt zwar – ähnlich wie Gerz in Saarbrücken – die Möglichkeit zu, daß ein Passant von der zurückhaltenden Skulptur nichts wahrnimmt oder achtlos über sie hinweggeht – wenn er sich jedoch auf eine Betrachtung einläßt, nötigt der Künstler ihn auf subtile Weise, sich immer als am Geschehen Beteiligter mitzudenken. Das geschichtliche Faktum als solches läßt sich nicht isoliert betrachten, der Blick in die Vergangenheit wird immer auf uns zurückgeworfen.

»Es geht um die Verhältnisse von dem Schlimmsten, was wir uns nicht einmal vorstellen brauchen, weil wir wissen, wie es war, zu dem Schönsten.«

Micha Ullman

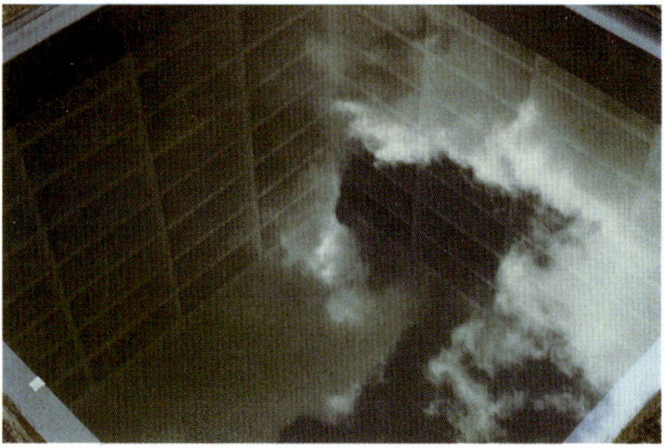

Micha Ullman, *Bibliothek (Mahnmal zur Bücherverbrennung)*, 1993/95, August-Bebel-Platz, Berlin, Beton, Glas, Beleuchtung, 7 x 7 x 5,25 m. An der Stelle, wo am 10. Mai 1933 die Bücherverbrennung stattfand, hat Ullman dieses Monument einer Abwesenheit geschaffen, die in die Erde gegrabene Negativform einer Bibliothek.

»Man sollte sich darauf vorbereiten, der Blindheit von Kunstinstitutionen dadurch zu begegenen, daß man neue Formen erfindet, die dazu führen, daß Kunst in ihrer Hauptfunktion bestärkt wird, welche in dem effektiven Diskurs über die Entwicklungsmöglichkeiten von Kreativität und Freiheit besteht.«

Clegg & Guttmann

Sozialarbeiter und Freizeit-Gestalter

Gesellschaftliche Relevanz beanspruchen aber nicht nur Denk- und Mahnmale, sondern auch Künstler und Kunstwerke, deren Interesse dem direkten Austausch mit ihrem Publikum gilt oder dem Dienst am Allgemeinwohl. Eine öffentliche Bibliothek ist dafür ein sinnfälliges Instrument. Sie ist nicht-kommerziell ausgerichtet, dient der geistigen Bereicherung und ist auf die Partizipation des Publikums angewiesen, will sie ihren Zweck erfüllen. **Michael Clegg** und **Martin Guttmann** haben jedoch nicht einfach eine öffentliche Bücherei eingerichtet, sondern eine *Offene Bibliothek*. Dabei handelt es sich um einen Modellversuch, der in Graz, Hamburg und Mainz in jeweils modifizierter Form stattfand. In Hamburg stellten die Künstler dafür in drei Stadtteilen jeweils kleine Bücherschränke auf, deren Gehäuse sie von den grauen Schaltkästen der Hamburgischen Elektrizitätswerke übernahmen. Diese wurden mit Regalen und gläsernen Türen versehen, einem Grundstock an Büchern und einem Hinweisschild: »Entnehmen Sie bitte die Bücher Ihrer Wahl und bringen Sie diese nach einer angemessenen Zeit zurück. Ergänzungen des Bücherbestandes sind willkommen.« Die einzigen zusätzlichen Informationen,

Clegg & Guttmann, *Die offene Bibliothek,* 1993, Hamburg-Kirchdorf. Bücher, die auf der Wiese wachsen und ein Schaltkasten für geistige Energie. Die Kunst besteht in der Initialzündung für einen Selbstorganisationsprozeß, einer Bibliothek, in die jeder geben, aus der jeder nehmen kann, was er möchte.

die die Anwohner erhielten, waren werbende Flugblätter, welche die Künstler selbst verteilten und einige Gespräche, die sie führten, um auch die Grundausstattung mit Büchern aus Leihgaben zusammenstellen zu können.

Gleichzeitig fand eine Ausstellung statt, die Konzept und Dokumente zum Projekt präsentierte sowie Hinweise auf die Standorte der Miniatur-Bibliotheken. Denn Clegg & Guttmann beharren darauf, daß es sich um eine Kunst-Aktion handelt, wollen also Begriff und Institutionen flexibler und durchlässiger machen und z. B. das Kunstpublikum damit konfrontieren, daß es sich, um das »Werk« anzusehen, aus dem Raum der Institution hinaus an drei verschiedene Orte in der Stadt begeben muß. »Zusätzlich liegt uns daran, das Kunstpublikum in ein aktiveres Publikum zu verwandeln, das sich mit der Zeit daran macht, eine Auseinandersetzung mit Fragen nach dem Sozialgefüge seiner Umgebung zu führen, und das diese Auseinandersetzung als Teil seiner Kunsterfahrung begreift« (Martin Guttmann).

Umgekehrt tragen auch die Benutzer vor Ort nolens volens zur Debatte um einen solchen erweiterten Kunstbegriff bei. »Was wir wollen, ist, daß sie [die Bibliotheksbenutzer] sich der Frage ›Was ist Kunst?‹ annehmen, indem sie entscheiden, ob sie die *Offene Bibliothek* als Kunstwerk ansehen wollen oder nicht. Lehnen sie das ab, sind sie trotzdem stillschweigend in den Prozeß der Definition von Kunst einbezogen.«

Das hat einen etwas unangenehmen Beigeschmack von Sozialstudie mit ahnungslosen Versuchskaninchen, aber in der Praxis überwog doch ein anderer Aspekt, den Clegg & Guttmann immer wieder betonen: »Den gedanklichen Hintergrund unserer Projekte bildet vor allem der Begriff des Porträtierens. [...] Dieses Porträt ist von uns gedacht als das Porträt eines Stadtteils. Es wird den Leuten in den verschiedenen Stadtteilen in sehr direkter Weise ermöglichen, ihren unmittelbaren sozialen Kontext besser zu verstehen.« Tatsächlich war es so, daß in einem Fall die Bibliothek in Brand gesetzt wurde, in einem anderen aber die Anwohner an ihrer neuen, auf Nachbarschaftlichkeit und Tausch basierenden Bücherei auch über die von den Künstlern festgelegte Laufzeit hinaus festhalten wollten.

»Porträts« nennt auch **Tobias Rehberger** viele seiner Arbeiten, und der weitaus größte Teil seiner Produktion ist unter Mitwirkung von Fremden und Freunden entstanden, in einem fremdgesteuerten, zufallsabhängigen oder zumindest arbeitsteiligen Prozeß. »Wenn in meiner Arbeit so etwas wie eine Co-Autorschaft existiert, dann ist das aus mehreren Gründen wichtig. Erstens, weil der Entstehungsprozeß einer Arbeit absolut ein Teil des Endprodukts ist [...] Und zweitens, weil mir ein solches Vorgehen ermöglicht, klare Statements zu vermeiden und dadurch etwas Absolutes zu produzieren. Auch wenn mir das ermöglicht, mich geschickt aus der Affäre zu ziehen, handelt es sich doch nicht bloß um eine Ausweichtaktik meinerseits, sondern im Gegenteil um eine totale Bereicherung« (Rehberger). Entweder gibt er Entwürfe an andere weiter und läßt die das Werk vollenden, oder er läßt sich Vorschläge unterbreiten, die er eigenständig weiterentwickelt. So zeichnet Rehberger aus dem Gedächtnis Klassiker des Möbeldesigns und gibt sie afrikanischen Handwerkern in Kamerun, die nach seinen Skizzen Stühle fertigen, die mit den »Originalen« nur noch sehr entfernte Ähnlichkeit besitzen, oder er nimmt ein paar seiner Lieblingsautos und läßt sie nach ebensolchen unvollkommenen Zeichnungen als lebensgroße Spielzeuge, also als funktionslose, lackierte Karosserien, in asiatischen Billiglohnländern fertigen. Als Aussage über globale wirtschaftliche Verhältnisse und kulturellen Transfer sind diese Arbeiten nur bedingt tauglich, aber sie illustrieren gut Rehbergers Arbeitsweise, die eine des »Übersetzens« ist. Man könnte auch sagen, daß er hartnäckig an der Selbstaufhebung der Künstlerrolle im herkömmlichen Sinn arbeitet. Erstens durch geteilte oder gänzlich delegierte Autorschaft, zweitens durch die Aufhebung der Idee des Originals, drittens durch die systematische Aufweichung der Grenzen zwischen

»Meine Skulpturen wandern wie ein Eishockey-Puck zwischen Architektur, Design und Mode hin und her. Früher begann ein Trend in der Kunst, setzte sich im Design fort und wurde zuletzt Mainstream. Heute verlaufen diese Prozesse parallel und vernetzt ab. Die Kunst hat keine Vorreiterfunktion mehr.«

Tobias Rehberger

Tobias Rehberger, *No need to fight about the channel. Together. Leant back*, 1996, Schaumstoff, Holz, Elastan, Stoff, Kabel, zwei LCD-Monitore, MDF, beschichtet, Grundfläche 210 x 110 cm. Eine Zwillllingsskulptur, die auch im Designer-Kaufhaus stehen könnte, mit leuchtend gelben Kuschelsesseln, als Tennisball getarnten Pseudo-Kugellampen und einem vasenförmigen Aschenbecher in Dunkelblau. Aber wie der Titel schon andeutet, die Kugeln haben es in sich: zwei kleine Fernsehgeräte nämlich. Was guckst du? Ich Sportschau, du MTV. Ein Beitrag zum sozialen Frieden in Paarbeziehungen also. Und überall herrschte eitel Harmonie – wenn bloß das Programm besser wäre.

Kunst und Design bzw. Mode und viertens durch eine Fiktionalisierung des Werkes, das nur durch eine parallel zu ihm vermittelte Erzählung funktioniert. Man muß also über den Entstehungsprozeß Bescheid wissen, um das Endprodukt überhaupt würdigen zu können. So dient eine Computerzeichnung von Rehberger als Muster für ein von Assistenten ausgeführtes Wandgemälde und dieses wiederum als Strickvorlage für Pullover; oder per Fragebogen wird das Publikum nach seinen Wünschen zur Verbesserung der Ausstellungsräume gefragt, so daß der Künstler einen knatschgrünen Holzfußboden, die Netzhaut beleidigende Sitzgelegenheiten, eine Minibar und Lektüre auf der Toilette bereitstellt. In manchen Fällen gibt der Künstler dem Publikum sogar nur die das Werk umrankende Erzählung preis, und es steht in dessen Macht, ihr Glauben zu schenken oder nicht; so wenn er Unterwäsche oder gar goldene Bauchkettchen für das Ausstellungspersonal entwirft, die es während der Öffnungszeiten – natürlich unsichtbar – tragen soll.

Das heißt, Rehbergers Arbeiten sind nur manchmal im Freien zusehen, aber immer geht es ihm um eine Aufhebung der Grenzen zwischen Privatem und Öffentlichem, so daß die Kunst gleichermaßen in der Anzeige, im Galerieraum, auf dem Körper und in den Köpfen der Beteiligten stattfindet. Insofern ist seine

Kunst stets eine öffentliche. Im schlimmsten, allerdings häufigen Fall, kommt dabei eine poppig bunte Inneneinrichtung heraus, die den Ausstellungsraum in ein trendiges Wohnzimmer verwandelt, mit Lampen, Teppichen und Möbeln im Pseudo-60er und 70er-Jahre-Design, also dem Retro-Chic der 90er. Die in den Kunstkontext importierte Clubatmosphäre, möglichst mit chilliger Lounge-Musik, bedient sehr direkt und geschickt die Publikumswünsche einer jungendlichen Kunstschickeria, ist aber auch nicht erhellender als der Besuch in der Szenekneipe nebenan.

Manchmal haben Rehbergers Designvorschläge aber auch ganz eigenständige Qualitäten, wie in der Serie der *Fragments of their Pleasant Spaces (in my Fashionable Version)*. Das »their« im Titel bezieht sich einmal mehr auf die Freunde des Künstlers, die er nach ihren Wunschvorstellungen für eine ideale Wohnzimmereinrichtung gefragt hatte. Nach diesen Vorschlägen fertigte er dann mehrere skulpturale Ensembles, deren Gebrauchwert offensichtlich ist und die in diesem Fall doch nur als Ausstellungsstück fungieren.

Der mit Rehberger befreundete und gelegentlich zusammenarbeitende **Jorge Pardo** verfolgt einen ähnlichen Ansatz. Kunst muß für ihn in allererster Linie schön sein, ist von Design und Dekoration nicht zu unterscheiden. Der Dienstleistungscharakter seiner Arbeit tritt noch deutlicher zu Tage als bei Rehberger, da Pardo fast ausschließlich öffentliche Räume, also einem breiteren Publikum zugängliche, gestaltet: eine Bar in Leipzig, einen Lesesaal in New York, ein Museumscafé in Düsseldorf. Die stattet er mit pastellfarbenen Polstersesselchen, mundgeblasenen Lampen oder Plastikleuchtkörpern aus, mit Wandbemalungen und Fliesenmustern. Alles ist bunt, alles ist rund und scheint als oberstes Gebot einem Gemütlichkeitsdogma zu gehorchen: Kuschelig und behaglich, schummrig und schön, so soll es sein. Ob mit solch farbenfroher Innenarchitektur tatsächlich eine gebaute Institutionskritik betrieben wird, wie manche behaupten, weil die meisten dieser Räume innerhalb, in der Nähe oder

»Kunst ist für mich nicht die private Kommunikation zwischen Kunstwerk und Betrachter, sondern Kunst sollte der Auslöser sein für ein Gespräch unter Menschen.«

Douglas Gordon

wenigstens auf Kosten von Kunstinstitutionen eingerichtet werden, scheint fraglich. Aber gegen Schönheit in Gelassenheit als Lebensphilosophie läßt sich wenig einwenden. Und immerhin dient die Arbeit Pardos als Anstoß für theoretische Debatten, wenn er, wie Rehberger, die Grenzen zwischen privat und öffentlich systematisch unterminiert. Meistens, indem er die ganze Welt zum Wohnzimmer erklärt. Oder aber indem er die Welt zu sich nach Hause einlädt: In Los Angeles baute er als Ausstellungsbeitrag ein Haus nach eigenen Vorstellungen, das er zeitweilig öffentlich zugänglich machte, aber als sein eigenes nutzt. Ausstellungsort und Ausstellungsstück sind eins, und das Museum erfährt eine temporäre Erweiterung in die Privatsphäre.

Auf jeden Fall gelingt Pardo die Umwertung seiner Rolle als Künstler, indem er sich zum Freizeit-Gestalter macht. Also zu einem Hobbydesigner einerseits und zum Entwerfer und Animateur von Freizeit-Vergnügungen seiner Mitmenschen andererseits. Das gelungenste Beispiel hierfür ist sicher sein *Pier*, den er in Münsters Aasee bauen ließ, ein Bootssteg mit offenem, sechseckigen Pavillon und abgestufter Plattform zum Wasser hin. Zum Schwimmen ist das flache Gewässer nicht geeignet, auch als Bootsanlegestelle hat der Steg, trotz gelegentlich aufkreuzender Tretbote und

Jorge Pardo, *Pier*, 1997, Münster, Aasee, Redwood, Länge ca. 40 m. Probier's mal mit Gemütlichkeit: Kunst muß nicht anstrengend sein, sie kann auch zum Verweilen und Entspannen einladen. Nur böse Zungen würden darin die Erfindung der Wellness-Art als neues Genre wittern und den Künstler als Architekten auf dem Holzweg wähnen.

Segeljollen, keinen praktischen Zweck. Aber seine primäre Funktion war von Anfang an eine bloße Behauptung. Eigentlich geht es Pardo darum, zwei hübsch gerahmte Panoramablicke auf den See und die Stadt bereitzustellen und einen Rast- und Ruheplatz mitten im Wasser zu schaffen. Obwohl die Heerscharen von Joggern ihn weiterhin links liegen lassen werden, hat Pardo es doch geschafft, eine Architektur als Auslöser von sozialen Prozessen zu errichten. Auch wenn diese nur darin bestehen, auf federnden Planken ein Picknick zu veranstalten, gemeinschaftlich in der Sonne zu dösen oder die Beine baumeln zu lassen.

Dan Peterman, *61st Street Bottlecap Pasta / Accesories to an Event*, 2001, Nudeln, recycletes Plastik und Kücheneinrichtung, Ausstellungsansicht von der 2. *berlin biennale*. Beinahe das einzige, was hier noch nicht wiederverwertet wurde, sind die Nudeln. Alles, was aussieht wie grünblau gebeiztes Holz ist recycleter Plastikmüll, die Bodenbretter, die Regalfächer und sogar das Tischgestell.

Die Verbesserung der Lebensqualität hat auch **Dan Peterman** im Sinn, allerdings weniger in Form von Guter-Laune-Kunst und individualistischem Design. Peterman ist der Prototyp des Künstlers als sozialem Arbeiter und das ökologische Gewissen der Gegenwartskunst. Um Gemütlichkeit ist es ihm nicht zu tun, er stellt eher unbequeme Fragen. Warum beispielsweise der in den Industriegesellschaften massenhaft anfallende Plastikmüll immer noch überwiegend verbrannt wird anstatt ihn wiederzuverwerten. Daß es dafür sinnvolle Möglichkeiten gibt, führt Petermann seit Jahrzehnten vor. Er betreibt einen Recyclinghof, in dem er unter anderem aus Plastikabfällen neue Kunststoffbauteile herstellt, die er zu Möbeln und Gebrauchsgegenständen aller Art weiterverarbeitet. Indem er das in ästhetisch ansprechender Manier und serieller Reihung tut, kann er seine Regalsysteme, Hocker oder Tische auch in der Nachfolge minimalistischer Skulptur in den Kunstkontext einschmuggeln, obwohl der Gebrauchscharakter der Möbel nie aus dem Blick gerät.

Peterman beläßt es aber nicht bei diesem modellhaften Vorführeffekt, er setzt seine Ideen grundsätzlich auch in direkte gesellschaftliche Praxis um. In Chicago lebt und arbeitet er in einem nach seiner Lage schlicht *61st Street* benannten ehemaligen Fabrikgebäude, wo sich neben einer Kfz-Werkstatt eine Tischlerei, eine Zeitschriftenredaktion, eine Fahrrad-Werkstatt für Jugendliche und eine Organisation für Nachbarschaftshilfe mit einem großen, gemeinschaftlich genutzten Garten etabliert haben. In diesem sozialen Geflecht arbeitet Peterman als einer von vielen, und entsprechend direkt greift er auch in die unmittelbaren gesellschaftlichen Zusammenhänge und Wirtschaftskreisläufe en miniature ein. Das zu recyclende Material wird beispielsweise in der Gegend gesammelt, die Sammler, oft sozial randständig, werden für ihre Tätigkeit entlohnt; aus dem wiederverwerteten Kunststoff werden wiederum vielfältig einsetzbare Gebrauchsgüter hergestellt, unter anderem auch Kronkorken, die ebenso verkauft werden wie die mit ihrer Hilfe geformten Nudeln. Recycling wird hier geradezu als Geisteshaltung verstanden, die jedem einen Wert zubilligt und das Nicht-Wegwerfen als Nicht-Ausgrenzen metaphorisch auf den sozialen Bereich ausweitet.

Bis auf das Sammeln der Rohstoffe läßt sich das Prinzip beliebig schnell und einfach in andere Zusammenhänge und an andere Orte versetzen und kann so in Ausstellungszusammenhängen weltweit präsentiert werden, als Paradebeispiel für die vielbeschworene und selten ausgeübte doppelte Praxis von globalem Denken und lokalem Handeln.

»Soziales aus Plastik« war auch die ursprüngliche Devise von **Joep van Lieshout** und seinem nach ihm benannten Kollektiv, der Lebens- und Arbeitsgemeinschaft des Atelier van Lieshout. Aus einer Mischung von Glasfaser und Polyester fertigen sie nach eigenen Entwürfen Möbel, Küchen und Sanitäreinrichtungen, in knalligen Farben mit abgerundeten Ecken, optisch oder auch faktisch aus einem Guß. Es sind transporta-

»61st Street hat sich aus einem organischen Entwurfsprozeß heraus entwickelt und hat unterdessen ein Eigenleben. Das entspricht der Art Entwurfsprozeß, mit dem ich mich wohlfühlen kann: die ganze Aufmerksamkeit auf Einzelheiten lenken und darauf vertrauen, daß etwas Allgemeinverbindliches entsteht.«

Dan Peterman

ble Elemente, die untereinander kombiniert werden können, vor allem aber in sich geschlossene Einheiten bilden als Bar, Badewanne oder Toilette. Damit enthalten sie schon in nuce jenen Gedanken, der die Arbeit des Ateliers immer mehr prägen sollte, den der Mobilität und Autonomie. Zunächst wurden diese voll funktionsfähigen Bauteile mit der großen niederländischen Vorliebe für Campingkultur kombiniert. Den verschiedenen umgerüsteten Wohnmobilen, Caravans und Wohncontainern wurde jeder Beigeschmack von Spießigkeit ausgetrieben und durch zunehmend anarchische Elemente ersetzt. Zunächst manifestierte sich in den diversen An- und Umbauten ein Sinn fürs Praktische, ein Streben nach billiger und einfacher Gestaltung, schon bald aber auch ein demonstrativ vorgeführter Hang zum genußsüchtigen Lebensstil, weil Lieshout vor allem Vergnügungsecken- und Höhlen entwarf mit Flaschenhalterungen an der Wand über möglichst großen *Multi-Frauen-Betten* oder gleich ein *Bais-o-Drôme.*

Dann gewann zunehmend der Gedanke der Autarkie die Oberhand, angefangen bei dem treffend *Autocrat* benannten Wohnanhänger, der alle Vorrichtungen enthält, um eine Hausschlachtung durchführen zu können. In einem nächsten Schritt erhielt das Atelier van Lieshout den Auftrag, ein Stadtplanungsprojekt für Al-

Atelier van Lieshout, *Mobile Home for Kröller-Müller*, 1995 , 3 x 8 x 7 m, Kröller-Müller-Museum, Otterlo. Aus der idyllischen Phase des AVL stammt diese poppig verfeinerte Form von Campingkultur. Ein transportabler Wohncontainer mit mobilen Anbauten, zusätzlichen Sanitäreinrichtungen, Aussichtszimmer und extragroßen Oberlichtern. Die gelbe Geschwulst ist innen weniger häßlich und beherbergt die kugelige Kuschelecke.

mere zu entwerfen. Der Plan scheiterte aufgrund seiner Radikalität, bildete aber die Grundlage für das wenig später verwirklichte *AVL-Ville,* das 2001 an zwei Standorten in der Hafengegend von Rotterdam in einer Mischung aus Wagenburg, autonomem Hüttendorf und künstlerischer Landkommune Gestalt annahm. Als eigenes Staatsgebilde konzipiert, enthielt der von dreißig Mitarbeitern bewohnte Abenteuerspielplatz einen Bauernhof mit diversen Stallungen, Büros und Werkstätten, ein Heizungssystem, ein Kraftwerk und ein Krankenhaus, eine Kantine für die Bewohner und ein Restaurant für den Publikumsverkehr. Neben der Entwicklung so praktischer wie ökologisch gedachter Komposttoiletten begannen die Lieshoutianer jedoch zunehmend ihre Autarkiebestrebungen durch möglichst provokante illegale Aktionen voranzutreiben: Sie fingen an Alkohol zu destillieren, Medikamente und schließlich Waffen herzustellen. Das fröhliche Treiben von künstlerisch angehauchten Späthippies, die in ihrer Kommune ein dauerhaftes Survival-Training mit exhibitionistisch-provokativen Nebeneffekten inszenierten, geriet immer mehr zum post-apokalyptischen Arche-Bau mit finsteren, guerillahaften Zügen.

Man kann natürlich das reißerische Getue des selbstherrlichen Joep van Lieshout als B-Movie-Zitat belächeln, wenn er sonnenbebrillt mit offenem Hemd auf einer zum Pick-Up-Truck umgebauten Mercedeslimousine mit 57-mm-Kanone auf der Ladefläche posiert, mit Whiskyflasche in der Hand und dicker Zigarre im Mundwinkel. Aber es läßt sich in dem post-pubertären Machismo mit Vielweiberei, Drogen- und Waffenbesitz, der einzig der Autokratie des Herrn Lieshout dient, nur noch wenig sozialutopischer Charakter oder gar künstlerische Relevanz entdecken. Geschmacklosigkeit allein ist nicht strafbar, aber die proklamierte Selbstjustiz, die – wie ironisch provokativ auch immer gemeinte – Gewaltverherrlichung als Mittel der Politik und die fortwährenden Gesetzesübertretungen erschienen dem niederländischen Staat dann doch nicht geheuer: 2002 wurde *AVL-Ville* behördlich geschlossen.

»Ein wesentlicher Bestandteil von AVL-Ville ist der Piraten- und Freibeuter-Aspekt. AVL repräsentiert den Film ›The Good, the Bad and the Ugly‹ und kombiniert in seinem künstlerischen Verständnis die Charaktere der drei Outlaws, die in Sergio Leones Spaghetti-Western gezeigt werden. Wir kontrollieren jede Situation, indem wir die Regeln umgehen. Wir können die Bürokaten überrumpeln, weil wir schneller sind als sie.«

Joep van Lieshout

»Ich benutze die Technologie, um sie besser hassen zu können«

Nam June Paik

Daß das Internet eine Erweiterung des öffentlichen Raumes darstellt, oder zumindest die Grenzen von öffentlichem und privatem Raum neu definiert, ist beinahe eine Binsenweisheit. Ob und, wenn ja, wie sich mit diesem Medium Kunst produzieren läßt, wird selbst innerhalb der Netzkunstszene noch immer heftig diskutiert. Wie alle neuen Medien durchläuft die Kunst im Netz zunächst eine Phase der Selbstreflexion, die noch immer nicht abgeschlossen ist. Ihre grundlegenden Möglichkeiten scheinen jedoch schon jetzt umrissen zu sein, weshalb ein kurzer Ausblick in die virtuelle Welt nicht nur möglich, sondern auch lohnend ist.

Es gab und gibt genug Künstler, die das World Wide Web ausschließlich als Kommunikationsinstrument sehen und entsprechend für eine neue Form der Mail Art nutzen, wie sie insbesondere in den sechziger und frühen siebziger Jahren des vergangenen Jahrhunderts florierte. Ideell und personell gab es damals einige Verbindungen zu Fluxus, Concept Art und der Vorstellung von einer gänzlich immateriellen Kunst. Damit stahl sie sich nicht nur willentlich aus den Vermarktungszwängen und Verteilungsstrategien der Kunstwelt, sondern fiel auch aus deren Wahrnehmungsraster, so daß sie immer eine Randerscheinung blieb. Eine ähnliche Marginalisierung droht auch der Netz-Kunst, denn obwohl inzwischen manche Künstler versuchen, ihre Werke als Bildschirmarbeiten im Museum zu präsentieren, bleibt der ganz überwiegende Teil doch flüchtig und kurzlebig und setzt in der Regel auf kommerziell nicht verwertbare Distributionswege.

Nicht zuletzt deshalb sind die Aktivitäten vieler Netzkünstler auf der einen Seite schwer abzugrenzen von der politisch motivierten Arbeit an einem »sozialen Netz«, die für unbeschränkten Zugang zu Informationen und Technologien jenseits kommerzieller Interessen eintritt, und auf der anderen Seite von den Bestrebungen von Computerfreaks, Hackern und kreativen Programmierern, die Möglichkeiten der Maschinen auszuloten und sie ungeahnten Nutzungsmöglichkeiten zuzuführen.

Raum für Utopien

Eine multimediale Hybridform stellt die *Arbeit Hamburg Ersatz (http://hamburg-ersatz.trmd.de/)* von **Dellbrügge & de Moll** dar, die sich dezidiert mit dem Internet als Teil des öffentlichen Raumes auseinandersetzt. Dessen utopisches Potential wird zugleich beschworen und wieder relativiert, indem es in einen großen historischen Zusammenhang von utopischen Entwürfen gestellt wird, insbesondere solchen der architektonischen und städtebaulichen Art. Unter dem Motto »Treten Sie ein, hier ist der Ersatz original« konstruieren Dellbrügge & de Moll dafür eine Art virtueller Modellstadt, die die grafische Gestalt eines Turmes mit sieben Stockwerken annimmt, auf denen jeweils unterschiedliche Aspekte des bewohnten Raumes zur Sprache kommen. Dieses »zur Sprache kommen« ist ganz wörtlich zu verstehen, denn *Hamburg Ersatz* ist eine äußerst diskursiv orientierte, man kann auch einfach sagen: wortlastige Arbeit, die deshalb von den beiden Künstlern später auch ohne grundlegende Veränderungen in Buch- und CD-ROM-Form übertragen werden konnte.

»Der Öffentlichkeitsbegriff ändert sich aus der Perspektive des Internet-Nutzers. Der Zugriff auf das Internet erfolgt aus dem Privatraum. Öffentlichkeit realisiert sich in Großrechnern, die gemeinsam genutzt werden.«

Christiane Dellbrügge

Das einzig wirklich netzsspezifische an *Hamburg Ersatz* ist neben jeder Menge Links das *Agora* genannte Forum, in dem sich Besucher zu Wort melden können, um ihre Meinungen und Wünsche zum Thema Wohnen kundzutun und die Möglichkeit haben, selbst zum

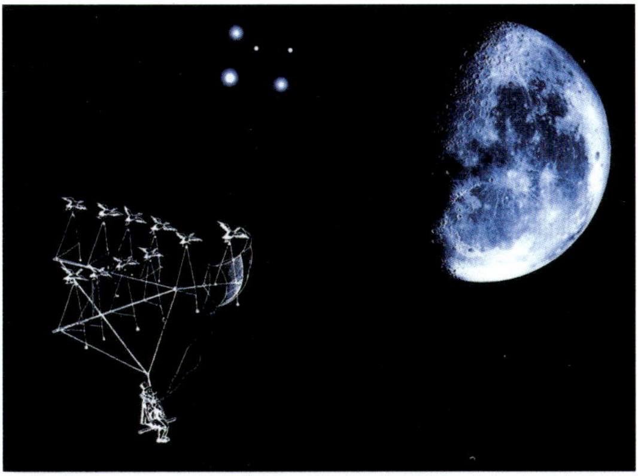

Dellbrügge & de Moll, *Hamburg Ersatz*, 1998. Ein Blick aus dem Ausguck des virtuellen Hochhausturmes der Ersatzhamburger in Richtung Utopia: Der Romanheld aus dem 17. Jahrhundert, mit Wildgänsen auf dem Weg zum Mond und in eine bessere Zukunft. Die Künstler allerdings bezweifeln, daß der Weltraum taugt für's Schöner Wohnen: »Wir wissen nur, daß das Weltall dunkel, kalt und einsam ist, ohne Liebe, Luft und Supermärkte und damit eigentlich nichts für uns.«

Ersatz Hamburger zu werden. Ansonsten besteht *Hamburg Ersatz* vor allem aus vielen Text- und einigen Bildzitaten zum Thema utopischer Wohnideen, einem *Auditorium* mit verschiedensten städtischen Geräuschen, einem *Sprechzimmer*, indem vier lange Interviews nachgelesen werden können, die das Künstlerpaar mit Theoretikern, Künstlern, Kunstvermittlern und Netzspezialisten führte, einem *Philosophenweg*, einem Stadtgarten und sogar einem Ausguck zur Besiedelung des Weltalls.

Damit gelingt es Dellbrügge & de Moll, etliche Denkanstöße zu liefern zu so schwierigen Themenkomplexen wie was denn eine Stadt ausmacht und was den öffentlichen Raum – und die Frage aller Fragen zu stellen: »Muß das Paradies notwendig virtuell bleiben?«

Kontrollraum

Wenn vom anti-utopischen, bedrohlichen Charakter des Netzes die Rede ist, sind meistens die Methoden der Überwachung und Kontrolle gemeint, die das neue Medium bietet. Das bezieht sich auch auf den »gläsernen User«, also die Möglichkeit, jegliche Bewegung eines Internet-Surfers im virtuellen Raum nachvollziehen und aufzeichnen zu können, ohne daß dieser das bemerken oder sich dagegen wehren könnte. Da sich dieses Phänomen der Darstellbarkeit weitestgehend entzieht, ist für Künstler jene andere Form der Überwachung relevanter, die tagtäglich über Abertausende von Kameras im realen Raum stattfindet und über das Netz »nur« übertragen wird. Es geht hier also nicht vorrangig um eine Kunst im Netz, sondern um die Schnittstelle zwischen virtuellem und realem Raum, um das Interface, die Grenze, an der sich beide durchdringen und der Voyeur zum Beobachteten wird.

Als Pionierin auf diesem Gebiet kann **Lynn Hershman** gelten, die sich mit ähnlich gelagerten Themen schon lange vor der Einführung des Internets befaßt hat. Sie ist fasziniert von jenen technischen Prothesen, als die Marshall McLuhan die Medien schon früh bezeichnet hat, der Verbindung Mensch und Maschine

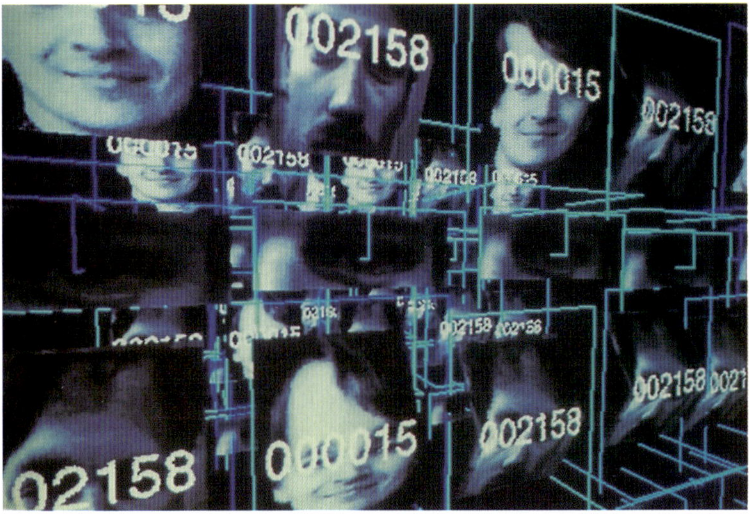

und ihren umkehrbaren Abhängigkeitsverhältnissen. Eine hochkomplexe Installation zu diesem Thema hat Hershman mit *Difference Engine # 3* geschaffen. Ihr wesentlicher technischer Bestandteil sind elektronische Zweiwegespiegel, sogenannte *BBUs (Bidirectional Browsing Units)*. Durch sie kann ein Museumsbesucher den virtuellen Raum betreten, aber auch der Internet-User in den wirklichen Museumsraum blicken. Der Mensch im Museum, der vor diesen Spiegel tritt, wird von einer Kamera aufgezeichnet, mit einer Nummer versehen, die mit seiner Verweildauer vor dem *BBU* korrespondiert und als digitales Abbild (Hershman spricht von Avataren) durch eine simulierte dreidimensionale Wiedergabe des Museumsraumes geschleust. Anschließend gelangt diese bildliche Repräsentation des Betrachters in eine Art von Zwischenspeicher, wo insgesamt 30 solcher Avatare zirkulieren, die auf einem großen LCD-Bildschirm im Museumsraum sichtbar sind. Schließlich werden diese Bilder dann dauerhaft auf einer Website archiviert. Von dort aus kann der Netznutzer sich einen dieser Avatare als geborgte Identität ausleihen und als Besucher in den virtuellen Museumsraum schicken. Zugleich hat er die Möglichkeit,

Lynn Hershman, *Difference Engine # 3*, 1995–98, interaktive Internet-Installation im ZKM Zentrum für Kunst und Medientechnologie, Karlsruhe.
Der Cyberspace als bürokratischer Alptraum, wo jeder Besucher gespeichert und mit einer Nummer versehen wird. Nicht umsonst ist der Bildschirm, auf dem die Besucher und Benutzer der *Difference Engine* eine Zeit lang sichtbar bleiben, von Hershman als »digitales Fegefeuer« bezeichnet worden. Immer wieder müssen sie durch den virtuellen Raum zirkulieren, bis sie durch genügend Neuankömmlinge erlöst werden und als digitale Karteileiche in die Unsichtbarkeit entschwinden.

an seinem Bildschirm durch das Kameraauge in den realen Museumsraum zu blicken und über eine gewöhnliche *Chat-line* Kontakt mit den Besuchern aufzunehmen. Damit beginnt ein vertracktes Wechselspiel von wirklichen und künstlichen Menschen, von Einbahnstraßen- und Zweiwegekommunikation, körperhafter und bloß bildlicher Präsenz, zeitversetzten Spiegelungen und Scheinidentitäten. Das Wirkliche wird unheimlich – oder ist es umgekehrt?

Datenmüll und Bildmaschinen

Während manche Künstler darauf beharren, daß nur jene Netzkunst sinnvoll sei, die einen direkten Bezug, und das heißt hier in den meisten Fällen: eine Schnittstelle zur wirklichen Welt besitzt, gibt es auch die entgegengesetzte Meinung, daß die reine Net Art sich ausschließlich im virtuellen Raum abzuspielen habe. Ein wesentlicher Aspekt, auf den sich Künstler dabei immer wieder beziehen, ist die ungeheure Bilder- und Informationsflut im Cyberspace, die in letzter Konsequenz eher zur Desinformation führt. Etliche Möglichkeiten, sich dieses Datenmüllberges künstlerisch anzunehmen, hat **Mark Napier** inzwischen entwickelt und auf seinem virtuellen Kartoffelacker *www.potatoland.org* bereitgestellt. Dort findet sich unter anderem eine digitale Müllkippe *(Digital Landfill)*, wo man obsolete Websites oder unerwünschte e-mails deponieren kann, die sich dann allmählich in ihre Bestandteile auflösen.

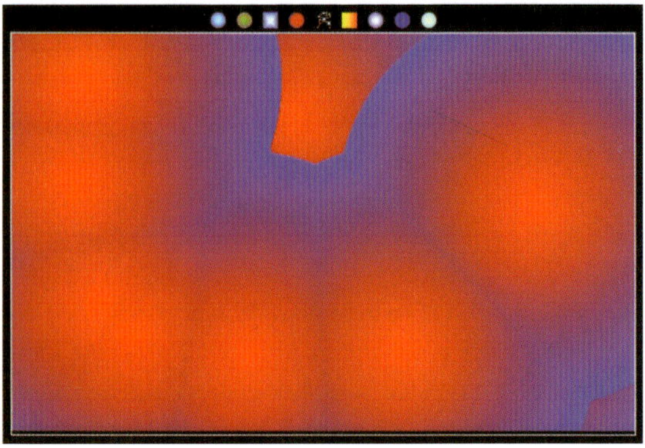

Mark Napier, *P-Soup*, 2000. Ein bißchen selbstverliebt und ziemlich verspielt ist diese Luxusausgabe eines Bildschirmschoners durchaus. Aber, nach dem Willen des Künstlers und dank der Mitarbeit von unsichtbaren Zweiten oder Dritten, auch eine Visualisierung der kommunikativen Eigenheiten des Netzes.

Schneller verläuft der intendierte Verfallsprozeß bei den Programmen *Shredder* und *Feed.* In beiden Fällen gibt man eine beliebige Internetadresse ein; der *Shredder* zerlegt die Homepage dann sofort in einen graphisch höchst ansprechenden Buchstabensalat mit gelegentlichen farbigen Einsprengseln: Unbenutzbarkeit und Unleserlichkeit sind garantiert. Ähnlich funktioniert auch *Feed,* nur daß in diesem Fall einzelne Parameter der angegebenen Website herausgefiltert und in bewegte Bilder transformiert werden, in einen ständigen *flow* bewegter graphischer Elemente.

Damit demonstriert Napier, wie man aus dem selben Quellcode auch ganz andere Dinge gewinnen kann als die vom jeweiligen Programmierer beabsichtige Darstellung, weniger nützliche, aber sehr viel schönere. Daß der Künstler damit nicht nur eine kreative Form von Recycling betreibt, sondern den vernetzten Computer auch als bilderzeugende Maschine zu nutzen versteht, läßt sich schon an den ästhetisch gelungenen Ergebnissen seiner Datenaufbereitung ablesen. Die formalen Interessen des studierten Malers Napier treten allerdings noch deutlicher zu Tage in seinem Projekt *P-Soup.*

Auch hier stellt der Künstler nur das »Rahmenprogramm« zur Verfügung. Das Werk, wenn man es denn so nennen kann, ändert sich beständig und ist, wie die digitale Müllkippe mit ihren unzähligen bildlichen Schichten auf die Teilnahme der Netznutzer angewiesen. Zwar ist hier der vorgegebene Spielraum enger, dafür aber auch wesentlich erfreulicher fürs Auge. Als Besucher der Site kann man sich aus einer Symbolleiste verschiedenfarbige geometrische Grundformen aussuchen und sie per Mausklick in den Bilderrahmen einfügen: Dort entfalten sie ein dynamisches Eigenleben, breiten sich konzentrisch aus, verschieben und überlagern sich oder mäandern vor sich hin, wobei sie auch sanfte elektronische Klänge von sich geben. Sollte allerdings zur selben Zeit ein anderer Surfer die Seite besuchen, sind dessen Aktionen genauso wirksam und sichtbar, so daß eine wortlos spielerische Kommunika-

»Diese Kunst ist eher eine Erfahrung als ein physischer Gegenstand.«

Mark Napier

tion entstehen kann. Aber auch ohne daß man seinem unbekannten Gegenüber graphische Bälle zuspielt, hat es Napier so eingerichtet, daß meistens wunderhübsche Computergraphiken entstehen, von deren schwebenden, tönenden Formen man sich leicht hypnotisieren lassen kann.

Doppeltes Netz, bodenlos

Durchaus auch spielerisch, aber wesentlich kritischer geht **Alexei Shulgin** mit der Netzkultur um. Dabei beziehen sich seine oft parodistischen Arbeiten sowohl auf das Internet im allgemeinen als auch auf die Netzkunst im besonderen. Shulgin hegt berechtigte Zweifel an der Selbstgenügsamkeit der Net-Art-Szene, die angeblich nicht nach Anerkennung außerhalb ihrer selbst strebt, und veranstaltet deshalb einerseits wirkliche Netzkunstwettbewerbe, erfindet aber andererseits auch Preise, die er höchstpersönlich in so seltsamen Kategorien vergibt wie »für die Schaffung einer besseren Philosophie« oder »den korrekten Gebrauch der Farbe Pink«. Auch der hehre egalitäre Anspruch, auf den so viele interaktive Kunstwerke pochen, reizt ihn zum Widerspruch »Ich glaube nicht an Interaktivität, weil ich finde, daß Interaktivität eine sehr einfache und offensichtliche Methode ist, um die Leute zu manipulieren. Bei den sogenannten interaktiven Kunstwerken hießt es immer: ›Oh, es ist sehr demokratisch!‹ [...] Aber das stimmt nie. Es steckt immer der Künstler mit seinem Namen und seiner Karriere dahinter, der die Leute dazu bringt, in seinem Namen auf Knöpfchen zu drücken.«

Aus dieser kritischen Grundhaltung heraus verfiel Shulgin auf die Idee, seine persönliche Hitliste der Netzkunst unter *www.easylife.org* zu veröffentlichen, ursprünglich nur in der inzwischen auf der Website eher verstecken Variante mit den drei »X« im Namen. Das deutet bereits an, daß es eine Seite »nur für Erwachsene« ist. Der Künstler mokiert sich damit gleichzeitig über die im Netz allgegenwärtigen pornographischen Angebote, die Beliebigkeit der Verknüpfungen und die

»Netzkunst ist die Fähigkeit, die eigenen Netzaktivitäten in Kunstinstitutionen unterzubringen.«
Alexei Shulgin

oft reichlich mühsame Suche nach dem Gewünschten: Die Seite ist so programmiert, daß sie von Suchmaschinen gefunden wird, wenn man pornographische Suchbegriffe eingibt oder beispielsweise den Namen von Busenwunder Cindy Crawford. Und zunächst sieht alles nach dem üblichen Schmuddelangebot aus, nach Farben und sexuellen Vorlieben sortiert und marktschreierisch angepriesen. Dann ist es jedoch reine Glückssache, ob man beim Weiterklicken tatsächlich zu Sex-Bildchen der gewünschten Sorte geleitet wird, oder ob sich nicht doch, wie in der Mehrzahl der Fälle, ein Fenster mit einem Stück Netzkunst öffnet, von Shulgin selbst oder einem seiner Lieblingsprojekte. Das ist zwar eine eigenwillige Form von Kuratorentätigkeit, könnte aber in der Lage sein, der Netzkunst mehr Zuschauer zu verschaffen, als sie sonst je erreichen würde.

Auch um den Jugendschutz hat sich Shulgin gekümmert: Wenn man bei der Eingangsfrage einräumt, unter 18 zu sein, wird man jedoch nicht einfach umgeleitet, sondern bekommt die gleichen Bilder zu sehen wie ein volljähriger Besucher – allerdings im ASCII-Code, also alles schwarz auf weiß, in Buchstaben aufgelöst. Je nach Interessenlage des Surfers und der Art und Weise, wie er hierher gelangt ist, wird ihn das nun sehr viel mehr oder sehr viel weniger erfreuen als das an-

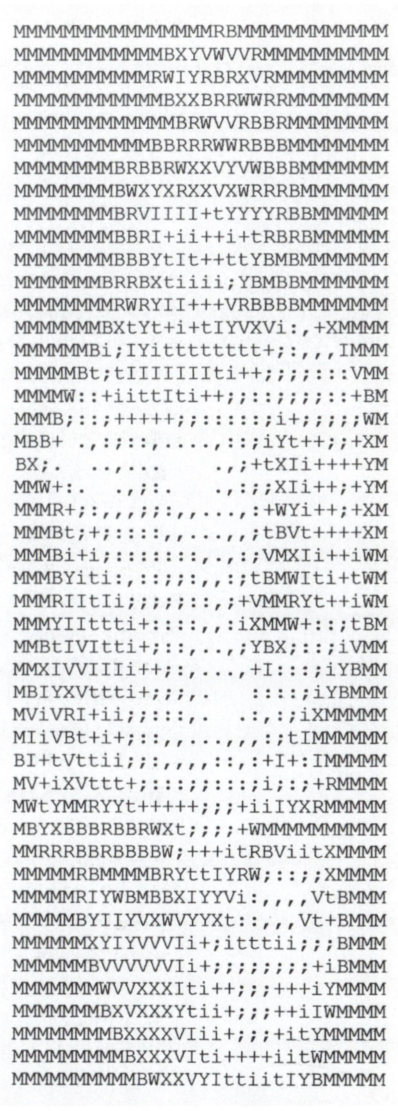

Alexei Shulgin, *easylife XXX*, 1997. Buchstäblich nackt: Das Begrüßungsmädel auf Shulgins Pseudo-Porno-Seite trägt nicht viel außer ihrer Typographie.

»Medienkunst ist immer an der Oberfläche. Man muß die Leute so schnell wie möglich erwischen. Man muß ihnen so früh wie möglich einen Karateschlag in den Nacken geben und dann interessieren sie sich natürlich nicht mehr für die Details und die Seite liegt für die nächsten fünf oder hundert Jahre im Netz herum.«

Dirk Paesmans

gekündigte rohe und explizite Bildmaterial. Natürlich nimmt Shulgin damit nicht nur die fiebrige Erwartung des Pornojägers aufs Korn, sondern auch die Askese und den Purismus vieler Netzkünstler, die lieber Codes lesen als sich bunte Bildchen anzuschauen.

Browserformalismus

Das trifft bis zu einem gewissen Grad auch auf die Arbeiten von Joan Heemskerk und Dirk Paesmans zu, die unter dem Pseudonym **Jodi** ein eigenes Subgenre mit erfunden haben, das im Szenejargon als »Browserformalismus« apostrophiert wird. Auch wenn sich ihre Aktivitäten in letzter Zeit vom Netz mehr in Richtung Software verlagert haben, ist ihnen allen doch eines gemein: Die durch Konventionen stark eingeschränkte Art der Computernutzung und die Oberflächlichkeit der gewöhnlichen Bildschirmästhetik zu entlarven, indem sie alle Technik gegen den Strich bürsten. Unter *www.jodi.org* findet man beispielsweise ihre Arbeit *OSS/*****, die lauter kleine Pop-up-Fensterchen öffnet und über den Bildschirm scheucht, allerdings alle anderen Rahmen und Fenster des Browsers verschwinden läßt, so daß kein Entkommen mehr möglich ist, sofern man nicht die Notbremse zieht, sich also aus dem Netz ausklinkt. »Viele unserer Ideen kommen von den Fehlern, die wir selbst an unserem Computer machen, wenn das System hängenbleibt, einfriert, ausflippt, während es abstürzt. Das ist *OSS*, echte Panik ... wir wollen diese raren Momente mit allen teilen.«

Auch jodis neuere Arbeiten (versammelt unter *www.wrongbrowser.com*) verwenden zwar die Seiten des World Wide Web, zeigen sie aber auf so verfremdende Weise an, daß man so gut wie nicht mehr erkennen kann, daß man sich überhaupt im Netz befindet. Auch wenn schwer auszumachen ist, wieviel von dem, was da auf dem Bildschirm passiert, dem Zufall geschuldet ist, kann man sicher sein, daß die graphische Eleganz das Ergebnis akribischer Programmierkleinarbeit ist.

Besonders augenfällig wird das in ihrer Arbeit *SOD* (s. auch *http://sod.jodi.org/*), in der sie sich des be-

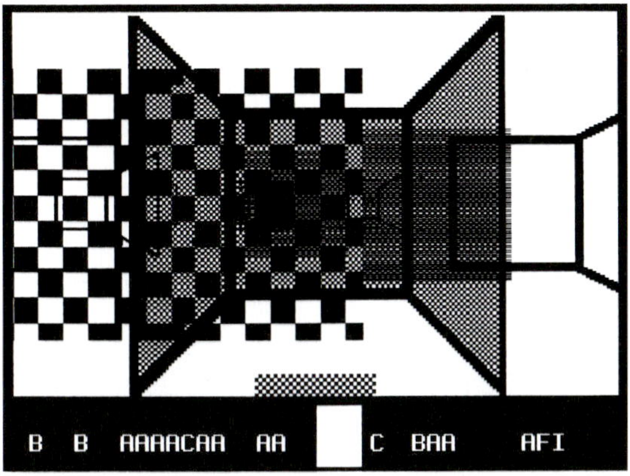

Jodi, *SOD*, 2000. Was ist hinter der Matrix? Nichts als Zahlen. Jodi verwandeln sie wieder in Bilder, aber in so extrem reduzierte, daß sichtbar wird, daß es sich dabei nur um eine Verkleidung handelt. Wie die eine Hälfte von Jodi, Dirk Paesmans, es formuliert: »Ein Interface ist eine Übersetzung des Codes in eine visuelle Oberfläche, an die Du glauben mußt. Das ist alles, woraus ein Computer besteht: aus Code, aus Sprache.«

rühmt-berüchtigten Computerspiels Wolfenstein annehmen. Das ist eines der ersten jener »Ego-Shooter« genannten Spiele, wo man sich als Spieler mit der Waffe in der Hand sozusagen mit subjektiver Kamera durch dreidimensionale Räume bewegt, um dort ein Gemetzel nach dem anderen zu veranstalten. Das Geballere interessiert Jodi jedoch nicht; sie haben zwar den Ablauf des Spiels intakt gelassen und sogar den Soundtrack beibehalten, ansonsten aber das ganze Spiel entkleidet bis auf die Knochen, den Code. Allerdings nicht, um den vorzuführen, was auch ziemlich langweilig aussähe, sondern um ihn erneut zu verkleiden, diesmal mit extrem reduzierten graphischen Mitteln in reinem Schwarzweiß. Anstelle von gewaltigen Säulenhallen und grimmig dreinblickenden Kriegern mit zähnefletschenden Hunden sieht man sich verschiebende Rastermuster und Gitter, schreiende Drei- und bellende Vierecke. Auch ohne den jetzt surreal wirkenden Ton besitzen die reduzierten Abstraktionen faszinierende bildliche Qualitäten. Wie zweidimensional auch immer das Ergebnis sein mag, es ist klar, daß man mit Jodi in den Raum hinter den Oberflächen blicken kann und sehen lernt, daß all die bunten Netz- und Computerbildchen nur eine von vielen möglichen Interpretationen eines binären Codes sind, nichts als eine Frage von schwarz oder weiß, an und aus.

Register

Register

Abbildungs- und Copyrightnachweis

Abbildungen
15, 103 Courtesy Deitch Projects, New York / 21 Courtesy Galerie Carlier/Gebauer, Berlin / 23 Wilfried Petzi, München / 25, 26, 43, 149 Courtesy neugerriemschneider, Berlin / 27 Rob Johanesma / 29, 76, 89, 110, 111, 116 Courtesy Jay Jopling/ White Cube, London / 34 Courtesy Victoria Miro Gallery, London, und Gavin Brown's Enterprise, New York / 35 Alistair Overbruck / 39 Courtesy Contemporary Fine Arts, Berlin / 46 FXD Photography / 51, 54 Sammlung Goetz, München / 53, 62 Sammlung Deutsche Genossenschaftsbank, Frankfurt am Main / 55 Kunstmuseum Bern/ Courtesy Galerie Bob van Orsouw, Zürich / 57 Courtesy Rolf Hengesbach, Räume für Neue Kunst, Wuppertal / 58 Sammlung Landesbank Baden-Württemberg, Foto Darius Ramazani / 60, 165 Sammlung Landesbank Baden-Württemberg, Foto Volker Naumann, Stuttgart / 61, 148 Courtesy Galerie Schnipper und Krome, Berlin / 66 Courtesy Torch Gallery, Amsterdam / 67 Courtesy Guelman Gallery, Moskau / 68 Courtesy Barbara Gladstone Gallery, New York / 71 Courtesy Galerie Arndt & Partner, Berlin / 72 Sammlung Landesbank Baden-Württemberg / 80 Vegar Moen / 81, 115, 128 Sammlung Ackermanns / 83 Sammlung Hubert Neumann, New York / 86 Van Abbemuseum, Eindhoven / © Crystal Eye Ltd., Helsinki, Courtesy Gasser/Grunert Inc., New York / 90 Courtesy 303 Gallery, New York / 91 Courtesy Klosterfelde, Berlin / 93 Courtesy Hauser & Wirth, Zürich / 95 Courtesy Galleri Nicolai Wallner, Kopenhagen / 97 Courtesy Klosterfelde, Berlin, und Anton Kern, New York / 98 Stephan Rohner / 101 V. Barndt / 105 Alex Majewski / 112 Hamburger Kunsthalle, Leihgabe Sammlung Scharpff / 117 Saatchi Collection, Foto: Lothar Schnepf, Köln / 126 Igor Anjelić / 150 Cheryl O'Brien, Toronto / 128 Nic Tenwiggenhorn, Düsseldorf / 132 Helmut Hartwig, Freiburg / 138 Raimund Koch, Berlin / 139 Courtesy Galerie Otto Schweins, Köln / 143 Manuel Franke / 144 Manuel Rohner, St. Gallen / 146 Tanya Bonakda Gallery, New York / 154 Courtesy Galerie Barbara Weiss, Berlin, und Luhring Augustine, New York / 157 Wolfgang Neeb / 159 Gregor Schneider / 162 Courtesy Galerie Aurel Scheibler, Köln / 164 Courtesy de Pury & Luxembourg, Genf / 167 Sammlung Boros, Wuppertal / 169 Galerie Eigen + Art, Leipzig, Berlin / 172 Rainer Schmidt / 175 Andrea Rosen Gallery, New York / 177 Courtesy Jenny Holzer Studio, New York / 191 Mike Bruce / 194 Courtesy Galerie Christian Nagel, Köln / 197 Sammlung Landesbank Baden-Württemberg, Foto Galerie Bärbel Grässlin, Frankfurt/Main / 199 Roman Mensing / 200 Courtesy Andrea Rosen Gallery, New York, und Klosterfelde, Berlin, Foto Jens Ziehe / 202 Kröller-Müller-Museum, Otterlo, Foto Cary Markering

Copyright

DuMont Schnellkurs

KUNST DER GEGENWART

Stephan Trescher, geboren 1964 in Mannheim, studierte Kunstgeschichte, Theaterwissenschaft und Germanistik in Erlangen und Berlin. Zahlreiche Veröffentlichungen zur modernen und zeitgnössischen Kunst, darunter grundlegende Bücher zu General Idea (»Die kanadische Künstlergruppe General Idea«, 1996), zur Leuchtkastenkunst (»Light Boxes«, 1999) und zu Yoshimota Nara (»Lullaby Supermarket«, 2001).